### 한국어 통번역사를 위한
# AI 번역의 이해
Navigating AI Translation: A Guide
for Korean Interpreters and Translators

임형재, 허은혜, 리번켈빈

소통

## 한국어 통번역사를 위한 AI 번역의 이해
Navigating AI Translation: A Guide for Korean Interpreters and Translators

| | |
|---|---|
| 발 행 일 | 2023년 9월 15일 |
| 저     자 | 임형재, 허은혜, 리번켈빈 |
| 펴 낸 곳 | 소통 |
| 펴 낸 이 | 최도욱 |
| 디 자 인 | 조해민 |
| 주     소 | 서울시 금천구 시흥대로 193 아람아이씨티타워 1110호 |
| 전     화 | 070-8843-1172 |
| 팩     스 | 0505-828-1177 |
| 이 메 일 | sotongpub@gmail.com |
| 블 로 그 | http://sotongpublish.tistory.com |
| 홈 페 이 지 | http://www.sotongpub.com |
| 가     격 | 22,000원 |
| I S B N | 979-11-91957-29-7  93700 |

이 책의 내용은 저작권법에 따라 보호받고 있습니다.

한국어 통번역사를 위한
# AI 번역의 이해

Navigating AI Translation: A Guide
for Korean Interpreters and Translators

스통

# 머리말

### 지난 세기 외국어 교육과 습득의 네 가지 목적

로버트 파우저(2023) 교수는 지난 세기 외국어 교육의 역사를 살피면서, 19세기부터 20세기를 건너는 시간 속에서, 사람들이 외국어를 학습하는 주요한 목적을 다음 네 가지로 설명하였습니다.

먼저, 19세기 계몽주의 시대에는 외국어 학습이 지식 계층의 필수 소양으로 간주되었습니다. 이 시기, 외국어를 배우는 것은 교양을 갖춘 지식인이 되는 데 중요한 요소였습니다. 20세기 초, 한국에서도 이러한 교양 목적이 외국어 학습의 주요 목표였으며, 외국어는 지식인이 가져야 할 교양 지식으로 간주되었습니다. 그러나 20세기 후반에 세계 공용어인 영어가 등장하면서 교양 목적의 외국어 학습은 상대적으로 약화되었습니다.

둘째로 제2차 세계대전 이후에는 세계 평화 구축과 문화 이해를 위해 외국어 학습이 강조되었습니다. 특히 유럽에서는 많은 나라들이 좁은 지역에 위치해 있어, 서로의 언어를 이해하고 교류하는 것이 전쟁을 예방하는 데 중요하다고 인식되었습니다. 이를 위해 국제 교류 프로그램과 교환학생 프로그램이 개발되었고, 이러한 프로그램은 외국어를 통한 평화 구축을 목표로 하였습니다.

셋째로 20세기 중반부터는 세계 공용어인 영어의 등장과 함께 외국어(학문 목적의 불어, 독일어 등)가 개인의 성공과 커리어 향상에 중요한 도구로 인식되기 시작했습니다. 토익 시험과 같은 비즈니스 영어 평가 시스템은 개인의 외국어 실력을 측정하고, 그 결과가 개인의 경력 발전과 직접적으로 연결되는 결과를 가져왔습니다. 하지만 여기에서 중요한 역할을 했던 불어와 독일어는 21세기와 함께 이러한 도구적 기능을 영어에 내주고 말았습니다.

넷째로 20세기 후반에 들어서는 대중문화의 다양화 현상이 발생하면서 개인의 관심이나 취미를 반영하는 외국어 학습이 증가하였습니다. 한류와 K-POP은 이러한 트렌드를 주도하였으며, 이로 인해 한국어 학습에 대한 관심이 급증하였습니다. 이외에도 아프리카나 베트남 태국 인도 등의 다양한 지역의 대중문화가 전 세계적으로 퍼지면서 그 지역의 언어 학습에 대한 관심도 함께 증가하였습니다.

이 네 가지 목적은 20세기 외국어 학습의 주요한 동기를 제공하며, 당시 시대와 사회적 상황에 따라 그 중요성이 변화하여 왔습니다. 여기서 중요한 것은 이를 통해 외국어 교육의 역사와 발전 과정을 이해하고, 앞으로의 외국어 교육 방향을 예측하는 데 도움이 된다는 것입니다.

### AI 시대에 외국어 교육의 미래

21세기에 들어서면서 외국어 학습과 교육의 목적에서 큰 변화가 감지되고 있습니다. 특히 21세기에는 문화적 이해와 공유를 목적하는 것과 직무(업무) 능력으로서의 목적, 그리고 전통적인 취미(흥미/관심)의 목적 등이 강화되고 있습니다. 이 목적의 기저에는 인간의 창의적인 언어 사용이 깔려 있습니다. 다시 말해서, 1950년대 이후, 자연언어 처리(natural language processing, NLP)에서 거대언어모델(large language model, LLM)의 기술 발전은 도구적 목적과 교양 목적의 피동적인 외국어 학습 목표를 사라지게 한 것입니다.

그 결과, 공통어로서의 영어 교육은 계속 그 중요성을 유지하면서도, 제2외국어의 선택 범위는 다양해지고 더 넓어질 것으로 보입니다. 한국에서는 21세기 들어, 다문화 사회로의 변화와 함께 중국어 일본어 베트남어 등 다양한 아시아 언어의 중요성이 증가하고 있습니다. 이후, 이러한 언어들은 다문화 이해를 위한 필수 도구로 인식될 것이며, 한국에 살기 위해 온 외국인들도 한국어를 배우는 과정에서 상호적인 관계를 형성하는 데 필요한 언어로 성장하게 될 것입니다. 이와 같은 현상은 현재 이민자가 많은 유럽 등 다른 나라에서도 쉽게 관찰할 수 있습니다.

예를 들어, 미국에서는 이미 이중 언어를 가르치는 초등학교가 많이 생겨나고 있습니다.

이러한 이중 언어 학교는 언어 실력 향상뿐만 아니라 해당 언어가 사용되는 지역의 문화에 대한 이해도 높이고, 문화에 대한 서로의 접촉 기회를 제공하기 때문에 인기가 있습니다. 이러한 변화는 멀지 않은 시간에 한국에서도 나타날 것입니다.

외국어 교육의 역사를 살펴보면, 각 시대의 권력 구조의 영향을 받으며 발전해 왔습니다. 18세기 이전에는 학문적인 개념의 중세 언어들이 그 대상이었고. 이후부터는 현대어가 교육 대상이 되었습니다. 그리고 19세기 말에는 외국어 교육의 중심이 말하기로 이동하였습니다. 이러한 변화는 외국어 교육의 역사에서 중요한 전환점을 나타냅니다. 이러한 과거의 변화를 바탕으로 미래의 외국어 교육은 더욱 다양한 문화를 이해하고 포용하는 방향으로 발전할 것으로 예상됩니다.

여기에 21세기 외국어 교육과 외국어의 사용에는 또 다른 큰 변화가 제기되었습니다. 특히, 20세기말 Web 1.0 시대와 2010년을 넘어, Web 2.0 시대를 맞이하면서, 인류는 인터넷 상의 정보를 공유하기 위한 언어장벽을 허무는 기술로 기계번역을 선택하였습니다. 그리고 그 선택은 불과 10년의 시간 안에서 AI번역으로 발전해 왔습니다.

## 21세기 통역과 번역을 둘러 싼 디지털 환경의 변화

최근 들어 주위에서 디지털 전환(digital transformation, 이하 DX)이라는 말을 자주 듣습니다. DX는 비즈니스나 서비스에서 디지털 기술을 활용하여, 산업 생산의 방법이나 고객의 경험이 변화하게 되는 것을 의미합니다. 이는 디지털 기술을 활용하여, 기존의 비즈니스 모델을 개선하고, 새로운 가치를 창출하는 서비스 제공에 중점을 둡니다. 사실 이러한 개념은 통역과 번역 분야에도 그대로 적용될 수 있습니다.

이 책에서는 통역과 번역 분야에서의 DX가 기존의 수동적이고 인간 중심적인 번역 프로세스를 디지털 기술을 활용하여 자동화하고, 효율화하는 것을 목표로 하고 있기 때문에 번역의 품질을 향상시키고, 번역 프로세스를 더 손쉽고, 빠르고 정확하게 만드는 데 기여하게 될 것이라고 여기고 있습니다.

구체적인 사례로는 인공지능(AI) 기반의 번역 도구를 들 수 있습니다. 이러한 통번역 도구는 기계 학습 알고리즘을 활용하여 다양한 언어 간의 번역을 자동화하고, 효율화합니다. 예를 들어, 구글 번역(Google Translate)은 인공 신경망을 활용하여 100개 이상의 언어를 지원해 줍니다. 그래서 사용자가 텍스트를 입력하면, 즉시 여러 언어로 번역 결과를 얻을 수도 있게 되었습니다. 이를 전통적인 번역 프로세스와 비교해보면 디지털 기술이 번역에 필요한 시간과 노력을 크게 줄여 줍니다.

다른 사례로는 자동화된 통역 서비스가 있습니다. 이러한 서비스는 실시간으로 음성을 인식하고, 다른 언어로 번역하여 출력하는 기능을 제공해 줍니다. 이는 회의나 강의 등 다양한 상황에서 실시간 통역을 필요로 하는 경우에 더 유용합니다. 예를 들어, 구글 어시스턴트(Google Assistant), 네이버의 하이퍼클로바(Naver Hyper CLOVA) 등을 활용한 AI 통번역기는 실시간으로, 여러 언어로 통역을 제공하는 기능을 갖추고 있습니다.

이러한 DX의 적용은 통역과 번역 분야에서의 작업 효율성과 정확성을 향상시킬 뿐만 아니라, 더 넓은 범위에서 통번역 서비스를 제공할 수 있습니다. 그러나 동시에, 이러한 기술의 발전은 번역가와 통역가의 역할에 대한 새로운 질문을 던져 줍니다. 그리고 디지털 기술이 번역과 통역의 전통적인 역할을 대체하거나 변화시킬 수는 있지만, 그럼에도 인간의 창의성과 문화적 이해만큼은 변함없이 중요한 역할을 합니다. 따라서 디지털 전환의 적용은 통역과 번역 분야에서 AI와 인간의 역할 사이의 균형을 찾는 데 중요한 기준과 조건을 필요로 할 것입니다.


21세기, 외국어 교육과 통번역 교육의 미래: AI 번역은 변수를 넘어선 상수

이 책에서는 21세기, 디지털 기술의 급속한 발전과 함께 외국어 교육과 통역, 번역 분야에도 큰 변화를 가져오고 있음을 설명하고 있습니다.

2016년 구글 번역기와 2018년 GPT의 등장으로 외국어 분야와 통번역 분야는 디지털 전환(DX)의 한 중심에 서게 되었습니다. 이제 AI 번역은 외국어 교육과 통역, 번역에서 더 이상 변수가 아닌 상수로 인식되고 있습니다. 이 때문에 이러한 변화의 의미와 그로 인한 미래의

모습에 대해 좀 더 깊이 고민해야 할 것입니다.

　최근, AI 번역은 외국어 사용과 통역, 번역의 수행 방법, 그리고 통번역의 목표에 근본적인 변화를 가져왔습니다. 기존의 외국어 사용과 통번역 방법은 대부분 인간 중심적이었으며, 번역사나 통역사의 언어 능력과 문화적 이해에 크게 의존하였습니다. 그러나 AI 번역의 등장은 이러한 방식을 크게 변화시키고 있습니다. 그리고 AI 번역은 빠른 속도와 높은 정확도로 대량의 텍스트를 번역할 수 있으며, 이는 기존의 인간 중심적인 방식이 가진 한계를 크게 넘어선 것이라고 할 수 있습니다. 이로 인해 외국어 교육과 통역, 번역 교육의 목표는 단순히 언어의 구조와 문법을 이해하고 적절하게 사용하는 것에서, AI 번역의 결과를 해석하고, 문화적 의미를 이해하고, 모어화자의 직관을 외국어에서 활용하는 것으로, 빠르게 변화하고 있습니다.

　이러한 변화는 외국어 교육과 통번역 교육의 미래를 예측하는 데, 중요한 관점을 던져 줍니다. 먼저 AI 번역은 외국어 교육에서 언어 사용 능력의 중요성을 더 강조하도록 합니다. 이는 AI 번역에서는 언어의 구조와 문법을 정확하게 이해하고 번역할 수 있지만, 그 결과의 의미를 이해하고 적절하게 활용하는 능력은 여전히 인간에게 의존하고 있기 때문입니다. 따라서 외국어 교육은 AI 번역의 결과를 해석하고 활용하는 능력을 강화하는 데 중점을 두어야 할 것입니다.

　또한, AI 번역의 시대는 통번역의 역할에 대한 새로운 질문을 제기하고 있습니다. AI 번역이 통역과 번역의 전통적인 역할과 구조를 변화시킬 수 있지만, 인간의 창의성과 문화적 이해와 해석까지 대체하는 데는 한계가 있습니다. 따라서 통역과 번역의 미래는 AI 번역과 인간의 협력에 의존할 수밖에 없을 것입니다.

## AI 통번역 활용 능력은 외국어 교육과 통번역 교육의 새로운 목적

　이 책은 지금까지의 외국어 교육과 통번역 교육이 구분되는 다른 교육과정으로 이해되어 왔다는 것으로 전제로 하고 있습니다. 물론 이 두 가지 구분되는 교육과정은 AI 통번역의 활용 능력이라는 목표를 위해서는 더 이상 구분되지 않는, 연속되는 교육과정이 되어야 한다는 새로운 관점도 함께 담고 있습니다.

2018년 GPT가 처음 소개되고, 거대언어모델(LLM)을 통한 훈련된 언어 시스템의 놀라운 성능에 대해 감탄을 감추지 못했던 것을 기억합니다. 그리고 지난 몇 년간 이런 거대언어모델은 더욱 빠르게 발전하여, 적어도 온라인에서 수행되는 언어생활에서는 더이상 없어서는 안 될 도구로 자리를 잡은 지금의 환경을 수용하고자 합니다.

위와 같은 관점은 이 책이 비슷한 내용을 가진 여러 책들과 구분되는 중요한 요소입니다. 물론 전문 통번역의 영역, 국제회의 동시통역과 같은 부분은 여전히 필요하고 그 전문성을 유지해 갈 것이라는 것도 동의합니다. 하지만 그럼에도 이 책은 앞으로의 통번역 수행 영역과 방법이 20세기의 통번역과는 전혀 다른 영역으로 발전할 것이라고 받아들이고 있습니다. 그리고 그동안 외국어 교육과 차별화되었던 통번역 교육의 요소들은 AI 통번역이라는 영역에서 함께 하게 될 것이라고 생각합니다.

이 외에도 IT 사회를 내세우는 한국에서는 빠른 DX의 적용이 AI 통번역 기술의 대명사가 되고 있습니다. 이런 변화는 한국어를 배우는 많은 외국인 학습자들과 한국어 통번역사가 수용하는 데 그 내용이 쉽지 않습니다. 그래서 이 책에는 이러한 변화를 쉽게 이해할 수 있도록, 기계번역의 개념에서 발전과정, AI번역으로의 전환, 그리고 전문 통번역사에게 필요한 컴퓨터보조번역(CAT)에서 거대언어모델(LLM)에 이르기까지 다양한 내용을 담았습니다.

그리고 끝으로 이 책은 책의 제목에서 목차, 그리고 각 장의 내용에 이르기까지, 모든 과정을 GPT와의 협업을 통해 진행하였습니다. 목차 구성과 내용 구성을 위한 질문, 그리고 그 질문에 대한 답변까지 GPT와 함께 하면서 AI 시스템을 이 책에 담았습니다. 그리고 통번역사의 AI와의 협업의 필요성을 이야기하기 위해 필자들이 먼저 협업의 과정을 거쳤다는 것도 여기에 남기고 싶습니다.

작은 책에 큰 고마움을 담습니다.

이 책은 시기적으로 필요성을 절실하게 느꼈기 때문에, 어쩌면 저자들의 즉흥적인 의기투합에 의해 시작되었다고 할 수 있습니다. 하루, 거대언어모델(LLM)의 NLP 능력에 대해 논의를 하던 중에 정말로 관심만 가지고 있던 두 저자와 AI 시스템에 문외한임을 자랑하던 저자가 통번역사를 위한 교재의 필요성에 대한 합의만으로 책을 쓰기 시작하였습니다. 그리고 오늘 마무리를 합니다.

　실제로 집필하는 동안 하루하루 쉽지 않은 시간 속에서도 잠을 줄이고 밤새워 작업을 이어왔습니다. 그리고 하나의 원고를 세 저자가 번갈아 읽으면서, AI 시스템이나 DX에 생소한 독자들의 내용 이해 가능성에 중심을 두고 수정을 했습니다. 그리고 가급적 쉽게 기술하려고 노력하였습니다.

　세 저자는 이 책을 집필하는 동안 통번역사가 AI 시대를 맞이하는데 조금이나 도움이 되었으면 하는 작은 마음으로 끝까지 함께하였습니다. 혹시나 이 책이 조금 전문적이지 못하고, 모자람이 있어 부족하더라도, AI 시대로의 입문을 위한 가벼운 바람으로 생각해 주었으면 합니다. 그리고 외국어로서의 한국어 통번역을 공부하고 연구하는 학생들에게 도움이 되었으면 하는 생각에 집필한 작은 책이지만 크게 쓰였으면 하는 마음에는 변함이 없습니다.

　이번에 도서출판 소통의 도움으로 마음에 두었던 책을 출간하게 되었습니다. 그리고 집필하는 동안 항상 옆에서 도움을 준 아내와 아이들에게 고마운 마음을 남깁니다. 마지막으로 언제나 함께 노력하는 한국어통번역연구회 친구들과 한국어 번역을 공부하는 KFLT 학생들에게도 소소한 고마움을 전합니다.

　　　　　　　　　　　　풍란이 작은 꽃을 피우니, 항상 보고 싶었던 사람이 그립습니다

　　　　　　　　　　　　　　　　　　　　　　　　　　　　　임형재

# 목차

**머리말** ································································································· 5

**Prologue 통번역사가 이해하는 '자연언어 처리에서 GPT의 활용까지'** ········ 18
    Q. 자연언어 처리(NLP) 기술이 21세기 AI 번역의 발전에 미친 영향은? ············ 21
    Q. AI 기술이 자연언어 처리와 기계번역의 발전에 미친 변화는? ···················· 24
    Q. GPT와 Bard와 같은 모델이 정확도와 자연스러움을 개선할 수 있었던 방법은? ··· 26
    Q. GPT와 Bard와 같은 모델의 출현으로 인한 통번역 업계의 변화는? ············ 28
    Q. GPT와 같은 기술 발전이 외국어 교육이나 통번역 교육에 미친 영향은? ······ 30
    Q. 예비 통번역사가 자연언어 처리나 GPT와 같은 기술을 이해해야 하는 이유는? ··· 32
    Q. MT와 기계번역 그리고 AI 번역의 차이는? ············································· 33
    Q. GPT의 협업이 불러온 전문 통번역사의 윤리적 문제는? ··························· 35

## 1부 통번역사의 MT에 대한 이해와 CAT 필요성

**01 기계번역(MT) 기술의 발전과 이해** ······················································· 38
    Q. 기계번역(MT)의 기초 개념과 발전 과정은? ············································ 39
    Q. 2000년대 기계번역(MT)의 발전은? ······················································· 42
    Q. 기계번역(MT) 기술의 주요 유형과 특징은? ············································ 45
    Q. 기계번역(MT)의 발전에 따른 통번역 업계의 미래 전망은? ······················· 47
    Q. 기계번역(MT)의 새로운 기술 및 알고리즘을 학습할 수 있는 방법은? ········ 50

    Q. 기계번역(MT)과 관련 연구와 발전 동향을 분석하는 방법은? ················ 23

## 02 기계번역(MT)의 도구와 플랫폼 ·············································· 56
    Q. 컴퓨터가 통번역사를 보조하는 방법은? ································· 57
    Q. 기계번역(MT)을 활용한 번역 작업에서 사용되는 플랫폼과 CAT 도구는? ····· 59
    Q. 기계번역(MT)과 호환 가능한 번역 메모리(TM) 도구는? ··················· 63
    Q. 기계번역(MT)과 함께 사용할 수 있는 다른 번역 보조 CAT 도구는? ········· 66
    Q. 작업 관리와 일정 관리를 위해 사용 가능한 도구는? ····················· 68
    Q. 일반적인 CAT 도구를 활용한 통번역 작업 순서는? ······················ 70

## 03 기계번역(MT)의 효율성과 정확도 ············································ 74
    Q. 기계번역(MT)을 활용한 번역에서 정확성과 효율성의 변화는? ·············· 75
    Q. 기계번역(MT)을 활용한 번역 작업에서 효율성과 정확도 향상 전략은? ······ 77
    Q. 기계번역(MT)의 한계와 문제점, 이를 극복하는 방안은? ··················· 80
    Q. 기계번역(MT)의 정확도 향상을 위한 훈련 데이터 수집과 관리는? ·········· 82
    Q. 기계번역(MT)의 정확성 개선을 위한 사용자 피드백은? ··················· 85

## 04 기계번역(MT) 활용을 위한 통번역사의 전문성과 GPT ······················ 88
    Q. 번역 대상 언어와 분야별로 기계 변역의 활용성 차이가 발생하는 이유는? ·· 90
    Q. 전문 번역사가 기계번역을 효과적으로 활용할 수 있는 방법은? ············ 92
    Q. AI 번역의 네 가지 활용 모델과 전문 번역사와의 협업 구조는? ············ 95
    Q. 자동 통역 모델의 구조와 그 특징은? ···································· 98
    Q. 전문 번역사의 번역에서 GPT의 역할은? ································ 100
    Q. AI번역(예: GPT)과 전문 번역사와의 협업의 구성 단계는? ················ 101
    Q. GPT를 비롯한 자동 번역의 효과적인 활용을 위한 전문 번역사의 노력은? ·· 102

**2부** AI 번역을 활용하는 통번역사의 직업과 발전

## 05 AI 번역과 통번역사의 협업, 그 윤리와 책임 · · · · · · 106
- Q. 통번역사와 AI 번역 간의 효과적인 의사소통 방법은? · · · · · 108
- Q. AI 번역에 대한 통번역사의 피드백이 수집, 반영되는 방법은? · · · · · 111
- Q. 통번역 작업의 효율성을 위한 AI와 통번역사의 협업 방법은? · · · · · 115
- Q. AI 번역과의 협업에서 통번역사의 윤리적 책임은? · · · · · 117
- Q. AI 번역을 사용하는 통번역사와 관련된 법적 규제와 책임은? · · · · · 120

## 06 AI 번역을 활용하는 성공적인 전문 통번역사 · · · · · · 126
- Q. AI 번역을 활용한 전문 통번역사가 되는 방법은? · · · · · 128
- Q. AI 번역과 함께하는 통번역사의 새로운 직업 모형은? · · · · · 131
- Q. AI 통역기의 등장으로 인한 통역사 역할의 변화는? · · · · · 134
- Q. AI 번역과 함께하는 통번역사로서의 성공적인 마케팅 전략은? · · · · · 138

## 07 AI 번역, 통번역사의 효율성과 소통의 변화 · · · · · · 140
- Q. AI 번역을 활용한 번역 서비스의 장점은? · · · · · 142
- Q. AI 번역을 활용한 번역 서비스를 선택하는 이유는? · · · · · 143
- Q. AI 번역의 효율성 향상을 위한 노력은? · · · · · 144
- Q. AI 번역에서 의뢰자의 기대치에 따른 통번역사의 역할은? · · · · · 147
- Q. AI 번역 활용 통번역사에 대한 의뢰자의 요구와 처리 방법은? · · · · · 151
- Q. AI 번역에서 통번역사와 의뢰자의 의사소통에서 중요한 것은? · · · · · 153

## 08 AI 번역의 활용과 문화 전환의 편집과 수정 · · · · · · 156
- Q. 번역에서 지역화와 자국화의 차이는? · · · · · 157
- Q. 기계번역의 활용과 지역화와 자국화의 관계는? · · · · · 160

    Q. 기계번역의 지역화와 자국화, '제사'의 한-영 번역 사례? ········· 162
    Q. AI 번역(GPT)이 지역화와 자국화를 해결할 수 있는 방법은? ········· 163
    Q. 기계번역의 한계를 고려한 번역 품질 평가의 기준은? ········· 166
    Q. 기계번역을 활용하는 통번역사가 결과물을 점검하는 방법은? ········· 170
    Q. 통번역사가 기계번역과 협업을 해야 하는 이유는? ········· 174

## 09 AI 번역과 통번역사 그리고 프롬프트 엔지니어 ········· 178
    Q. 프롬프트 엔지니어의 개념과 종류는? ········· 181
    Q. 통번역사와 프롬프트 엔지니어의 관계는? ········· 184
    Q. 문화 간 의사소통자로서 프롬프트 엔지니어의 역할은? ········· 186
    Q. 프롬프트 엔지니어와 통번역사의 관계는? ········· 188
    Q. 통번역 분야에서 프롬프트 엔지니어의 역할은? ········· 191
    Q. AI 프롬프트 엔지니어로의 접근 방법은? ········· 193
    Q. 프롬프트 엔지니어의 역할을 이해하는 통번역사의 모습은? ········· 195

### 3부   AI 번역의 활용과 통번역사 교육의 새로운 모색

## 10 PE의 기본 개념과 수행 방법 ········· 200
    Q. 기계번역에서 포스트에디팅(수정, post-editing)이란? ········· 203
    Q. 포스트에디팅에서 통역사의 역할은? ········· 204
    Q. 포스트에디팅의 수행 목적은? ········· 207
    Q. 포스트에디팅의 효과적인 수행을 위한 전문 지식과 기술은? ········· 214
    Q. AI시대, 통번역사의 미래를 위한 포스트에디팅 훈련과 준비는? ········· 216

## 11 PE를 활용한 번역의 품질 평가와 개선 · 218
- Q. AI 번역물에 대한 포스트에디팅 작업을 개선할 수 있는 방법은? · 219
- Q. AI를 활용하는 통번역의 포스트에디팅에서 번역 품질 평가의 기준은? · 222
- Q. AI와 전문 통번역사의 협업 효율성을 높이는 방법은? · 225
- Q. AI 번역의 정확도와 포스트에디팅 작업의 효율성을 높이는 전략은? · 232
- Q. 포스트에디팅 작업을 위한 효율적인 작업 환경 구축 방법은? · 233

## 12 AI 번역을 활용한 한국어 통역 교육의 범위 · 236
- Q. AI 번역을 활용한 교육에서 실시간 통역 능력 향상 방법은? · 238
- Q. AI 통역 시스템과 통역사의 협업 강화를 위한 전략은? · 240
- Q. AI 통역 시스템의 한계를 인식하고 극복하는 방법은? · 243
- Q. 원어민 통역사와 AI 통역 시스템의 협업에서 효과의 극대화 방안은? · 246
- Q. AI 번역을 활용한 통역 교육에서 실습 활동은? · 249

## 13 AI 번역을 활용한 한국어 번역 교육의 범위 · 254
- Q. AI 번역 시스템과 번역사의 협업을 통한 품질 향상 방법은? · 256
- Q. AI 번역 시스템을 활용한 교육에서 번역사가 습득해야 할 기술 지식은? · 259
- Q. AI 번역 시스템 도입으로 인한 번역사의 역할 변화는? · 262
- Q. AI 번역의 품질 평가와 시스템 개선을 위한 실습 활동은? · 265
- Q. AI 번역 시스템을 활용한 교육에서 효율적인 작업 환경의 구축 전략은? · 269

**문헌정리** · 272

## Prologue

통번역사가 이해하는
'자연언어 처리에서 GPT의 활용까지'

## Prologue

## 통번역사가 이해하는
## '자연언어 처리에서 GPT의 활용까지'

21세기, 우리 사회의 디지털 전환(digital transformation, DX)은 통번역 분야에서도 예외가 되지 않는다. DX는 비즈니스나 서비스에서 디지털 기술을 활용하여, 프로세스나 고객 경험이 변화하도록 하는 것을 의미한다. 그리고 이것은 디지털 기술을 활용하여, 기존의 비즈니스 모델을 개선하고, 새로운 가치를 창출하는 서비스 제공에 중점을 두고 있다. 그러므로 이러한 변화는 통역과 번역 분야에도 그대로 적용될 수 있다.

통역과 번역 분야에서의 DX는 기존의 수동적이고 인간 중심적인 번역 절차를 디지털 기술을 활용하여 자동화하고, 효율화하는 것을 목표로 한다. 그리고 이러한 디지털 기술로의 전환이 통번역의 품질을 향상시키고, 통번역 절차를 더 손쉽고, 빠르고 정확하게 만드는 데 기여하게 될 것이라고 여긴다.

그리고 21세기는 정보와 통신의 시대라고도 한다. 이는 세계가 조금씩 네트워크로 연결되고 있으며, 서로 이해하고 소통하는 것이 중요해졌음을 말한다. 이로 인해서 통번역사는 단순히 두 언어 사이를 오가는 메신저 역할을 벗어나 훨씬 더 복잡하고 다양한 역할을 수행하도록 요구 받고 있다. 이런 변화의 배경에는 자연언어 처리(natural language processing, NLP)에서부터 GPT(Generative Pretrained Transformer)[1]까지의 기술 발전이 가장 큰 영향을 미쳤다.

---

[1] GPT와 유사한 기술인 LaMDA는 Google AI의 대규모 언어모델로, 방대한 텍스트와 코드 데이터 세트로 학습되었어요. 그리고 이 역시 텍스트 생성, 언어 번역, 다양한 종류의 창의적인 콘텐츠 작성, 정보 제공 방식으로 질문에 답변할 수 있어요. 이 밖에도 BERT는 Google AI의 언어모델인데, 유사하게 방대한 텍스트 데이터 세트로 학습되었고, 자연언어의 이해와 추론을 위해 설계되었어요. 마지막으로 Megatron-Turing NLG가 있어요. 이 역시, 텍스트 생성, 언어 번역, 다양한 종류의 창의적인 콘텐츠 작성, 정보를 제공하는 방식으로 질문에 답변할 수 있어요.

자연언어 처리는 컴퓨터가 사람의 언어, 즉 자연언어를 이해하고 처리하는 기술이다. 이 기술의 목표는 컴퓨터가 언어를 이해하고, 그 뜻을 파악하며, 더 나아가 적절한 반응을 내놓도록 하는 데 있다. 이러한 기술의 발전으로 인해, 21세기 기계는 인간의 말을 이해하고, 다른 언어로 전환하거나 먼저 우리에게 말을 걸 수 있게 되었다.

그리고 이 자연언어 처리 기술의 발전에서 중요한 전기를 마련해 준 것이 바로 GPT라고 할 수 있다. GPT는 문장의 맥락을 이해하고 그에 맞는 내용을 만들어 낼 수 있는 AI 언어 처리 모델이다. 이를 통해 AI는 문장을 이해하고, 그 뜻을 파악하며, 적절한 문장을 만들어 낼 수 있게 되면서 세간의 이목을 끌었다.

이런 언어모델[2] 기술의 발전은 통번역사에게도 큰 변화를 가져왔다. 이제 통번역사는 AI가 번역한 내용을 확인하고, 수정하는 역할과 그런 AI 모델을 발전시키는 동력을 공급하는 역할을 담당하게 되었다. 그래서 통번역사에게는 AI 번역기의 장점을 적극 활용하면서도, 그 한계를 이해하는 능력이 중요해졌다. 그리고 이런 변화는 또 다른 기회를 의미하기도 한다. AI 기술을 이해하고 활용할 수 있다면, 통번역사는 더욱 다양하고 복잡한 역할을 수행하면서 자신의 가치를 더욱 높일 수 있을 것이다.

이 책에서는 이런 변화를 이해하고, 통번역사가 앞으로 어떻게 변화하고 발전해야 하는지에 대해 알아보려고 한다. 함께 이 길을 걸어가면서, 우리는 언어의 세계를 넘어 시스템을 이해하는 기술의 세계로 한 발짝 더 나아가게 된다. 즉, AI와 함께 성장하며, 언어의 힘을 더욱 확장시키는 방법을 배우게 될 것이다.

그런데 이 책은 단순히 언어와 기술에 대한 이야기만을 다루지는 않는다. 이 책은 언어와 기술이 어떻게 우리의 삶과 사회, 그리고 세계에 영

---

2 언어모델(language model, LM)은 언어라는 현상을 모델링하고자 단어 시퀀스(또는 문장)에 확률을 할당(assign)하는 모델을 가리키지요. 이를 조금 풀어서 설명하면, 언어모델은 가장 자연스러운 단어 시퀀스를 찾아내는 모델이에요. 단어 시퀀스에 확률을 할당하게 하기 위해서 가장 보편적으로 사용되는 방법은 언어모델이 이전 단어들이 주어졌을 때 다음 단어를 예측하도록 하는 방법이에요. 물론 다른 유형의 언어모델로는 주어진 양쪽의 단어들로부터 가운데 비어있는 단어를 예측하는 언어모델이 있어요.

향을 미치는지에 대한 이야기도 담고 있다. 언어는 의사소통의 도구이자, 문화와 지식의 매개체라고 한다. AI 기술은 이 모든 것을 확장시키고, 우리에게 더 큰 가능성을 제공할 것이다.

따라서 이 책을 통해, 우리는 언어와 기술이 어떻게 통번역사의 역할과 통번역의 세계를 바꾸는지 알아보려 한다. 그리고 이 과정에서, 통번역사가 어떻게 자신의 역할을 다시 정의하고, 이 변화에 적응해 나갈 수 있는지에 대한 답을 찾아보려 한다.

또한 이런 의미에서 살펴보면, 이 책은 단지 정보를 제공하는 것 이상의 가치를 지니게 된다. 이 책은 변화와 진화에 대한 이해를 바탕으로, 우리가 더 나은 미래를 구축하는 데 도움을 주는 지침서가 될 것이다.

이제, 함께 '자연언어 처리에서 GPT까지'의 여정을 시작해 보자. 미래는 우리가 만들어 가는 것이다. 그리고 이 여정에서, 우리 모두는 그 미래를 만드는 데 중요한 역할을 할 것이다.

---

**톺아보기**

### DX의 의미

디지털 기술을 사회 전반에 적용하여 전통적인 사회 구조를 혁신시키는 것을 말해요. 일반적으로 기업에서 사물 인터넷(IoT), 클라우드 컴퓨팅, 인공지능(AI), 빅데이터 솔루션 등 정보통신기술(ICT)을 플랫폼으로 구축·활용하여 기존 전통적인 운영 방식과 서비스 등을 혁신하는 것을 의미해요.

IBM 기업가치연구소의 보고서(2011)에서는 '기업이 디지털과 물리적인 요소들을 통합하여 비즈니스 모델을 변화시키고, 산업에 새로운 방향을 정립하는 전략'이라고 정의했어요.

디지털 전환(digital transformation)을 위해서는 아날로그 형태를 디지털 형태로 변환하는 '전산화(digitization)' 단계와 산업에 정보통신기술을 활용하는 '디지털화(digitalization)' 단계를 거쳐야 해요.

> 디지털 전환을 추진한 사례로, 제너럴 일렉트릭(General Electric, GE)의 산업 인터넷용 소프트웨어 플랫폼 프레딕스(Predix™), 모바일앱으로 매장 주문과 결제를 할 수 있는 스타벅스의 '사이렌오더 서비스' 등이 있어요. 성공적인 디지털 전환을 통해 제4차 산업혁명이 실현되고 있어요.

### Q. 자연어 처리(NLP) 기술이 21세기 AI 번역의 발전에 미친 영향은?

20세기 자연어 처리(NLP) 기술의 발전은 여러 단계를 거쳤으며, 이 과정은 21세기 현재의 AI 번역의 발전에 중요한 영향을 미쳤습니다.

1950년대 말부터 1960년대까지 사용되었던 규칙 기반(rule-based) 번역 방식은 말 그대로 번역을 위한 규칙을 사람이 직접 만들어 그 규칙에 따라 컴퓨터가 문장을 번역하게 하는 방식입니다. 예를 들어, 'I am happy'라는 문장을 한국어로 번역한다고 할 때, 'I'는 '나는', 'am'은 '입니다', 'happy'는 '행복한'으로 번역하는 규칙을 사람이 만들어 컴퓨터에게 제공했습니다. 그럼 컴퓨터는 이 규칙에 따라 "나는 행복한 입니다."라고 번역하게 되는 것입니다. 하지만 이런 방식은 많은 제한이 있었습니다.

첫째, 언어는 상황에 따라 다르게 해석되고 사용되는데, 이러한 상황을 고려하지 못합니다.

둘째, 언어는 계속해서 변화하는데, 이런 변화를 실시간으로 반영하기가 어렵습니다.

셋째, 모든 가능한 규칙을 사람이 만들어야 했기 때문에, 이 과정이 매우 복잡하고, 시간이 많이 소요됩니다.

따라서 이 규칙 기반의 언어 처리 방식은 번역의 효율성과 정확성 면에서 위에서 지적한 다양한 제한점을 가지고 있었고, 이를 보완하거나 대체할 수 있는 더 좋은 방법이 필요하게 되었습니다. 이러한 요구에 따라, 등장하게 된 것이 통계 기반의 언어 처리 방식이고, 이는 규칙 기반의 언어 처리 방식의 한계를 보완해 줄 수 있었습니다.

1980년대부터 1990년대를 거쳐, 통계 기반 번역이라는 새로운 기술이 등장했습니다. 이 기술은 사람이 직접 규칙을 만드는 것이 아니라, 컴퓨터가 대량의 번역된 텍스트(예: 한-영 번역된 책, 논문 등)를 보고, 통계와 확률을 통해서 스스로 규칙을 찾아내는 방식이었습니다.

예를 들어, '안녕하세요'라는 한국어 문장이 'Hello'로 번역된 데이터가 많다면, 컴퓨터는 '안녕하세요'와 'Hello' 사이에 대응되는 규칙이 있다고 스스로 판단하게 되고 이를 번역에 반영하게 됩니다. 이렇게 해서, 사람이 일일이 규칙을 정하지 않아도, 컴퓨터가 스스로 기존 데이터를 분석하고 이를 규칙화해서 번역할 수 있게 되었습니다.

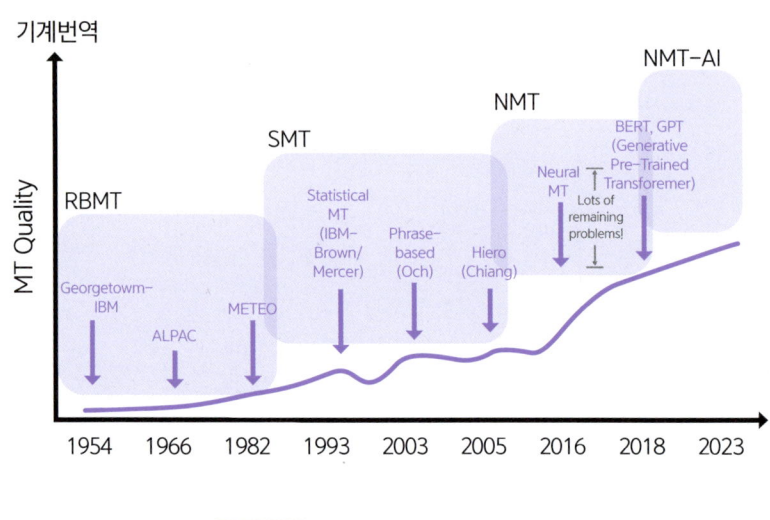

그림 1  MT와 AI 번역의 발전과정

하지만 이러한 방식도 자연언어를 처리하는데 완벽하지는 않았습니다. 문장의 구조와 문맥을 완전히 이해하지 못했기 때문에, 많은 번역 상황에서 이상한 번역 결과를 내 놓았습니다. 예를 들어, '은행'이라는 단어는 '금융 기관'을 의미하기도 하지만, '나무'를 의미하기도 합니다. 하지만 컴퓨터는 단어 단위, 의미 단위를 기본으로 했기 때문에 이런 차이를 잘 구분하지 못하고, 문장의 전체적인 의미를 잘 파악할 수 없는 한계를 보였습니다. 결국 이러한 한계 때문에 또다시 더 나은 번역 기술 개발이 요구되었습니다.

21세기에 들어서는 우리가 익히 들어본, 딥러닝 기술의 발전과 함께 인공 신경망 기반(neural-based)의 자연언어 처리 기술이 급속하게 발전하게 되었습니다. 2010년대에는 인공 신경망을 활용한 번역 시스템인 NMT(neural machine translation)가 등장하여, 이전과는 구분되는 효율성과 정확성을 보여 주었습니다. 우리에게 익숙한 구글의 번역기나, 파파고, 바이두의 번역기가 인공신경망 기술의 엔진을 탑재하고 있었습니다.

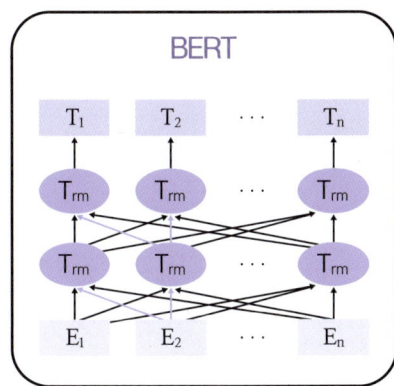 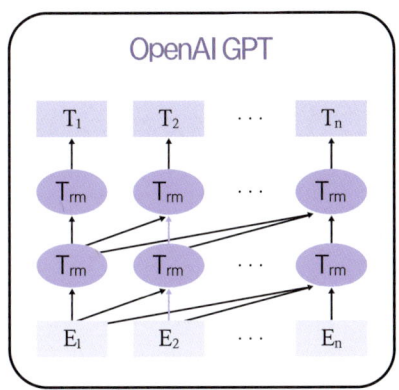

그림 2  사전훈련 언어모델 BERT, GPT

이후 2018년부터는 BERT, 네이버의 하이퍼클로바(Naver Hyper

CLOVA), GPT(Generative pre-trained transformer)와 같은 '사전훈련 언어모델[3]'이 소개되었고, 자연어 처리를 위한 기술의 발전에 큰 변화를 가져왔습니다. 이러한 기술의 발전은 기계번역의 성능을 높여 주었고, 통번역사와 AI의 협업을 가능하게 해 주었으며, 전반적인 통번역 품질과 효율성을 크게 향상시킬 수 있었습니다.

**Q. AI 기술이 자연언어 처리와 기계번역의 발전에 미친 변화는?**

2000년대 들어, 컴퓨터가 사람처럼 스스로 배울 수 있도록 하는 새로운 기술, 딥러닝[4]이 오랜 노력의 결과로 결실을 맺게 되었습니다. 딥러닝은 사람의 뇌와 비슷한 방식으로 작동하는데, 이는 사람이 경험을 통해 배우고 문제를 해결하는 것처럼, 컴퓨터가 주어진 대량의 불규칙적인 데이터 속에서 필요한 패턴을 찾아내는 것이 가능해진 것입니다. 이 기술을 사용하면 컴퓨터가 인간이 겪는 다양하고, 복잡한 문제들을 더 잘 이해하고 해결할 수 있습니다.

그리고 2010년대 중반에는 이 딥러닝이 언어에 관한 문제, 정확히 말해서 번역기나 컴퓨터보조번역(CAT)[5]에 적용되기 시작했습니다. 이를 위해 개발된 기술이 바로 '인공신경망'입니다. 인공신경망은 사람의 뇌에서 뉴런(neuron)들이 서로 정보를 주고받는 것처럼, 컴퓨터 내에서도 여러 계산 단위들이 서로 정보를 주고받으며 학습하는 방식입니다. 이 방식 덕분에 컴퓨터는 단순히 A언어의 단어를 B언어의 단어로 바꾸는 게 아니라, 문장 전체의 의미를 이해하고 그에 맞는 번역을 할 수 있게 되었습니다.

이런 기술의 발전으로 컴퓨터가 번역한 문장이 더 자연스럽고, 원문의 의미를 잘 반영할 수 있는 번역 결과물로 발전해 나갔습니다. 이는 컴

---

[3] 사전훈련 언어모델(거대언어모델, LLM)이란 기존의 임베딩 벡터를 시계열 처리 모델을 기반으로 학습을 시켜 문맥을 반영한 임베딩 벡터를 새롭게 얻는 것을 의미해요. 여기서 임베딩 벡터란 워드 임베딩이란 의미 단위의 단어를 숫자로 처리할 수 있도록 바꾸는 것을 의미해요. 이렇게 얻은 임베딩 벡터는 '사과'와 같이 의미는 다르지만 소리가 같은 단어들이라고 하더라도 임베딩 벡터 값이 달라지므로, 둘을 달리 구분하는 것이 가능해져요. 트랜스포머가 등장하고 나서는 자연스럽게 이 사전훈련 언어모델에 LSTM이 아니라 트랜스포머를 적용하는 시도가 등장하게 되었어요. 이렇게 NLP의 트렌드는 사전훈련 언어모델을 만들어, 이를 다른 태스크에 추가 학습하여 높은 성능을 얻는 것으로 발전하게 되었어요.

[4] 딥러닝은 1940년대 인공 신경망 개념에서 시작해 서서히 발전했어요. 초기에는 '퍼셉트론'이 만들어졌고, 1980년대에는 '역전파 알고리즘'이 개발되어 복잡한 네트워크 학습이 가능해졌어요. 1990년대 'SVM' 등 다른 방법이 주목받아 일시적 침체기를 겪었지만, 2000년대에 들어 데이터와 컴퓨팅 기술의 발전으로 다시 부상했어요. 특히 2006년 제프리 힌튼 팀이 발표한 '딥 믿음 네트워크'는 딥러닝 연구에 중요한 변화를 가져오게 되었어요.

[5] 컴퓨터보조번역(computer assisted translation, CAT)은 컴퓨터가 지원하는 번역으로, 번역 메모리나 용어 데이터베이스 등을 사용해 통번역사의 작업을 보조하는 도구를 말해요. 이는 일관성 유지와 효율성 향상에 도움을 줘요.

퓨터가 단순히 기계적인 작업을 수행하는 도구에서, 사람의 언어를 이해하고 사람처럼 생각할 수 있는 도구로 발전하는 큰 전환점이었습니다. 우리는 이 부분에서 그 동안의 MT를 통한 번역과 인공지능(AI) 번역으로의 발전의 경계를 긋게 되었습니다. 이러한 과정을 통해서 이제는 AI 번역기가 통번역사의 업무를 돕는 중요한 도구로 인식되고 있습니다.

2017년에는 구글이 '트랜스포머(Transformer)'라는 새로운 기술을 발표했습니다. 이 기술의 특징은 문장을 한 조각씩 나누어 처리하는 기존 방식이 아니라, 문장 전체를 한 번에 처리하는 방식이었습니다. 이전 기술들은 문장을 단어나 단어 뭉치로 쪼개서 의미 단위로 번역했기 때문에, 문장 전체의 뜻을 완벽하게 이해하지 못하는 한계가 있었습니다. 하지만 트랜스포머는 이런 한계를 극복하고, 문장 전체의 의미와 이를 연결하는 맥락을 파악하여 그에 맞는 번역을 제공합니다. 이런 방식 덕분에 트랜스포머 기반의 번역기는 이전보다 훨씬 정확한 번역을 제공할 수 있게 되었습니다.

그렇지만, 이런 변화는 그저 시작에 불과했습니다. 최근에는 트랜스포머 기반의 인공지능 모델들이 더욱 다양하게 성장하면서, GPT와 같은 모델이 등장하였습니다. 이런 모델들은 문장을 이해하고 새로운 문장을 만드는 능력이 탁월하여, 단순히 번역뿐만 아니라 글쓰기, 질문에 대한 답변 생성 등 다양한 언어 관련 작업에 활용되고 있습니다. 다시 말해서, 이런 시스템은 사람이 하는 대화나 글쓰기를 비롯한 다양한 언어활동을 컴퓨터도 할 수 있도록 도와주는 역할을 합니다.

이런 기술의 발전은 우리가 컴퓨터와 어떻게 소통하고, 컴퓨터가 어떻게 인간의 언어를 이해하고 사용할 수 있는지에 대한 활용 방법을 크게 바꾸어 놓았습니다. 이런 변화는 단지 번역 분야에만 국한된 것이 아니라, 우리의 일상생활과 교육, 업무 등 많은 분야에서 큰 영향을 미치고 있습니다. 그리고 이런 기술의 발전은 앞으로도 계속될 것이며, 우리가 언어를 사용하는 방식을 더욱 혁신적으로 바꿀 것을 요구하고 있습니다.

> **톺아보기**
>
> **인공지능에서 NLP의 의미**
>
> 자연언어 처리(NLP)가 중요한 이유는 AI 기술을 발전시키기 위한 마무리 단계에 '자연언어 처리를 통한 인간과 컴퓨터의 소통'이 있기 때문이에요. '자연언어 처리'란 인간이 오랜 세월 동안 사용하며 자연적으로 만든 '자연언어', 즉 '사람의 언어'를 컴퓨터의 언어로 바꿔주는 것이지요. 여기서 컴퓨터 언어는 키보드나 마우스로 컴퓨터와 소통하는 '프로그래밍 언어'라고 할 수 있어요. 자연언어 처리를 하려면 먼저 말이나 텍스트 등으로 입력된 자연언어를 이해하는 '자연언어 이해(NLU)'가 필요해요.
>
> 이를 통해, 컴퓨터는 자연언어 이해를 통해 비정형적인 말 속에서도 사용자가 실제로 의미하는 바를 추론할 수 있지요. 예를 들어 AI 스피커에 "밖은 어때"라고 물어보면 AI는 사용자가 날씨를 궁금해 한다는 것을 파악할 수 있는 것이지요. 이처럼 자연언어 이해는 컴퓨터가 특정 방식으로 묻지 않아도 말의 의미를 이해하는 유연성을 가지고 있어요. 자연언어 이해로 사용자의 질문을 이해했다면, 머신 러닝으로 사용자의 질문을 AI에 전달하고, AI는 스스로 학습하는 딥러닝을 통해 답변 데이터를 추출하게 돼요. 이렇게 추출한 최종 답변을 다시 인간에게 자연언어로 전달하면 자연언어 처리 과정이 모두 끝나요.

**Q. GPT와 Bard와 같은 모델이 정확도와 자연스러움을 개선할 수 있었던 방법은?**

Bard, GPT, 하이퍼클로바X와 같은 사전훈련 언어모델이 소개되었을 때, 기계번역의 정확도와 자연스러움을 획기적으로 개선했다는 평가를 받았습니다. 그리고 이러한 언어모델들의 등장은 당시 인공지능과 자연언어 처리 분야의 주요 이정표가 되었습니다.

구글에서 BERT라는 특별한 기술을 2018년 소개하였습니다. 당시에 이 시스템은 문장을 보는 새로운 방식을 도입했습니다. 이전에 대부분의 모델들은 문장을 분석할 때 사람이 책을 읽듯이 왼쪽에서 오른쪽으로 보았습니다. 하지만 BERT는 문장 전체를 한눈에 보는 방식을 사용했습니다. 이것은 마치 책의 한 페이지를 한눈에 볼 수 있는 사람처럼, 여러 문장에 있는 다양한 단어들 사이의 관계를 동시에 이해할 수 있도록 해 주었습니다.

그리고 최근 BERT의 확장판이라고 할 수 있는 Bard라는 모델이 등장했습니다. 이 모델은 향상된 학습 알고리즘과 다양한 데이터셋을 사용해 더욱 풍부하고 다양한 문맥 정보를 가지고 있습니다. Bard는 문장 내에서 여러 단어들의 관계를 더욱 깊게 이해함으로써, 문맥에 따른 단어의 의미나 문장의 구조를 더 정확하게 파악할 수 있습니다. 예를 들면, '배'라는 단어는 문맥에 따라 '과일'을 뜻하기도 하고 '선박'을 뜻하기도 하는데 Bard는 이런 문맥에 따른 단어의 의미를 더 잘 이해할 수 있습니다. 즉 Bard는 단어 하나하나가 문장 전체 안에서 어떤 역할을 하는지를 더 잘 이해함으로써, 더 정확하고 자연스러운 번역을 할 수 있게 도와줍니다.

2018년에는 OpenAI라는 회사에서 GPT라는 새로운 모델을 소개했습니다. GPT는 'Generative pre-trained transformer'의 줄임말인데, 한국어로 번역하면 '생성형 사전훈련 트랜스포머'가 됩니다. 이 이름에서도 알 수 있듯이, GPT는 문장을 만들어 내는 것에 특화된 모델입니다. 번역뿐만 아니라 요약이나 질문에 대한 답변 생성 같은 작업에도 훌륭하게 작동했기 때문에 출현과 함께 많은 관심을 받았습니다.

사람들은 GPT가 어떻게 이런 일을 할 수 있는지 궁금했습니다. GPT는 우리가 평소에 말하거나 쓰는 언어를 통째로 학습합니다. 그리고 주어진 문장을 보고 그 다음에 올 맥락적인 의미가 무엇일지 예측하는 방식으로 작동을 합니다. 예를 들어, '나는 오늘 ___에 가려고 합니다.'라는 문장에서 빈 칸에 올 단어, 구, 문장을 예측하는 방식입니다. 이런 방식을 통해 GPT는 문장의 맥락, 즉 문장 전체의 의미를 이해하고 그에 맞는 문장을 만들어 냅니다.

이 같은 모델의 등장으로 기계번역은 더욱 자연스러워지고 정확해졌습니다. 예전에는 기계번역기가 문장의 문맥을 잘못 이해해서 이상한 문장을 만들어 내는 일이 많았지만, Bard, GPT, 하이퍼클로바X를 활용하면 문장의 맥락을 정확하게 파악해서 문장을 만들어 내기 때문에, 번역 결과 또한 훨씬 자연스럽고 정확해졌습니다. 즉, 이런 사전훈련 언어모델의 등장은 기계번역을 훨씬 정확하고 자연스러운 방향으로 이끌게 되었습니다.

기존의 초기 AI 번역까지만 해도, 때때로 문장의 문맥을 제대로 파악하지 못해, 부자연스럽거나 이해하기 어려운 번역 결과를 내 놓았습니다. 그런데 이런 사전훈련 언어모델을 사용하면 문장의 문맥을 이해하고, 그에 맞는 단어를 선택해서 더욱 자연스럽고 정확한 번역 결과를 제공할 수 있습니다.

결론적으로, Bard, GPT, 하이퍼클로바X와 같은 '사전훈련 언어모델' 시스템은 인공지능이 언어를 이해하고 사용하는 방식을 혁신적으로 바꾸어 놓았습니다. 사실 이런 기술의 발전과 변화는 앞으로도 계속될 것이며, 그 결과로 우리는 더욱 자연스럽고 정확한 기계번역을 만날 수 있을 것입니다.

**Q. GPT와 Bard와 같은 모델의 출현으로 인한 통번역 업계의 변화는?**

오늘날처럼 기계번역이 발전하기 전에는, 번역이나 통역을 하려면 사람이 직접 해야 했습니다. 예를 들어, 영어 문장을 한국어로 바꾸려면, 영어를 잘 알고 한국어도 잘하는 사람이 그 문장을 읽어 보고, 머릿속에서 그 뜻을 이해한 다음, 그 뜻을 한국어로 바꿔 써야만 했습니다. 이런 일은 시간이 꽤나 오래 걸리고, 번거로운 일이었습니다. 게다가 사람마다 능력이 달라, 번역물의 결과에 대한 품질도 다르고, 가끔은 틀린 번역을 만날 수도 있었습니다.

그런데 인공신경망에 대한 개념이 나오고, 이어 GPT나 네이버의 하이퍼클로바(Naver Hyper CLOVA), 구글의 Bard와 같은 것들이 나오면서, 번역과 같은 일이 많이 쉬워졌습니다. 그리고 이런 시스템은 동시에 여러 언어를 이해할 수 있기 때문에 사람들은 시스템의 도움을 받아 통번역이 빨라졌고, 잘못된 번역도 상당히 줄었습니다. 이 프로그램들은 실시간으로 이야기하는 사람의 말을 다른 언어로 바꿔 주는 실시간 통역이나, 인터넷에 있는 외국어 웹페이지를 한국어로 바꿔 주는 웹페이지 번역, 그리고 긴 문서를 다른 언어로 바꿔주는 문서 번역 등에서 많이 사용되고 있습니다.

6 BERT와 Bard는 모두 Google에서 개발한 대규모 언어모델이에요. BERT는 마스킹된 언어모델 훈련을 위해 텍스트와 코드의 방대한 데이터 세트로 훈련되었어요. Bard는 BERT를 기반으로 하며, 텍스트와 코드의 더 큰 데이터 세트로 훈련되었죠. Bard는 BERT보다 더 많은 정보를 제공하고 포괄적인 답변을 제공할 수 있어요. 또한 Bard는 BERT보다 더 창의적인 텍스트 형식을 생성할 수도 있어요.

이러한 변화 때문에 통번역사의 업무의 범위와 형식도 많이 변화했습니다. 이제 통번역사들은 번역이나 통역을 하는 것뿐만 아니라, 이 시스템이 번역한 것을 다시 검토하고 수정하는 일도 합니다. 즉, 시스템과 사람이 협업을 통해서 번역의 품질을 더욱 높이는 일이 일반화된 것입니다. 또한 이런 변화는 많은 사람들이 언어를 몰라서 알아볼 수 없던 정보를 쉽게 이해할 수 있게 했습니다. 예를 들어, 외국어로 쓰여 있는 뉴스나 책, 웹페이지 등을 이제는 시스템이 번역해 주기 때문에, 많은 사람들이 쉽게 이해하고, 사용할 수 있게 됐습니다.

결과적으로, 이런 언어 생성 기술의 발전은 통번역사의 일을 새롭게 바꾸는 것뿐만 아니라, 많은 사람들이 언어의 장벽 없이 정보를 이해하고 소통할 수 있는 길을 열어 주고 있는 것입니다. 지금 현재도 이런 길이 계속 넓어지면서, 앞으로 더 많은 사람들이 언어를 배우고, 서로 다른 사람들과 소통하고, 함께 일하는 세상이 될 것이라고 기대해 봅니다.

### Q. GPT와 같은 기술 발전이 외국어 교육이나 통번역 교육에 미친 영향은?

자연언어 처리 연구와 GPT 같은 기술이 더욱 빠르게 발전하면서, 이런 발전의 결과가 외국어를 배우는 사람들에게 도움이 될 거라는 예상을 가장 많이 할 수 있습니다. 왜냐하면, AI 번역기는 외국어 학습에 큰 도움이 될 수 있기 때문입니다. 예를 들어, 외국어로 된 책이나 뉴스 기사를 읽을 때, 모르는 단어나 문장을 만나면, 그때그때 AI 번역기를 통해 뜻을 확인하고 바로 이해할 수 있다는 장점이 있습니다. 그리고 이를 통해서, 책을 읽거나 뉴스를 보는 것과 같은 일상적인 활동 속에서 자연스럽게 외국어를 학습하는 환경이 제공될 수도 있습니다.

또한, 이러한 방식의 학습은 학습자들이 능동적으로 외국어를 학습하는 데에 도움이 될 수 있습니다. 학습자들은 자신이 궁금한 내용에 대해서 직접 찾아보고, 이해하는 과정을 통해, 외국어에 대한 이해도를 손쉽게 높일 수 있습니다.

따라서 이런 기술의 발전은 외국어를 배우는 사람들이 학습 과정을 더욱 즐기면서도 효과적으로 외국어를 습득하는 데에 큰 도움이 될 것입니다. 그리고 이는 전통적인 언어 학습 방법에 새로운 변화를 가져올 수 있는 계기가 될 것입니다.

다음으로, 통번역을 배우는 학생들은 AI 번역기의 장점을 적극 활용하면서도 그 한계를 이해하는 방법을 배워야 할 것입니다. AI 번역기는 매우 빠르게 정확한 번역을 해주는 장점이 있지만, 아직은 사람처럼 그 문장이 담고 있는 문화적인 의미나 미묘한 뉘앙스를 완벽하게 이해하고 번역하는 것은 어렵습니다. 이런 부분에서는 기계번역은 아직도 사람의 판단과 도움이 필요합니다. 그래서 학생들은 AI 번역의 장점을 활용하면서도 그 한계를 이해하고 보완하는 방법을 배우는 것이 중요해지고 있습니다.

앞으로, 이런 기술의 발전은 통번역 교육의 방식도 새롭게 바뀔 것입니다. 이제 학생들은 통번역의 기본 원칙이나 전략과 방법에 대해서만 배우는 것이 아니라, AI 번역기와 같은 도구를 어떻게 활용할 수 있는지, 언제 사람의 판단이 필요한지에 대해서도 배워야 할 것입니다. 이는 향후 통번역 업계에서 활동하기 위해 필요한 중요한 능력이 될 것입니다.

이러한 교육의 변화는 통번역 교육 대상의 확대로 이어질 것이고, 통번역 교육을 더 흥미롭고 도전적으로 만들 것입니다. 언어적 한계로 인한 통번역의 접근 가능성을 시스템의 도움으로 건널 수 있기 때문입니다. 그래서 학생들은 단순히 언어를 통번역하는 기술을 배우는 것이 아니라, AI 도구를 적절하게 활용하고, 문화적인 뉘앙스를 이해하고 전달하는 등의 복합적인 능력을 기를 수 있어야 합니다. 이렇게 되면, 학습자들은 앞으로도 통번역 업계에서 더욱 유연하게 대처할 수 있게 되고 다양한 역량을 발휘할 수도 있습니다.

이런 기술의 발전은 앞으로도 외국어 교육과 통번역 교육을 보다 현대적이고 효율적인 방향으로 이끌어 나갈 것입니다. 그리고 이런 변화는 학생들이 더 쉽게 외국어를 배우고, 더 뛰어난 통번역사로 성장하는 데 도움이 될 것입니다.

**Q. 예비 통번역사가 자연언어 처리나 GPT와 같은 기술을 이해해야 하는 이유는?**

이제 예비 통번역사에게 자연언어 처리나 GPT와 같은 인공지능 기술에 대한 이해가 필수가 되었습니다. 이유는 몇 가지가 있습니다.

지금은 통번역하는 사람이 새로운 역할을 맡아야 할 시기입니다. 시스템을 통해 통번역하는 기술을 담은 AI 번역기가 정확성과 효율성을 많이 확보하기 시작했습니다. 이제 통번역사는 그냥 언어를 다른 언어로 바꾸는 일만 하는 역할로는 부족합니다. 통번역사는 시스템이 아직은 완벽하게 할 수 없는 부분에 구체적이고 세부적인 접근을 할 필요가 있습니다. 그리고 언어 뒤에 숨어 있는 문화적인 이야기와 지식의 사용이 필요해졌습니다.

예를 들어, '눈이 부시게 빛나는 해변'이라는 문장이 있을 때, 번역 시스템은 그냥 '눈부신 해변'으로 번역할 수 있지만, 전문 통번역사는 그 말이 어떤 느낌을 전달하고자 하는지, 그 배경이 어떤 것인지 직관적으로 더 분명하게 이해할 수 있습니다.

그래서 통번역사는 AI 번역기가 어떻게 일하는지, 어떤 부분에서는 제대로 작동하지 않는지를 알아야 합니다. 그리고 이를 통해 어떤 문장을 시스템에게 맡길지, 어떤 문장을 직접 해석할지도 결정할 수 있게 됩니다. 이렇게 되면 번역이 더 자연스러워지고, 의미도 더 정확해질 것입니다. 이것이 통번역사와 시스템의 협업이라는 모델이 될 것입니다.

통번역을 공부하는 사람들이 왜 인공지능이나 자연언어 처리 같은 복잡한 기술을 알아야 할까요? 간단히 말해, 이 기술들이 통번역을 하는 방법을 바꾸어 놓았기 때문입니다.

먼저, AI 번역은 문장을 아주 빠르고 정확하게 번역할 수 있는 수준에 오르고 있습니다. 그런데 그 번역 결과가 항상 완벽한 건 아닙니다. 언어에는 문화나 감정, 상황에 따른 미묘한 뉘앙스가 숨겨져 있기 때문입니다. 그래서 이런 부분에서는 여전히 사람이 직접 판단하고 수정해야 합니다. 이런 작업을 하려면 인공지능 번역기가 어떻게 번역을 하는지, 어디까지 잘하고 어디서 부족한지를 정확하게 알아야 합니다.

또한, 기술이 계속 발전하면서 통번역 업계의 지형도 바뀌고 있습니다. 예를 들어, 이제는 문서를 번역하는 것뿐만 아니라, 실시간 통역이나 음성 인식, 대화형 AI 등 다양한 분야에서 번역 기술이 활용되고 있습니다. 이런 변화를 이해하고 적응하려면, 자연언어 처리나 인공지능 기술에 대한 기본적인 지식이 필요합니다.

정리해 보면, 인공지능 기술을 이해하는 것은 단지 새로운 지식을 배우는 것이 아니라, 변화하는 통번역 업계에서 자신의 역할을 잘 수행하고, 더 나아가서 그 변화를 이끌어 나갈 수 있는 능력을 키우는 것입니다. 이런 이유로 예비 통번역사는 자연언어 처리와 AI 번역기 기술에 대해 기본적인 지식을 필요로 합니다. 이는 단지 지식을 쌓는 것이 아니라, 미래의 통번역 산업에서 자신의 위치를 확립하는 데 필수적인 것입니다.

### Q. MT와 기계번역 그리고 AI 번역의 차이는?

MT와 AI번역은 모두 기계화된 언어전환 과정을 가리키는 말입니다. 그런데 한국어에서는 이들을 모두 기계번역이라고 불러왔습니다. 2016년까지만 해도 AI 번역이라는 말조차 생소한 개념이었습니다. 그런데 2018년 이후에는 GPT와 같은 거대언어모델(LLM)의 개념이 적용된 자연언어 처리(NLP) 형태들이 나오면서 기계화된 언어전환 과정은 더 다양한 형태와 구조를 갖게 되었습니다. 그래서 기계화된 전환 과정을 설명하는 술어의 개념을 작동하는 원리에 따라 구분할 필요가 있습니다.

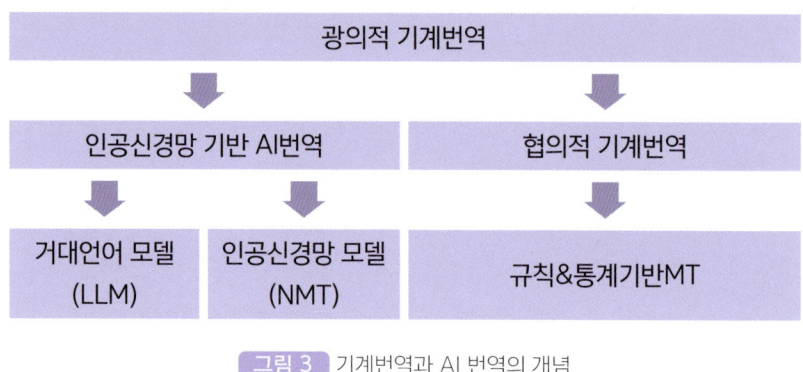

그림 3  기계번역과 AI 번역의 개념

기계번역은 컴퓨터 프로그램이 두 언어 사이 전환을 수행하여, 마치 텍스트를 언어 간 번역한 것과 유사한 결과를 제공해 주는 것을 말합니다. 그러므로 한국어에서 '기계번역'이라는 용어는 광의적으로 앞서 언급한 모든 기계화된 언어전환(MT)과 AI번역의 개념을 넘어 GPT와 같은 거대언어모델에 이르기까지 모든 범주를 가리키는 말로 사용될 수 있습니다. 즉, 인간 번역에 대응하는 개념이 됩니다.[7]

하지만 협의적 의미에서는 '기계번역'은 규칙과 통계를 기반으로 하는 기계적 언어전환을 가리키는 용어로도 사용됩니다. 이 개념에서 보면 기계번역은 일반적으로 규칙기반 시스템, 통계적 기계번역 시스템, 예제기반 시스템 등을 기반으로 하는 기계적 언어전환을 가리키게 됩니다. 이 때문에 여기서 말하는 '협의적 기계번역'은 한국어에서 마치 영어 술어인 MT의 개념과 동일하게 정의되기도 합니다.

얼마 전까지만 해도 많은 서적과 기사 등에서 MT와 AI 번역을 구분하지 않고 '기계번역'이라고 기술해 왔었습니다. 하지만 21세기 기술의 발전이 빠르게 이어지면서 술어의 개념적 전환과 확장이 동시에 이루어지고 있습니다. 특히 이 과정에서 AI 번역(신경망 모델)과 거대언어모델의 개념적 차이에 대한 구분이 필요해지면서, 신경망 번역의 대명사였던 AI 번역과 구분되

---

[7] 원래 'AI 번역'이라는 의미는 1950년대 이후 기계적인 언어처리를 포함할 수 있어요. 그래서 광의적으로는 인간의 지능 활동에 대비되는 개념으로 모든 '기계번역'을 나타내는 술어로 사용해요. 다만 협의적으로는 기계번역 안에서 규칙과 통계 기반의 언어전환을 보완하는 의미에서 '인공신경망' 기술의 도입 이후를 협의적으로 AI 번역으로 설명하지요. 그러므로 한국어로 기계번역을 설명할 때 기본적인 술어의 개념을 살피는 것이 중요해요.

는 새로운 거대언어모델의 개념이 만들어지기도 했습니다.

　우리가 일반적으로 이해하는 MT의 규칙 기반 시스템은 20세기에 사람이 정의한 언어 규칙을 따르며, 통계적 기계번역은 대량의 번역된 텍스트(병렬 말뭉치)에서 그 패턴을 학습하는 것을 가리킵니다. 그러나 이러한 시스템들은 주로 단어나 구 단위 수준에서 번역을 처리하기 때문에, 언어적 문맥을 완전히 이해하는 데 어려움을 겪을 수 있습니다.
　반면에 AI 번역은 인공지능, 특히 딥러닝과 같은 기술을 사용하여 텍스트를 번역합니다. 이러한 시스템은 대량의 데이터에서 패턴을 학습하여 번역을 생성합니다. 가장 대표적인 AI 번역 시스템인 신경망 기계번역(NMT)은 문장 전체 문맥의 의미를 고려할 수 있습니다. 이로 인해 21세기의 기계번역은 기존의 MT 시스템보다 더 자연스러운 번역을 생성할 수 있게 되었습니다. 그러나 AI 번역 역시 완벽하지 않으며, 때로는 예상치 못한 오류를 만들거나, 학습 데이터에 내재된 편향을 그대로 반영하는 경우가 발견되었습니다.

　이렇게 보면, 기계번역과 AI 번역 모두 텍스트를 자동으로 번역하는 기능을 가지고 있지만, 어떻게 그 결과를 도출하는지 그 방법에 있어서는 다르다는 것을 알 수 있습니다. 기계번역은 더 오래된 형식으로 제한적인 범위에서 텍스트를 처리하는 반면, 21세기 AI 번역은 더 복잡한 문맥을 이해하려고 시도하였으며, 그 결과, 더 자연스러운 결과를 제공할 수 있게 되었습니다.

### Q. GPT의 협업이 불러온 전문 통번역사의 윤리적 문제는?

　GPT와 같은 고급 AI 기술의 발전은 통번역사에게 윤리적인 문제를 일으킬 수 있는 여러 상황을 만들어 냅니다. 몇 가지 예를 들어보겠습니다.

첫째는 데이터 사용과 개인정보 보호에 관한 것입니다. AI는 대량의 데이터를 학습하여 작동합니다. 이 데이터 중 일부는 사람들의 개인정보를 포함할 수 있습니다. 예를 들어, 통번역사가 고객의 개인 정보나 민감한 문서를 번역하는 과정에서 AI 도구를 사용한다면, 이 정보가 AI에 의해 저장되거나 재사용될 수 있습니다. 이러한 상황은 고객의 개인정보를 보호하는 것과 관련된 윤리적인 문제를 일으킬 수 있습니다.

둘째는 지적 소유권에 대한 문제입니다. AI가 번역한 결과물에 대한 지적 소유권은 불분명한 경우가 많습니다. 예를 들어, AI가 번역한 문장이 번역사의 작업인지, 아니면 AI가 독립적으로 생성한 결과물인지 구분하기 어렵습니다. 이는 번역물에 대한 지적 소유권을 확립하는 것과 관련된 윤리적인 문제를 일으킬 수 있습니다.

셋째는 기계적 처리에 의한 편향성의 발생 문제입니다. AI 모델은 학습 데이터에 기반하여 작동하므로, 데이터에 개념적 의미적 편향이 있는 경우 AI의 결과물도 윤리적 개념이 편향된 결과물을 생산할 수 있습니다. 예를 들어, 성별, 인종, 종교 등에 대한 차별과 편향된 사고가 들어간 데이터를 통해 학습한 AI라면, 그 데이터의 편향성을 그대로 반영하여 통역과 번역의 결과에 노출할 가능성이 있습니다. 이런 경우, 통번역사는 AI가 생성한 번역물의 편향성에 대해 인지하고, 이를 바로잡는 책임을 질 수 있어야 합니다.

이러한 윤리적인 문제들은 AI 기술을 사용하는 전문 통번역사가 직면할 수 있는 실제 상황들이며, 이를 인식하고 적절하게 대처하는 것이 중요합니다.

## 1부

# 통번역사의 MT에 대한 이해와 CAT의 활용

기계번역(MT) 기술의 발전과 이해 **01**

기계번역(MT)의 도구와 플랫폼 **02**

기계번역(MT)의 효율성과 정확도 **03**

기계번역(MT) 활용을 위한 번역사의 전문성과 GPT **04**

## 01 기계번역(MT) 기술의 발전과 이해

기계번역(machine translation, MT)이 우리의 삶에 들어와서 자리를 잡은 지 얼마 되지 않았으나 기계번역이 앞으로 우리의 삶에 미칠 영향을 고려한다면 이것은 더 이상 변수가 아니다. 기계번역의 기술은 계속 발전하고 있으며, 이는 통번역사의 업무 방식과 번역 시장의 변화를 이끌어 낼 것이다. 이에 통번역사들은 기계번역 기술의 발전에 발맞춰 자신의 번역 역량과 번역 전략을 조정할 필요가 있다. 통번역 분야에서의 기계번역의 발전은 여러 가지 의미를 갖게 되는데, 이를 정리하면 다음과 같다.

1) 효율성 증가

고품질의 기계번역 도구를 사용하면 통번역사들은 더 빠르게 원고를 처리할 수 있으며, 이를 통해 시간과 비용을 절약할 수 있다.

2) 품질 향상

기계번역 기술의 발전으로 더 정확하고 자연스러운 초벌 번역을 얻을 수 있게 되었다. 이는 통번역사가 보다 정교한 작업에 집중할 수 있게 해 준다.

3) 신규 시장 진입

기계번역 기술의 발전은 언어 간의 장벽을 해소함으로써 더 많은 사람들이 다양한 정보에 접근할 수 있게 해 주고 글로벌 시장에 진입할 수 있는 더 많은 기회를 제공한다.

4) 통번역사의 역할 변화

기계번역의 발전으로 인해 통번역사는 전문적이고 창의적인 분야를 담당할 수 있다. 예를 들어, 문화적 중재, 편집 및 교정, 기술적 글쓰기 등을 수행할 수 있다.

이처럼 여러 가지 장점을 가지고 있는 기계번역도 한계를 지닌다. 예를 들어, 문화적 차이, 관용어, 농담 등의 번역에서 기계번역은 여전히 어려움을 겪는다. 따라서 번역사는 기계번역을 도구로 사용하고, 자신의 전문 지식과 문화적 이해를 바탕으로 번역물을 보완하는 역할을 담당해야 한다.

## Q. 기계번역(MT)의 기초 개념과 발전 과정은?

기계번역은 인간이 작성한 자연언어 문장을 컴퓨터 프로그램을 통해 다른 언어로 자동 번역하는 기술입니다. 기계번역은 전 세계에서 사용되는 수많은 언어를 빠르게 번역하고 이해하는 데 매우 중요한 역할을 하고 있습니다.

1950년대부터 1980년대까지 기계번역(MT) 분야는 초기 개발 단계를 거쳐 여러 변화를 겪었는데 이 시기에 대해서 간단하게 소개하겠습니다.

1) 1950년대: 발전 초기

1950년대 초반, 기계번역에 대한 연구가 시작되었습니다. 1954년에는 IBM과 조지타운 대학교가 협력하여 '조지타운-IBM 실험'[8]이라 불리는

8 '조지타운-IBM 실험'은 1954년에 이루어진 최초의 기계번역 프로젝트로, 자연언어 처리 분야의 역사를 개척한 사건이에요. 이 프로젝트는 컴퓨터와 인공지능이 언어를 이해하고 번역할 수 있는 가능성을 보여 주었으며(당시의 기술 수준으로 인해 제한적이기는 함), 향후 자연언어 처리와 인공지능 연구의 기반이 되었어요.

그림4 출처 :
https://web.archive.org/web/20160303171327/http://www.hutchinsweb.me.uk/GU-IBM-2005.pdf

9 'SYSTRAN'은 1960년대에 개발된 초기 규칙 기반 기계번역(RBMT) 시스템 중 하나로, 러시아어를 영어로 번역하는 데 사용되었어요. 이 시스템은 미국 국방부의 지원을 받아 개발되었으며, 국제 통신과 정보 공유에 중요한 역할을 수행하였어요.

첫 번째 기계번역 시스템을 개발하였습니다. 이 시스템은 250개 단어와 6개 문법 규칙을 사용하여 러시아어를 영어로 번역할 수 있었습니다.

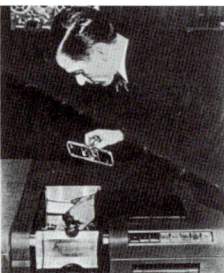

그림 4  기계번역 시스템의 개발

### 2) 1960년대: 규칙 기반 기계번역(RBMT)

1960년대에는 규칙 기반 기계번역(RBMT)이 등장하였습니다. 이 방식은 언어학자들이 개발한 언어 규칙을 기반으로 번역을 수행합니다. 이 시기에는 몇몇 중요한 시스템들이 개발되었는데 그 가운데 하나가 러시아어를 영어로 번역하는 시스트란(SYSTRAN)⁹입니다. 그러나 1966년에 ALPAC(미국 자동 언어 처리 자문 위원회)이 기계번역의 발전 속도와 효과를 비판하는 보고서를 발표하였고 이로 인해 미국에서 기계번역 연구에 대한 자금 지원이 크게 줄어들었습니다.

그리고 유럽에서는 '유로트라(Eurotra)' 프로젝트도 진행되었습니다. 이 프로젝트는 유럽 연합의 공식 언어 간의 번역을 개선하고자 하는 목적으로 시작되었으며, 규칙 기반 기계번역(RBMT)에 초점이 맞추어져 있습니다. 그러나 기대한 성과를 거두지 못한 채 1990년대에 종료되었습니다.

### 3) 1970년대: 인공지능(AI) 기술의 도입

1970년대 중반에는 규칙 기반 기계번역(RBMT)의 한계를 극복하기 위해 인공지능(AI) 기술이 도입되었고 이를 바탕으로 지식 기반 기계번역

(KBMT)이 개발되었습니다. KBMT는 자연언어 처리에서 지식 구조를 활용하는 번역 방식입니다. KBMT는 언어 규칙과 의미 체계를 이해하여 원문의 의미를 보존하면서 번역하는 것을 목표로 합니다. 이 방식은 문맥과 의미를 고려해 보다 정확한 번역을 제공하며, 기존 규칙 기반 번역의 한계를 극복하기 위해 개발되었습니다.

4) 1980년대: 통계 기반 기계번역(SMT)의 출현

1980년대에는 통계 기반 기계번역(SMT)이 등장하였습니다. 이 방식은 대규모 병렬 말뭉치(corpus)[10]를 활용하여 언어모델을 구축하고, 이를 기반으로 번역을 수행합니다.

1980년대 후반에 IBM의 연구원들은 통계 기반 기계번역(SMT)의 기초가 되는 다양한 모델을 개발하였는데 이러한 연구를 통해 번역 품질을 향상시키고, 언어학적 지식에 의존하지 않는 방식으로 번역을 수행할 수 있는 방법론이 제안되었습니다.

지금까지 1950부터 1980년까지의 기계번역 발전에 대해 살펴보았습니다. 1990년대에는 컴퓨팅 파워(computing power)[11]의 증가와 인터넷의 급격한 성장으로 대량의 데이터가 확보되어 통계 기반 기계번역(SMT)이 발전할 수 있었습니다. 이와 같은 통계 기반(statistical-based) MT는 이전의 규칙 기반 방식보다 더 나은 성능을 보였으며 MT 기술의 급격한 진보를 이끌었습니다.

**10** 대규모 병렬 말뭉치(corpus)는 두 개 이상의 언어로 이루어진 대량의 텍스트 데이터를 의미해요. 이러한 말뭉치는 기계번역 및 자연언어 처리 연구에서 학습 데이터로 사용되며, 통계 기반 및 신경망 기반 번역 모델의 성능을 향상시키는 데 기여해요. 대규모 병렬 말뭉치는 언어 간 패턴을 파악하고 다양한 번역 상황에 대응할 수 있게 해주어, 번역 품질을 높이는 데 중요한 역할을 해요.

**11** 컴퓨팅 파워(computing power)는 컴퓨터 시스템이 수행할 수 있는 처리 능력을 의미해요. 이는 일정 시간 동안 수행 가능한 명령어의 수나 복잡한 계산을 처리하는 속도와 같은 요소로 측정돼요. 컴퓨팅 파워는 고성능 컴퓨팅, 인공지능, 데이터 분석, 그래픽 처리 등 다양한 분야에서 중요한 역할을 하며, 기술 발전과 함께 지속적으로 향상되고 있어요.

> **톺아보기**
>
> **기계번역의 시작**
>
> 기계번역에 대한 제안은 1930년대에 러시아인 Smirnov-Troyanski와 프랑스인 George Artsouni에 의해 시작되었다고 해요. 그러나 컴퓨터를 이

용한 번역은 Warren Weaver와 Andrew D. Booth(1946)가 컴퓨터를 이용한 자동번역 즉, 기계번역에 대한 가능성을 논의하면서 시작되었어요. 두 사람은 단어의 빈도 수 측정에 컴퓨터를 이용했는데 그들은 이 기술이 기계번역에도 이용될 수 있을 것이라고 생각했어요. 비록 기계번역을 하는 데 있어, 번역을 위한 사전구성, 적절한 단어의 선택, 어순의 조정, 숙어처리 등과 같은 문제점이 해결되어야 한다는 것을 인식하지만 컴퓨터를 이용한 자동번역은 충분히 가능하다고 생각했어요.

이렇게 시작된 기계번역에 대한 연구는 1950년대에 고품질 번역에 대한 가능성 때문에 많은 관심과 지원을 받았어요. 그리고 1954년 Georgetown 대학에서 개발한 기계번역 프로젝트는 49개의 러시아 문장을 번역하는데 성공하게 됐어요.

### Q. 2000년대 기계번역(MT)의 발전은?

2000년부터 2020년까지 기계번역(MT) 분야는 빠른 변화와 발전을 겪었는데 이 시기의 주요 발전 단계는 다음과 같습니다.

2000년대 초, 컴퓨팅 파워의 증가와 인터넷의 발전이 병행되어 데이터를 대량으로 수집하고 처리하는 것이 가능해졌습니다. 이런 환경 변화는 통계 기반 기계번역(SMT) 기술의 큰 발전을 이끌었습니다. SMT는 두 언어 사이의 대량의 병렬 텍스트 데이터를 통해 번역 패턴을 학습하는 방식입니다. 따라서 데이터의 양이 증가하면 증가할수록 번역의 정확도는 높아집니다.

이 시기에는 이러한 SMT 기술을 활용한 다양한 온라인 번역 서비스가 등장했는데, 그 중 가장 대표적인 것이 구글 번역입니다. 구글 번역은 인터넷상의 방대한 양의 텍스트 데이터를 활용하여 전 세계의 수많은 언어 간 번역을 지원하며, 통계 기반 기계번역의 가능성을 대중에게 널리 알렸습니다.

다음으로 이어진 신경 기계번역(neural machine translation, NMT)[12]은 인공 신경망을 활용하여 입력 텍스트를 번역하는 번역 방법론입니다. 이 방식은 텍스트의 문맥을 파악하는 능력이 뛰어나며, 번역 과정에서 자연스러운 문장을 생성하는 데 탁월하다는 특징을 보입니다.

NMT는 'End-to-end' 학습 모델[13]을 사용합니다. 이는 번역을 하나의 복잡한 작업으로 볼 수 있음을 의미합니다. 따라서 단어나 문장 단위로 나누어 처리하는 대신 전체 문장을 보고 이를 바로 번역합니다. 이로 인해 문맥을 더 잘 파악하고, 보다 자연스러운 번역 결과를 제공합니다.

NMT는 딥러닝 기술[14]을 기반으로 합니다. 딥러닝은 컴퓨터가 인간처럼 생각하고 학습하는 능력을 갖추게 해 주는 인공지능의 한 분야입니다. 이를 통해 NMT는 매우 큰 양의 텍스트 데이터로부터 언어 패턴을 학습하고, 이를 통해 복잡한 문장 구조와 뉘앙스를 이해하는 능력을 갖추게 되었습니다.

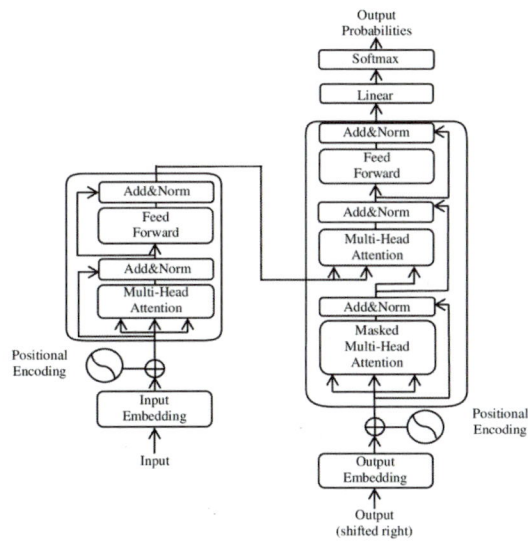

그림 5 트랜스포머 모델

**12** 인공 신경망(artificial neural network)은 인간의 두뇌 구조를 모방한 컴퓨팅 모델로, 기계번역 분야에서 혁신적인 발전을 이끌었어요. 신경망 기계번역(NMT)은 인공 신경망을 활용해 언어 간 패턴을 학습하고, 문맥과 의미를 고려하여 정확한 번역을 제공할 수 있어요.

**13** 'End-to-end' 학습은 입력에서 출력까지의 전체 프로세스를 한 번에 학습하는 방식을 의미해요. 이는 입력 데이터로부터 출력을 생성하기 위해 여러 단계의 중간 단계나 서브 태스크를 거치지 않고, 단일 모델을 사용하여 최종 결과를 얻는 것을 의미해요. 그리고 end-to-end 학습은 전체 시스템을 하나의 통합된 모델로 학습할 수 있으며, 복잡한 파이프라인을 간소화하고 최적화할 수 있다는 장점이 있어요.

**14** 딥러닝은 컴퓨터가 사람처럼 생각하고 학습하는 인공지능의 한 종류예요. '딥(Deep)'이라는 단어는 이 기술이 '심층'적인 학습을 한다는 것을 의미해요. 이는 컴퓨터가 데이터의 복잡한 패턴을 스스로 인식하고 이해하게 만드는 과정을 말해요. 예를 들어, 사진을 보고 그 안의 사물이나 사람을 인식하거나, 사람의 말을 듣고 이해하거나, 번역하는 등의 일을 할 수 있게 하지요. 이런 일들은 딥러닝 모델이 대량의 데이터를 통해 '학습'하면서 가능해졌어요.

그림5 출처 :
https://en.wikipedia.org/wiki/Transformer_(machine_learning_model)

2017년에 구글이 발표한 트랜스포머(Transformer) 모델은 자연언어 처리와 기계번역 분야에서 큰 변화를 일으켰습니다.

이 모델의 가장 큰 특징은 '셀프 어텐션(self-attention)'[15] 메커니즘을 사용한다는 점입니다. 셀프 어텐션은 모델이 입력 문장의 모든 단어를 동시에 보면서 단어 간의 관계를 파악하는 방식입니다. 이를 통해 모델은 문맥을 훨씬 더 잘 이해할 수 있게 되었습니다. 또한, 트랜스포머는 '양방향성'을 가지고 있습니다. 이는 모델이 문장의 앞뒤 문맥을 모두 고려하여 단어의 의미를 이해할 수 있다는 것을 의미합니다. 예를 들어, '나는 그녀를 좋아한다'라는 문장에서 '그녀'가 누구를 가리키는지 모델이 정확하게 이해할 수 있습니다.

이런 특성들은 트랜스포머가 더욱 정확한 번역을 제공하고, 더 복잡한 자연언어 처리 작업을 수행할 수 있게 하였습니다. 이 모델의 등장으로 AI 번역, 특히 신경망 기반의 번역 분야에 혁신적인 변화를 가져왔습니다.

2018년 이후에는 BERT[16], GPT와 같은 사전훈련 언어모델의 발전은 자연언어 처리 분야에 혁신적인 변화를 가져왔습니다. 그리고 Bard, GPT, 하이퍼클로바X 등과 같은 모델은 인터넷 기사, 책, 웹페이지 등에서 수집한 대규모의 텍스트 데이터를 통해 언어의 다양한 패턴을 학습합니다.

이런 방식은 문장의 구조나 문법, 의미 등 복잡한 언어적 요소를 잘 파악할 수 있게 해 주었습니다. 이로 인해 자연언어 처리 작업에서 높은 성능을 달성하게 되었는데 예를 들어, 기계번역에서는 번역의 정확성뿐만 아니라 자연스러움도 많이 좋아졌습니다.

특히 이런 사전훈련 언어모델은 미세 조정(fine-tuning)을 통해, 다양한 작업에 특성화하여 적용할 수 있습니다. 사전훈련 단계에서 학습한 언어의 기본 패턴을 바탕으로, 특정 작업에 필요한 세부 패턴을 빠르고 효율적으로 학습할 수 있게 됩니다. 이런 점은 다양한 자연언어 처리 작

---

15 셀프 어텐션(self-attention)은 트랜스포머 모델의 핵심 메커니즘으로, 문장 내 단어 간의 상호 관계를 학습하고 처리해요(병렬 처리 능력). 이를 통해 각 단어의 중요도를 가중치 반영하여 문맥을 고려한 효율적인 표현을 생성할 수 있어요.

16 BERT(Bidirectional Encoder Representations from Transformers)는 2018년에 Google이 발표한 자연언어 처리 모델이에요. 기존 모델들이 주로 한 방향(왼쪽에서 오른쪽 또는 오른쪽에서 왼쪽)으로만 텍스트를 처리했다면, BERT는 양방향으로 텍스트를 처리하지요. 이런 특징은 문맥 이해에 더욱 유용하며, 이로 인해 BERT는 기존 모델들보다 뛰어난 성능을 보여주었어요. 이 모델은 다양한 자연언어 처리 작업에서 사용되며, 이후의 많은 연구에서 인용되고 있어요.

업에서 높은 성능을 달성할 수 있게 해 주었습니다.

### Q. 기계번역(MT) 기술의 주요 유형과 특징은?

기계번역(MT) 기술의 주요 유형으로 규칙 기반(rule-based), 통계 기반(statistical-based), 신경망 기반(neural-based) 기계번역(MT)이 있습니다. 각각의 기계번역(MT) 기술에 대해 설명해 보겠습니다.

| 분류 | 특징 |
| --- | --- |
| 규칙 기반 | 문법 규칙을 사람이 직접 프로그래밍하여 번역에 활용하는 방식 |
| 통계 기반 | 대량의 병렬 말뭉치를 이용하여 번역 모델을 학습하고, 확률적인 방식으로 번역 결과를 생성하는 방식 |
| 신경망 기반 | 딥러닝 신경망을 이용하여 대량의 데이터를 학습하고, 번역 결과를 생성하는 방식 |
| 하이브리드 기반 | 규칙 기반, 통계 기반, 신경망 기반 등의 기술을 혼합하여 사용하여 번역 품질을 향상시키는 방식 |

표 1 MT 관련 기술의 유형

1) 규칙 기반 기계번역(RBMT)

규칙 기반 기계번역(RBMT)은 문법 규칙과 언어 사전을 사용하여 문장을 분석하고 번역하는 방법입니다. 번역하기 전에 문법 규칙과 사전을 작성해야 해서 번역할 언어에 대한 지식이 필요합니다. 이 방법을 활용하면 번역할 언어의 문법과 어휘를 모두 이해할 수 있어 정확한 번역이 이루어집니다. 그러나 모든 문법 규칙과 어휘를 수작업으로 작성해야 하기 때문에 번역할 언어가 복잡하거나 문체가 다양한 경우 유연성이 떨어집니다.

### 2) 통계 기반 기계번역(SMT)

통계 기반 기계번역(SMT)은 대량의 언어 데이터를 수집하고 이를 바탕으로 번역을 진행하는 방법입니다. 이 방법은 번역할 언어에 대한 사전 지식 대신, 대량의 언어 데이터를 필요로 합니다. 통계 기반 기계번역은 대량의 언어 데이터를 이용하여 모델을 학습시키고 이를 기반으로 번역을 합니다. 이 방법은 규칙 기반 기계번역에 비해 유연성이 높으며, 번역할 언어가 복잡하거나 문체가 다양한 경우에도 적용할 수 있습니다. 그러나 대량의 언어 데이터가 필요하고 모델의 성능은 데이터의 질과 양에 크게 영향을 받기 때문에 언어 데이터가 부족하거나 질이 낮은 경우 성능이 저하될 수 있습니다.

### 3) 신경망 기반 기계번역(NMT)

신경망 기반 기계번역(NMT)은 인간의 뇌를 모방한 인공 신경망을 사용하여 번역하는 방법입니다. 이는 인간이 작성한 문장을 직접 처리하는 방식으로 딥러닝 신경망을 이용하여 대량의 데이터를 학습하고, 번역 결과를 생성해 냅니다. 이 방법은 높은 정확도를 보이나 대량의 데이터를 사용하고 많은 연산 자원을 필요로 하기 때문에 최신 기술과 컴퓨팅 자원이 필요합니다. 또한 이 방법은 통계 기반 기계번역과 비슷한 방식으로 대량의 언어 데이터를 바탕으로 모델이 학습하므로 훈련 데이터가 번역 성능에 영향을 미칩니다.

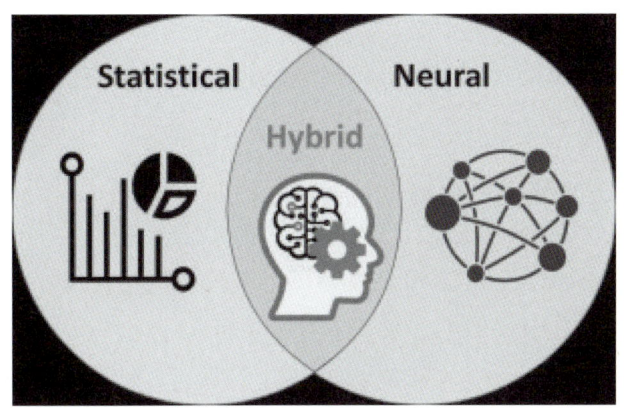

그림6 출처 :
https://omniscien.com/faq/what-is-hybrid-machine-translation/

그림 6  하이브리드 모델

4) 하이브리드 기계번역(HT)

하이브리드 기계번역(hybrid translation)은 규칙 기반, 통계 기반, 신경망 기반 기계번역 방법을 조합하여 번역하는 방법입니다. 이 방법은 각각의 방법의 장점을 살리고, 단점을 보완하여 높은 성능을 달성할 수 있습니다. 예를 들어, 규칙 기반 기계번역을 사용하여 문장 구조를 파악하고, 통계 기반 기계번역을 사용하여 단어 선택과 번역 문장 생성을 수행할 수 있습니다. 또한, 신경망 기반 기계번역을 사용하여 문장의 문맥을 고려하고, 번역 결과를 보완할 수 있습니다. 이 방법은 다양한 언어와 문체를 처리하는 데 유연성이 높으며, 다른 기계번역 기술에 비해 높은 성능을 보입니다.

**Q. 기계번역(MT)의 발전에 따른 통번역 업계의 미래 전망은?**

기계번역(MT) 기술의 발전으로 인해 번역 업계는 매우 큰 변화를 겪고 있습니다. 기존에는 전문 번역사나 번역 회사에 속한 전문가들에 의해 번역 작업이 수행되었지만, 이제는 자동화된 번역 시스템(automated translation system)[17]을 사용하여 빠르고 정확한 번역이 가능해졌습니다. 따라서 번역 업계는 MT 기술의 필수적 도입에 대해 고려해 봐야 합니다.

그리고 MT 기술의 발전으로 인해, 번역 업계에서 적극적인 MT 활용이 더욱 중요해질 것으로 예상됩니다. 특히, 많은 기업들이 글로벌 시장의 경쟁에서 살아남기 위해 필수적으로 다국어 지원을 해야 하는 시대이므로 다국어 번역 기술이 더욱 중요해질 것입니다.

또한, 기술의 발전으로 인해 더욱 높은 수준의 번역 자동화와 효율성을 기대할 수 있습니다. 이에 따라, MT 기술의 개발과 적용을 위한 인력 양성과 기술 발전에 대한 번역 업계의 투자가 더욱 활성화될 것으로 예상됩니다.

하지만, MT 기술이 완전히 인간의 번역 능력을 대체할 수 없기 때문에, 전문 번역사의 역할과 중요성은 여전히 유지될 것입니다. 특히, 민감한 분야나 전문성이 요구되는 분야에서는 전문 번역사의 역할이 더욱 중요해질 것입니다. 그리고 MT와 전문 번역사가 함께 작업하는 협력적 모델의 인기가 예상됩니다. MT와 전문 번역사가 서로의 강점을 최대한 활용하여 번역의 품질을 향상시키고 생산성을 증진시킬 것입니다. 구체적인 협력 방식은 다음과 같습니다.

1) MT 기반 초안 생성

MT 모델이 원문을 번역하여 초안을 생성합니다. 이 과정에서 MT 모델은 빠른 속도로 대량의 텍스트를 처리할 수 있는 장점을 활용합니다.

2) 전문 번역사에 의한 검토 및 수정

생성된 초안은 전문 번역사에게 전달되고 검토 및 수정 작업이 이루어집니다. 번역사는 MT가 놓칠 수 있는 미묘한 언어적 뉘앙스, 문화적

---

[17] 자동화된 번역 시스템(automated translation system)은 컴퓨터 알고리즘을 활용해 텍스트를 한 언어에서 다른 언어로 변환시켜요. 기본 원리는 원문의 구조와 의미를 파악하고, 대상 언어로의 적절한 표현을 생성하는 것이에요. 규칙 기반, 통계 기반, 신경망 기반 등 다양한 방법론이 사용되며, 이러한 기술의 발전은 글로벌 커뮤니케이션의 효율성을 높이는 데 기여해요.

차이, 전문 용어 등을 정교하게 처리하며, 번역 품질을 향상시킵니다.

**3) 피드백을 통한 MT 모델 개선**

전문 번역사가 수정한 내용은 MT 모델에 피드백으로 돌아가며, 이를 통해 MT 모델은 지속적으로 학습하고 성능이 개선됩니다.

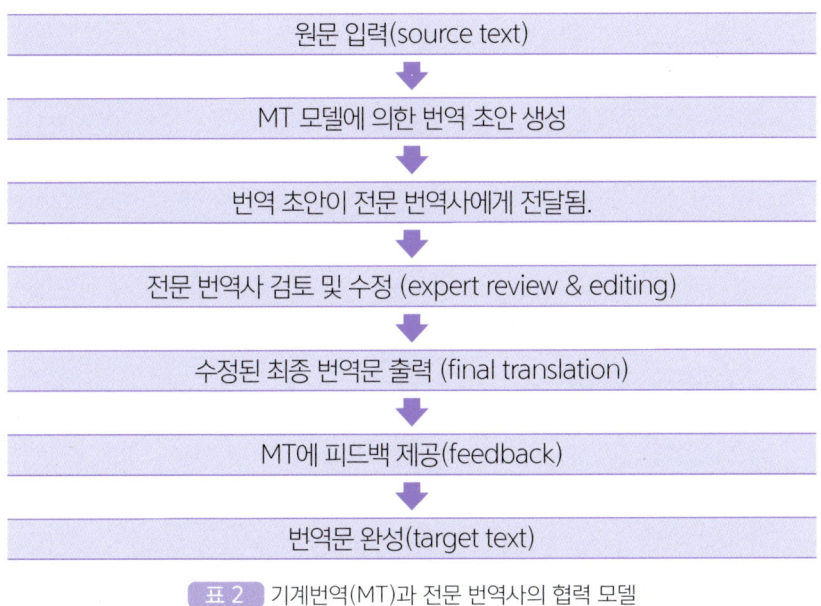

표 2 　기계번역(MT)과 전문 번역사의 협력 모델

이러한 협력적인 모델은 MT의 빠른 처리 속도와 전문 번역사의 언어 및 문화적 이해력을 결합시켜 높은 품질의 번역 결과물을 효율적으로 생성하는 데 도움이 됩니다. 따라서 이는 번역 업계의 생산성 증가와 품질 향상에 기여할 것입니다.

## Q. 기계번역의 새로운 기술 및 알고리즘을 학습할 수 있는 방법은?

기계번역 분야는 빠른 속도로 발전하고 있기 때문에, 기존의 기술과 알고리즘(algorithm)[18] 외에도 새로운 기술과 알고리즘이 지속적으로 개발·적용되고 있습니다. 이러한 새로운 기술과 알고리즘을 파악하고 적용하기 위해서는 다음과 같은 방법들이 유용할 수 있습니다.

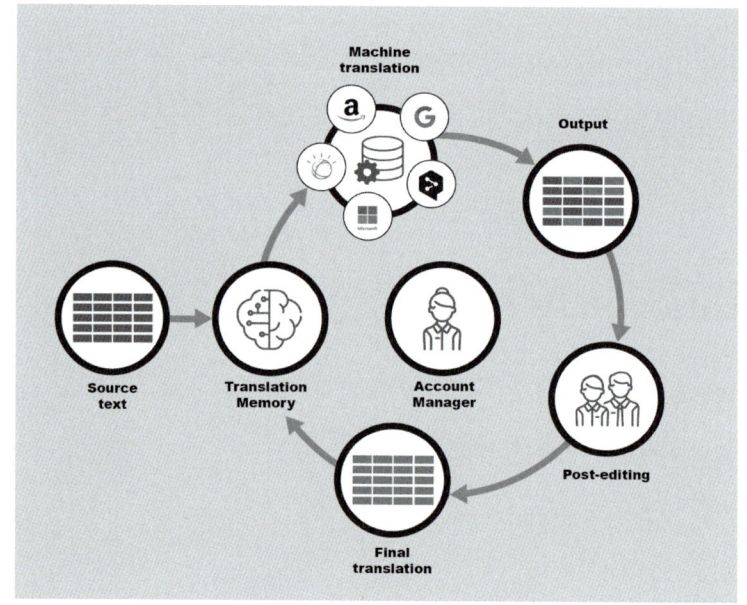

그림7  MT의 새로운 기술의 적용

[18] 알고리즘(algorithm)은 문제 해결을 위한 일련의 지시사항을 말해요. MT와 관련하여, 알고리즘은 원문을 한 언어에서 다른 언어로 옮기는 방법을 찾는 규칙이에요. 이를 위해 컴퓨터는 문법, 단어, 문맥 등을 분석하고, 이 정보를 바탕으로 새로운 언어로의 번역을 생성해요. 이 과정은 글로벌 커뮤니케이션을 더욱 원활하게 만들어 줘요.

그림7 출처 :
https://jjeongil.tistory.com/549

### 1) 학습과 교육

MT 분야의 최신 기술과 알고리즘을 배우기 위해서는 학습과 교육이 매우 중요합니다. 관련된 대학원 프로그램, 온라인 강의, 모임, 학회, 컨퍼런스, 워크숍 등의 기회를 활용하여 최신 기술과 알고리즘을 학습하고, 전문가들과 의견을 교환하고, 네트워크를 구축할 수 있습니다.

2) 논문과 기술 동향 분석

관련 논문을 검색하고 읽어 보는 것은 새로운 기술과 알고리즘을 이해하는 데 매우 중요합니다. 또한, 국제 학회, 전문 컨퍼런스, 블로그, SNS 등의 자료를 분석하여 최신 기술과 알고리즘을 파악할 수 있습니다.

3) 오픈 소스 커뮤니티(open source community)[19]

MT 분야에서는 다양한 오픈 소스 프로젝트가 진행되고 있습니다. 이러한 프로젝트에서는 다양한 개발자들이 모여 새로운 기술과 알고리즘을 공유하고 개발하는 등의 활동을 하고 있습니다. 그러므로 오픈 소스 프로젝트와 커뮤니티를 활용하여 최신 기술과 알고리즘을 파악하고 적용할 수 있습니다.

[19] 오픈 소스 커뮤니티(open source community)는 공개적으로 사용 가능한 번역 알고리즘을 자유롭게 개발하는 프로젝트예요. 이 커뮤니티를 통해 많은 사람들이 협력하여 MT 기술을 발전시키고, 더 나은 언어 번역 도구를 만들어 내요. 이런 방식으로 글로벌 커뮤니케이션을 더욱 쉽게 할 수 있는 번역 도구가 지속적으로 개선되고 있어요.

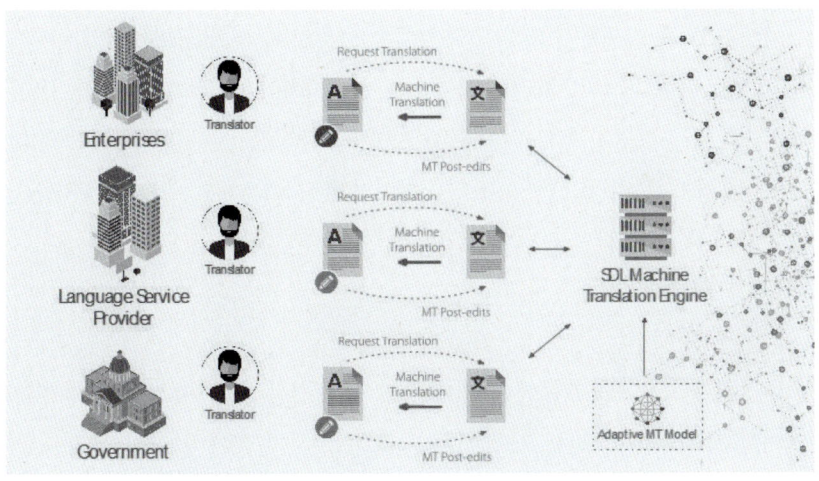

그림 8 SDL 번역 엔진을 중심으로 한 오픈 소스 커뮤니티

그림8 출처 : https://jjeongil.tistory.com/549

4) 실무 경험

MT 기술의 발전으로 많은 기업들이 MT 기술을 적용하여 번역 작업을 수행하고 있습니다. 이러한 기업들은 MT 기술을 계속해서 발전시키

고 새로운 기술과 알고리즘을 적용하기 위해 노력하고 있습니다. 그러므로 MT 기술을 적용하는 기업에서 일을 하거나, MT 기술을 이용하여 번역 작업을 수행하는 프로젝트에 참여하여 새로운 기술과 알고리즘을 실제로 경험하고 적용할 수 있습니다.

### 5) 산업 동향 파악

MT 기술을 활용하는 산업이 빠르게 변화하고 있기 때문에, 관련 산업의 동향을 파악하는 것이 중요합니다. 산업 보고서, 기술 동향 보고서, 마케팅 자료, 분석 보고서 등을 검색하여 새로운 기술과 알고리즘을 파악할 수 있습니다.

### 6) 실험과 평가

새로운 기술과 알고리즘을 파악하고 적용하기 위해서는 실험과 평가가 이루어집니다. 다양한 MT 기술과 알고리즘을 실험하고, 결과를 평가하여 새로운 기술과 알고리즘의 성능과 장단점을 이해할 수 있습니다. 실험 및 평가를 위해서는 데이터 세트, 메트릭(metric)[20], 평가 기준 등이 필요합니다.

### 7) 기술적 개선

새로운 기술과 알고리즘을 파악하고 적용하는 것 외에도, MT 시스템을 개발하거나 운영하는 과정에서 발생하는 문제점이나 개선 사항을 파악하고, 이를 반영하는 것도 중요합니다. 이를 위해서는 MT 시스템의 성능 모니터링, 분석, 문제 해결, 기술적 개선 방안 연구 등이 필요합니다.

---

20 메트릭(metric)은 번역의 품질을 평가하는 척도예요. 이 메트릭을 사용해 번역 알고리즘이 얼마나 정확하고 자연스러운 결과를 생성하는지 측정할 수 있어요. BLEU 점수는 번역의 정확성을 평가하는 대표적인 메트릭 중 하나인데 이러한 메트릭을 통해 MT 기술의 발전을 측정하고, 개선 방향을 찾을 수 있어요.

## Q. 기계번역(MT)과 관련 연구와 발전 동향을 분석하는 방법은?

기계번역(MT)에 대한 연구와 발전 동향을 쉽게 파악하기 위해서는 다음과 같은 방법을 활용해 보면 도움이 됩니다.

1) 학술 논문 검색

Google Scholar, ACL Anthology, KCI(Korea Citation Index) 등의 학술 데이터베이스를 활용하여 최신 논문들을 찾아보는 것도 도움이 됩니다. 키워드로 'Machine Translation' 혹은 '기계번역'을 사용하면 관련 논문을 쉽게 찾을 수 있습니다. 한국의 학술 논문을 검색하고 싶으면 RISS(한국학술정보), KCI(한국학술지인용색인), DBpia, 학술원 등의 데이터베이스를 활용하면 좋습니다.

2) 학회 및 컨퍼런스 참여

자연언어 처리(NLP)나 인공지능(AI) 관련 학회나 컨퍼런스에 참여하면 최신 기술 동향과 연구 주제에 대한 정보를 얻을 수 있습니다. ACL[21], EMNLP[22], NeurIPS[23], ICLR[24] 등이 유명한 학회 및 컨퍼런스입니다.

3) 연구 기관 및 기업 블로그

주요 연구 기관 및 기업들은 자체 블로그를 통해 연구 결과와 발전 동향을 공유합니다. OpenAI, Google AI, Facebook AI Research 등의 블로그를 주기적으로 확인하면 도움이 됩니다.

4) 소셜 미디어

Twitter, LinkedIn 등의 소셜 미디어에서도 연구자들과 기업들이 최신

---

[21] ACL(Association for Computational Linguistics)은 컴퓨터 언어학 분야의 학회로, 자연언어 처리 및 관련 분야의 연구를 촉진해요. 매년 열리는 국제 컨퍼런스에서는 자연언어 처리 분야의 최신 연구 성과와 동향이 발표돼요. 웹사이트는; https://www.aclweb.org

[22] EMNLP(Conference on Empirical Methods in Natural Language Processing)는 자연언어 처리 분야의 컨퍼런스 중 하나로, 경험적 방법론을 사용하여 자연언어 처리 문제를 연구하는 데 중점을 두고 있어요. 웹사이트: https://2021.emnlp.org

[23] NeurIPS(Conference on Neural Information Processing Systems)는 인공지능, 기계 학습, 신경망, 최적화 등 다양한 분야에 걸쳐 광범위한 주제를 다루는 국제 컨퍼런스예요. 굉장히 큰 규모의 컨퍼런스로, 연구자들이 새로운 기술과 이론을 발표하고 논의해요. 웹사이트: https://neurips.cc

[24] ICLR(International Conference on Learning Representations)은 기계 학습 및 인공지능 분야에서 빠르게 성장하고 있는 컨퍼런스로, 특히 표현 학습(representation learning)과 심층 학습(deep learning)에 초점을 맞추고 있어요. 웹사이트: https://iclr.cc

연구 동향을 공유합니다. 관련 분야의 전문가들을 팔로우하거나, 특정 키워드를 검색하여 소식을 받아 보면 좋습니다.

5) 온라인 강의 및 자료

Coursera[25], edX[26], YouTube 등의 플랫폼에서는 자연언어 처리와 MT에 관한 강의와 자료를 제공합니다. 이를 통해 MT의 기본 개념을 학습하고, 최신 연구 동향을 파악할 수 있을 것입니다.

6) 커뮤니티 참여

Reddit[27], Stack Overflow[28], AI 관련 포럼 등에서는 연구자들과 이 분야에 관심 있는 사람들이 MT에 대한 논의를 합니다. 이런 커뮤니티에 참여하여 정보를 얻어 보는 것도 추천합니다.

이러한 방법들을 종합적으로 활용하면 최신 MT 연구와 발전 동향을 쉽게 파악할 수 있습니다. 그리고 무엇보다 지속적으로 관련 정보를 접하며 업데이트를 해 나가는 것이 중요합니다.

---

[25] Coursera. 웹사이트: https://www.coursera.org

[26] edX. 웹사이트: https://www.edx.org

[27] Reddit은 사용자 생성 콘텐츠를 기반으로 한 소셜 뉴스 웹사이트로 다양한 주제와 관심사를 다루고 있어요. 주제별로 분류된 서브레딧(subreddit)이 존재하여 사용자들은 관심사에 맞는 커뮤니티에 참여할 수 있어요.

[28] Stack Overflow는 개발자가 기술적인 질문을 하고, 또 다른 개발자가 이에 대한 답변을 하는 질의응답(Q&A) 플랫폼이에요. 주로 프로그래밍, 개발 도구, 프레임워크 등에 관한 질문이 올라오며, 사용자들은 서로 도움을 주고받으며 문제를 해결해요. 가장 유용하다는 평가를 받은 답변은 상위에 노출돼요.

---

**톺아보기**

**전문 번역사는 왜 문화적 이해력이 필요할까?**

전문 번역사가 문화적 이해력을 갖추어야 하는 이유는 여러 가지예요. 문화적 이해력은 문자와 단어를 넘어서 그 뒤에 숨겨진 의미와 맥락까지 이해할 수 있는 능력을 의미해요. 전문 번역사의 문화적 이해력은 원문의 의도를 정확하게 전달하고, 번역 품질을 향상시키는 데 필수적인 역량이 되어요.

1. 정확한 문맥 이해: 문화적 이해력을 통해 원문의 문맥을 정확히 파악하고, 목표 언어로 올바르게 전달하여 번역의 정확성과 자연스러움을 높여요.

2. 뉴앙스 전달: 문화적 배경 이해를 바탕으로 원문의 뉘앙스, 비유, 관용구 등을 적절하게 해석하고, 대상 언어의 독자에게 알맞게 전달할 수 있어요.
3. 문화 간 차이 인식: 번역사는 문화 간의 차이를 인식하고 적절히 번역에 반영하여, 대상 독자가 원문의 정보를 올바르게 이해하는 데 도움을 줘요.
4. 민감한 주제 다루기: 문화적 이해력을 바탕으로 민감한 주제를 세심하게 처리하며, 독자의 감정과 가치관을 존중하는 것도 가능해요.
5. 전달력 높이기: 문화적 이해력을 갖춘 번역사는 목표 언어 독자의 관점에서 텍스트를 이해하고, 더 효과적인 표현 방식을 찾아내어 원문의 전달력을 높일 수 있어요.

# 02

# 기계번역(MT)의 도구와 플랫폼

기계번역(machine translation, MT)은 인공지능, 통계, 그리고 규칙 기반 등의 기술을 활용하여 한 언어에서 다른 언어로 텍스트를 자동으로 번역하는 소프트웨어 또는 웹 서비스를 말한다. 기계번역을 사용하는 통번역사는 이러한 도구와 플랫폼을 사용하여 통번역 작업을 더욱 빠르고 효율적으로 수행할 수 있다. 여기에서는 통번역사를 위한 MT 도구와 플랫폼의 주요 기능과 활용 방법에 대해 논의하고자 한다.

MT 도구와 플랫폼은 통번역사에게 다양한 기능을 제공하며, 이들은 번역 과정을 더욱 효과적으로 만든다. 첫째, 자동 번역 기능은 주어진 원문을 대상 언어로 빠르게 번역해줌으로써, 통번역사가 초안을 신속하게 작성하는 데에 도움을 준다. 둘째, 번역 메모리(translation memory, TM)와의 통합 기능은 이전의 번역 작업을 재사용할 수 있도록 하여 일관성을 유지하고 작업 시간을 단축시킨다. 셋째, 용어집 관리 기능은 통번역사가 특정 용어를 일관되게 통번역을 하도록 지원한다. 넷째, 텍스트 분석 및 수정 기능은 번역된 텍스트의 문법, 구문, 일관성 등을 분석하고 필요한 경우 수정 방안을 제안한다.

대표적인 MT 도구와 플랫폼으로는 구글 번역(Google Translate), 파파고(Papago), 딥엘(DeepL) 등이 있다. 이들 도구와 플랫폼은 번역사의 작업을 지원하고, 통번역 과정을 개선하는 데 도움이 된다.

앞서 이야기한 바와 같이 MT 도구와 플랫폼은 통번역사의 작업을 가속화하고 효율성을 향상시키는 데 중요한 역할을 한다. 그러나 이들 도구와 플랫폼이 제공하는 자동 번역은 완벽하지 않다. 그러므로 통번역사는 항상 자동 번역 결과를 검토하고 필요한 경우 수정을 통해서 번역의 질을 높여야 한다. 이를 통해 통번역사는 MT 도구와 플랫폼의 장점을 최대한 활용하면서도 번역의 정확성과 품질을 보장할 수 있게 된다. 그리고 이러한 접근 방식 또는 협업의 과정은 통번역사의 작업을 더욱 효과적으로 만들어줄 것이다.

결과적으로, 기계번역(MT) 도구와 플랫폼은 번역 절차의 효율성과 번역의 정확성을 향상시키는 중요한 역할을 수행한다. 이러한 도구와 플랫폼은 인공지능, 통계, 규칙 기반 등의 기술을 활용하여, 한 언어에서 다른 언어로 텍스트를 자동으로 번역하는 소프트웨어나 웹 서비스를 제공한다. 통번역사는 이러한 기술을 활용하여 통번역 작업을 빠르게 가속화하고, 일부 통번역 과정을 자동화함으로써 전반적인 효율성을 증가시킬 수 있다.

### Q. 컴퓨터가 통번역사를 보조하는 방법은?

컴퓨터보조번역(CAT, computer-assisted translation)은 컴퓨터 프로그램이나 소프트웨어를 사용하여 통번역사의 작업을 보조하는 번역 기술입니다.[29] 이 도구들은 번역을 완벽하게 자동으로 처리해 주진 않지만, 다양하고 유용한 기능을 제공하여 번역 작업을 빠르고, 정확하게, 그리고 일관되게 수행하도록 돕습니다.

29 CAT(computer-assisted translation)의 발전을 연도별로 정확하게 설명하기 어렵지만, 주요 이정표를 살펴볼 수는 있어요. 1980년대 후반, 일부 CAT 도구가 등장하기 시작하였고 1990년대에 들어서며 번역 메모리(TM) 기능이 도입되었어요. 2000년대 초반에는 인터넷의 발전과 함께 온라인 기반의 CAT 도구가 출시되었고 최근에는 인공지능과 기계번역 기술의 발전으로 CAT 도구의 성능이 크게 향상되고 있어요.

그림 9  CAT 도구의 특징

　이것의 기능 가운데 첫 번째 기능은 '번역 메모리(translation memory, TM)'입니다. 이는 이전에 번역했던 문장이나 문구를 기억하고 저장해 두었다가, 같은 문장이나 문구가 다시 등장할 때 이를 재사용할 수 있도록 합니다. 이렇게 하면 번역 시간을 단축하고 일관성을 유지할 수 있습니다. 두 번째는 '용어집 관리'라는 기능도 있습니다. 이는 특정 프로젝트나 분야에서 항상 같은 방식으로 번역되어야 하는 용어를 정의하고 관리해 주는 역할을 합니다. 이 기능 덕분에 번역사는 항상 같은 용어를 일관되게 번역할 수 있게 되는 것입니다.

　또한, '텍스트 분할'이라는 세 번째 기능을 주목할 수 있습니다. 컴퓨터보조번역(CAT) 도구는 원문을 작은 단위, 즉 '세그먼트'로 나눠주어, 번역 작업을 보다 효율적으로 할 수 있도록 돕습니다. 그리고 이 기능은 번역 메모리(TM)와 함께 작동하며, 번역 과정을 더욱 효율적으로 만들어 줍니다. 네 번째로는 '기계번역 통합'이라는 기능은 기계번역 서비스와 컴퓨터보조번역 도구를 연동시켜, 번역 결과의 초안을 빠르고 정확하게 만들어주는 역할을 합니다. 번역사는 이 초안을 바탕으로 검토하고 수정하여, 최종 번역 결과를 효과적으로 빠르게 만들어 낼 수 있습니다. 끝으로 '품질 관리'라는 기능이 있습니다. 이 기능은 번역된 텍스트의 일관성, 문법, 구문 등을 검토하고, 오류를 찾아내거나 수정을 제안합니다.

이런 컴퓨터보조번역 도구 중에는 SDL Trados Studio, MemoQ 등이 대표적으로 사용되고 있습니다. 이러한 도구들을 사용하면 번역 작업이 보다 쉽고 효율적으로 진행될 수 있습니다.

## Q. 기계번역(MT)을 활용한 번역 작업에서 사용되는 플랫폼과 CAT 도구는?

기계번역(MT)을 활용한 번역 작업에서는 여러 가지 플랫폼과 도구를 사용할 수 있습니다. 일부는 무료로 제공되며, 다른 일부는 상업적 목적으로 제공됩니다. 가장 인기 있는 몇 가지 플랫폼과 도구를 소개하겠습니다.

### 1) 구글 번역 (Google Translate)[30]

구글 번역은 가장 널리 사용되는 무료 온라인 번역 도구 중 하나입니다. 100개 이상의 언어를 지원하며, 웹사이트, 앱, API[31]를 통해 사용할 수 있습니다. 구글 번역은 신경망 기반의 번역 기술을 사용하여 번역의 정확도와 자연스러움을 향상시킵니다.

### 2) 파파고 (Papago)

네이버(Naver)에서 개발한 파파고는 한국어를 포함한 여러 언어를 지원하는 무료 온라인 번역 도구입니다. 이 역시 웹사이트, 앱, API를 통해 사용할 수 있으며, 신경망 기반의 번역 기술을 사용합니다.

---

[30] 구글 번역(Google Translate)은 구글의 거대한 데이터와 컴퓨팅 파워를 활용하여 신경망 번역(NMT)을 최적화하였어요. 이를 통해 구글 번역은 다양한 언어 쌍에 대해 높은 정확도와 자연스러움을 달성하였어요. 또한, 실시간 번역, 이미지 및 음성 번역 등 다양한 기능을 제공함으로써 사용자들의 다양한 번역 요구를 충족시키고 있어요. 이러한 독창적인 기술로 인해 구글 번역은 전 세계에서 널리 사용되는 기계번역 도구 중 하나가 되었어요.

[31] API(Application Programming Interface)는 소프트웨어 애플리케이션 간의 상호작용을 가능하게 하는 프로그램의 사용자 환경이에요. API는 함수, 메소드, 프로토콜과 도구를 제공하여 개발자가 특정 시스템이나 서비스의 기능을 쉽게 활용할 수 있게 해 줘요. 이를 통해 개발 속도가 빨라지고, 코드의 재사용성이 증가하며, 시스템 간의 통합이 용이해져요.

3) 딥엘 (DeepL)[32]

딥엘은 다양한 언어를 지원하는 온라인 번역 도구로, 웹사이트와 API를 통해 사용할 수 있습니다. 딥엘은 인공지능 기반의 번역 기술을 사용하여 정확하고 자연스러운 번역이 이루어지도록 합니다.

4) Microsoft Translator[33]

Microsoft Translator는 Microsoft가 개발한 온라인 번역 도구로, 다양한 언어를 지원합니다. 웹사이트, 앱, API를 통해 사용할 수 있으며, 신경망 기반의 번역 기술을 사용하여 정확하고 자연스러운 번역을 제공합니다. 그리고 Microsoft Office와의 연동을 통해 문서 번역에도 사용할 수 있습니다.

이런 플랫폼과 도구들 외에도 기계번역(MT)을 활용한 번역 작업에 특성화된 전문 프로그램들이 있는데 앞서 설명한 CAT 도구입니다. AI 번역 엔진과 컴퓨터보조번역 도구의 차이점은 주로 목적과 기능에 있습니다. 사실 AI 번역 엔진은 인공지능 기술을 사용해 한 언어의 텍스트를 다른 언어로 자동으로 번역하는 도구입니다. 구글 번역이나 파파고 같은 서비스가 이에 해당합니다. 이런 기계번역 시스템은 대개 복잡한 문장 구조, 관용어, 관용구, 문화소 등을 완벽하게 처리하지 못할 수 있지만, 대량의 텍스트를 빠르게 번역하는 데는 효과적입니다.

반면에 컴퓨터보조번역(CAT) 도구는 전문 번역사가 텍스트를 더 효율적이고 일관성 있게 번역하는 것을 돕는 소프트웨어입니다. 이 도구들은 번역 메모리(TM), 용어집 관리, 텍스트 분할 등의 기능을 제공합니다. 컴퓨터보조번역(CAT) 도구는 기계번역 엔진을 완전히 대체하는 것이 아니라, 번역사가 번역 작업을 더 잘 수행할 수 있도록 돕는 보조 도구입니다. 일부 컴퓨터보조번역 도구는 AI 번역 엔진과 연동하여 번역 초안

---

32 딥엘(DeepL)은 독자적인 인공신경망 기반의 번역 알고리즘을 사용하여 고품질의 기계번역 서비스를 제공해요. 이 회사는 자체 개발한 딥러닝 아키텍처와 최적화된 학습 데이터를 활용하여 다양한 언어 쌍에 대해 뛰어난 정확도와 자연스러움을 달성하였어요. 또한, 딥엘은 사용자 피드백을 통해 지속적으로 개선되는 독창적인 기술력을 보유하고 있어, 기계번역 시장에서 좋은 평가를 받고 있어요.

33 Microsoft Translator의 장점 중 하나는 다양한 플랫폼과의 호환성이에요. Windows나 Office에서 쉽게 사용할 수 있어, 마이크로소프트를 활용하는 사용자들에게 매우 유용해요. 또한, 실시간 대화 번역과 오프라인 번역 기능이 있어 언어 장벽을 넘어 효과적인 커뮤니케이션을 가능케 해요. 이러한 제품 특징들로 인해 Microsoft Translator는 전 세계 사용자들에게 인기를 얻고 있어요.

을 생성하는 기능도 제공할 수 있습니다. 정리하면, AI 번역 엔진은 주로 빠른 자동 번역에 초점을 맞추고, 컴퓨터보조번역 도구는 전문 통번역사가 더 효과적으로 작업할 수 있도록 지원하는 데 목표를 두고 있습니다. 몇가지 CAT 도구를 소개하면 아래와 같습니다.

### 1) memoQ[34]

memoQ는 번역 메모리, 용어집 관리, 품질 보증 기능을 제공하는 전문 번역 도구입니다. memoQ는 프로젝트 관리 기능을 포함하여 번역사의 작업 효율성을 향상시키기 위한 다양한 기능을 제공합니다.

### 2) SDL Trados Studio[35]

SDL Trados Studio는 전문 번역사가 선호하는 번역 소프트웨어 중 하나로, 번역 메모리 기능을 제공하여 과거에 번역한 내용을 재사용할 수 있게 해 줍니다. 이 도구는 번역의 일관성과 효율성을 높이는 데 도움이 됩니다.

### 3) XTM Cloud[36]

XTM Cloud는 클라우드 기반의 번역 관리 시스템으로, 번역 프로젝트를 관리하고 협업할 수 있는 플랫폼을 제공합니다. 번역 메모리, 용어집 관리, 품질 보증 기능 등 다양한 기능을 포함하며, 웹 기반 인터페이스를 통해 언제 어디서든 접근이 가능합니다.

### 4) Wordfast[37]

Wordfast는 전 세계 번역사에게 널리 사용되는 번역 메모리 도구입니다. 웹 기반 버전인 Wordfast Anywhere와 데스크톱 버전인 Wordfast Pro가 있으며, 번역 메모리와 용어집 관리 기능을 제공합니다.

---

[34] memoQ는 전문 번역사용 컴퓨터보조번역 도구로, 효율성과 정확성 향상에 기여해요. 번역 메모리(TM), 용어집 관리, 다양한 파일 형식 호환 및 협업 기능 등 독특한 혜택을 제공해 번역사가 생산성과 작업 품질을 향상시키는 데 도움을 줘요. memoQ의 홈페이지(https://www.memoq.com)에서 더 자세한 정보를 확인할 수 있어요.

[35] SDL Trados Studio는 업계를 선도하는 컴퓨터보조번역 도구로, 탁월한 번역 품질과 효율성을 제공해요. 이 도구는 큰 규모의 프로젝트와 팀 작업에 이상적이며, 다양한 파일 형식을 지원해요.

[36] XTM Cloud는 클라우드 기반의 CAT 도구로, 언어 전문가들에게 유연한 작업 환경과 편리한 협업 기능을 제공해요. 클라우드 플랫폼 덕분에 언제 어디서나 접근이 가능하고, 다양한 파일 형식을 지원해요. 언어 서비스 제공업체(LSP)와 프리랜서 번역사 모두에게 적합한 도구예요.

[37] Wordfast는 사용자 친화적인 컴퓨터보조번역 도구로, Word와 통합되어 편리함을 극대화해요. 다양한 언어 및 파일 형식을 지원하며, 실시간 번역 메모리 기술로 높은 효율성을 자랑해요.

|  | memoQ | SDL Trados Studio | XTM Cloud | Wordfast |
|---|---|---|---|---|
| 번역 품질 | ★★★★ | ★★★★★ | ★★★★ | ★★★★ |
| 사용 편의성 | ★★★★ | ★★★★ | ★★★★ | ★★★★ |
| 협업 및 프로젝트 관리 | ★★★★ | ★★★★★ | ★★★★★ | ★★★ |
| 장점 | 번역 메모리(TM) 사용 | 업계 표준 도구 | 클라우드 기반 | 사용자 친화적 |
| 단점 | 비용 높음 | 비용 높음 | 인터넷 필수 | 비용에 따른 기능 제한 |

표 3  GPT의 기계번역 컴퓨터보조번역 도구에 대한 서비스 평가(만점 : 별 5개)

이처럼 다양한 기계번역(MT) 플랫폼과 컴퓨터보조번역 도구들이 있지만, 기계번역의 결과물은 완벽하지 않기 때문에 번역사가 원래 문장의 의미와 맥락을 이해하고 검토하는 것이 중요합니다. 이를 위해 전문 통번역사는 종종 포스트에디팅(post-editing) 과정을 거쳐, 기계번역 결과물의 정확성과 자연스러움을 향상시킵니다.

### 톺아보기

#### CAT의 의미
CAT은 computer-assisted translation의 약자이고, 번역을 효율적으로 할 수 있도록 도와주는 역할을 하는 전문 소프트웨어를 가리켜요. 일반적으로 통역사의 조건을 보면, 언어 실력, 기억력, 순발력 등이 출중해야 하는데, 컴퓨터 실력을 우선순위로 두지는 않아요. 하지만 번역사에겐 좀 이야기가 다르지요. 거의 모든 번역 회사들은 번역사를 쓸 때 CAT 도구를 다룰 수 있는지 여부부터 많이 묻기도 해요.

CAT tool은 좀 더 빠르고 정확하게 번역할 수 있도록 도와줄 뿐만 아니라 번역에 쓰는 단어 등을 일관적으로 쓸 수 있도록 도와주지요. 또한, CAT tool은 번역 자체를 넘어 다른 번역사들과의 소통을 도와요. 번역사 새내기들에게는 이 CAT tool에 적응하는 것부터가 번역사로서 넘어야 할 산이라고 봐야 해요. 또한, CAT tool은 번역 자체를 넘어 다른 번역사들과의 소통을 돕기도 해요.

**주요 요소**
1. 번역 메모리(translation memories, TM)-말 그대로 '번역'한 내용을 '기억'해 두는 데이터베이스라고 할 수 있어요.
2. 용어 데이터베이스(terminology databases, TB)-TB는 번역사의 사전으로, 사용한 단어의 쓰임이나 예시를 함께 저장할 수 있어요.

### Q. 기계번역(MT)과 호환 가능한 번역 메모리(TM) 도구는?

기계번역과 번역 메모리(translation memory, TM) 도구와의 호환성이 중요한 이유는 번역 과정의 효율성 및 일관성과 관계가 있기 때문입니다. 번역 메모리 도구는 이전에 번역된 텍스트를 저장하여, 유사한 문장이나 구절이 나타날 때 이를 재사용할 수 있게 해 줍니다. 이로 인해 번역사는 시간을 절약하고 일관된 번역 품질을 유지할 수 있습니다. 기계번역 도구를 사용할 때 호환되는 번역 메모리 도구를 선택하는 것이 중요한데, 그 이유를 자세히 살펴보면 다음과 같습니다.

1) 통합성
번역 메모리 도구와 MT 도구 간의 통합성이 높을수록 번역사는 작업을 보다 원활하게 진행할 수 있습니다. 두 도구가 잘 호환된다면, 번역 과정에서 번역 메모리와 MT 결과물을 쉽게 비교하고 조합할 수 있습니다.

### 2) 파일 형식

번역 메모리 도구와 MT 도구가 서로 호환되는 파일 형식을 지원해야 합니다. 이를 통해 번역사가 번역 메모리(TM)에서 MT 결과물로 전환을 쉽게 할 수 있습니다.

### 3) API 연동

번역 메모리 도구와 MT 도구 간의 API 연동이 가능하면, 번역 과정을 자동화하고 효율성을 높일 수 있습니다. 이를 통해 번역사는 번역 작업에 더 집중할 수 있습니다.

### 4) TMX(Translation Memory eXchange)[38] 형식

TMX는 번역 메모리 데이터를 교환하기 위한 표준 XML[39] 형식입니다. 번역 메모리 도구와 MT 도구가 TMX 형식을 지원하면, 서로 간에 번역 메모리 데이터를 쉽게 전송할 수 있습니다.

### 5) 컴퓨터보조번역 도구 호환성

전문 번역사가 사용하는 컴퓨터보조번역 도구와의 호환성도 중요합니다. SDL Trados Studio, memoQ, Wordfast와 같은 컴퓨터보조번역 도구들은 번역 메모리와 통합되어 작업을 효율적으로 수행할 수 있도록 합니다. 이러한 도구들과 MT 도구가 호환되면, 번역사는 번역 작업의 생산성을 높이고 프로젝트 관리를 향상시킬 수 있습니다.

---

38 TMX(Translation Memory eXchange)는 번역 메모리 데이터를 다양한 번역 도구와 시스템 간에 공유하기 위해 개발된 표준 XML 기반 파일 형식이에요. 이 형식으로 번역된 텍스트 쌍(원문과 목표어 텍스트)을 저장하며, 번역사들이 이전 번역을 재사용하여 일관성을 유지하고 작업 효율성을 높이는 데 도움을 줘요. TMX는 로컬리제이션 산업 표준 협회(LISA)에 의해 제정되었어요.

39 XML(Extensible Markup Language)은 데이터를 저장하고 전달하기 위한 언어예요. HTML과 비슷하게 생겼지만, HTML이 웹페이지를 만드는 데 사용되는 반면, XML은 데이터를 저장하고 구조화하는 데 사용되지요. 그리고 XML 태그는 사용자가 직접 만들 수 있어, 다양한 정보를 정확하게 표현할 수 있어요. 또한 XML은 데이터만을 표현하므로, 플랫폼과 프로그래밍 언어에 상관없이 사용할 수 있어요. 때문에 XML은 데이터 교환의 표준으로 널리 사용되고 있어요.

6) 맞춤형 통합

일부 번역 회사나 프로젝트는 특정 목적이나 요구 사항에 맞추어 맞춤형 통합을 필요로 할 수 있습니다. 이 경우, 번역 메모리 도구와 MT 도구가 개방적이고 확장 가능한 API를 제공하면, 맞춤형 통합을 쉽게 구현할 수 있습니다.

번역 과정에서 번역 메모리 도구와 기계번역 도구의 통합은 중요한 요소입니다. 플러그인과 확장 프로그램을 활용함으로써, 통번역사는 기존의 작업 환경에 새로운 기계번역 도구를 손쉽게 통합할 수 있습니다. 이를 통해 번역 과정의 효율성을 향상시키고, 결과물의 품질을 높일 수 있습니다. 이러한 접근법은 통번역사가 보다 질 높은 번역 결과물을 제공하는 데 큰 도움이 됩니다.

위에서 언급한 플러그인과 확장 프로그램은 번역 도구와 기계번역 도구 간의 데이터 전송을 효율화하는 주요 메커니즘입니다. 이러한 소프트웨어 솔루션의 존재는 통번역사들에게 이전에 활용하던 작업 환경을 그대로 유지하면서 새로운 기계번역 도구를 통합하는 유연성을 제공합니다.

다음으로 클라우드 기반 플랫폼은 인터넷 연결이 가능한 어떤 위치에서든 접근 가능한 번역 도구와 기계번역 도구의 집합을 제공합니다. 이러한 플랫폼은 통번역사들이 시공간의 제약 없이 작업을 진행하며, 팀원들과의 협업 및 프로젝트 관리를 원활하게 수행할 수 있는 기회를 제공합니다.

이러한 두 요소를 종합적으로 고려하면, 번역 도구와 기계번역 도구의 적절한 호환성은 번역 절차의 효율성, 일관성, 정확성을 높이는 핵심 요인이 됩니다. 따라서 통번역사들이 이러한 요소들을 고려하여 적절한 도구와 플랫폼을 선택한다면, 최종적인 번역 결과물의 품질을 높일 수 있을 것입니다.

### Q. 기계번역(MT)과 함께 사용할 수 있는 다른 번역 보조 CAT 도구는?

번역사가 MT와 함께 사용할 수 있는 번역 보조 도구들은 다양하며, 이러한 보조 도구는 번역 작업의 효율성과 품질을 향상시키는 데 도움이 됩니다.

1) 용어집 관리 도구(terminology management tools)

용어집 관리 도구는 전문 용어, 약어, 고유명사 등을 일관되게 번역하는 데 도움이 됩니다. 이 도구들은 번역 프로젝트의 일관성과 정확성을 높여줍니다. MultiTerm[40], TermWeb[41], LingoTek[42] 등이 이에 해당합니다.

2) 품질 관리 도구(quality assurance tools)

품질 관리 도구는 번역된 텍스트의 일관성, 문법, 구문, 오타 등을 확인하고 수정하는 데 도움이 됩니다. 이 도구들은 번역 품질을 향상시키고 검수 시간을 줄여 줍니다. 예로는 ApSIC Xbench[43], Verifika[44], LanguageTool[45] 등이 있습니다.

3) 텍스트 정렬 도구(text alignment tools)

텍스트 정렬 도구는 원문과 번역본을 비교하여 번역 메모리(TM)를 생성하는 데 사용됩니다. 이 도구들은 이전에 수행한 번역에서 번역 메모리(TM)를 추출하고 재사용하는 데 도움이 됩니다. WinAlign[46], SDL

---

[40] MultiTerm은 SDL Trados 제품군의 일부로, 전문 용어 관리 및 공유를 위한 도구예요. 일관된 번역 품질을 보장해 주고 번역 효율성을 높여 줘요.

[41] TermWeb은 웹 기반 용어 관리 시스템으로, 번역사가 실시간으로 용어를 검색하고 공유할 수 있게 해 원활한 협업 진행과 품질 향상에 도움을 줘요.

[42] LingoTek은 클라우드 기반 번역 관리 플랫폼으로, 번역 메모리(TM), 용어집 관리 및 협업 기능을 제공해 프로젝트 관리를 간편하게 하며 효율성을 높여 줘요.

[43] ApSIC Xbench는 번역 품질 검증 도구로, 번역사가 번역된 내용을 검토하고 일관성을 유지하는 데 도움을 줘요. 키워드 검색, 용어집 확인, 일치 항목 검사 등의 기능을 제공하며, 다양한 파일 형식과 호환돼요.

[44] Verifika는 번역 품질 관리 및 오류 수정을 위한 소프트웨어로, 번역 메모리(TM)와 용어집을 확인하며 작업할 수 있어요. 일관성 검사, 오타 수정, 숫자 일치 확인 등 다양한 검증 기능을 지원하여 효율적인 작업이 이루어질 수 있도록 해요.

[45] LanguageTool은 오픈 소스 기반의 문법 및 스타일 검사 도구로, 다양한 언어를 지원해요. 맞춤법, 문법, 표현 오류를 자동으로 찾아주며, 웹, 텍스트 편집기, 이메일 클라이언트 등에 통합되어 사용할 수 있어요.

Trados Studio Alignment Tool[47] 등이 이에 해당합니다.

4) 광학 문자 인식 도구(optical character recognition, OCR)
광학 문자 인식 도구는 스캔된 문서나 이미지에서 텍스트를 추출하여 편집 가능한 형식으로 변환하는 데 사용됩니다. 이 도구들은 번역 과정에서 원본 텍스트에 쉽게 접근할 수 있게 해 줍니다. Adobe Acrobat[48], Tesseract[49] 등이 있습니다.

5) 음성인식 도구(speech recognition tools)
음성인식 도구는 음성을 텍스트로 변환하는 데 사용되며, 이를 통해 번역사는 음성 녹음이나 비디오에서 텍스트를 추출할 수 있습니다. 이러한 도구들은 특히 음성 번역 프로젝트에서 유용합니다. Google Speech-to-Text[50], 그리고 한국에서 독자적으로 개발한 클로바노트[51] 등이 이에 해당합니다.

6) 협업 도구(collaboration tools)
협업 도구는 여러 통번역사가 함께 작업하고 서로 소통하는 데 도움이 되는 도구입니다. 이러한 도구들은 팀 프로젝트에서 작업을 쉽게 조율하고, 실시간으로 수정 사항을 공유할 수 있게 해줍니다. 대표적으로는 Google Docs, Microsoft Teams 등이 있습니다.

7) 노트테이킹 도구(note-taking tools)
통번역사는 프로젝트 동안 발생하는 아이디어, 참고 자료, 질문 등을 기록하기 위해 노트테이킹 도구를 사용할 수 있습니다. 이러한 도구들은 작업 중에 빠르게 정보를 찾을 수 있게 해 주며, 프로젝트의 조직화와 진행 상황 관리에 도움이 됩니다. OneNote[52], Notion[53] 등이 이에 속합니다.

---

**46** WinAlign은 SDL Trados의 일부로서, 기존 번역된 텍스트를 이용해 번역 메모리(TM)를 생성하는 도구예요. 두 언어 간의 문서를 비교하며, 자동으로 문장 쌍을 맞추고 번역 메모리 형식으로 저장해요. 이렇게 생성된 번역 메모리는 컴퓨터보조번역 도구에서 활용되어 새로운 번역 작업의 정확성과 효율성을 높여 주는 데 도움이 돼요.

**47** SDL Trados Studio Alignment Tool은 기존 번역된 텍스트를 활용해 번역 메모리(TM)를 생성하는 데 사용되는 도구예요. 이 도구는 원본과 번역본 문서를 비교하여 자동으로 문장 쌍을 찾아 번역 메모리(TM) 형식으로 저장해요.

**48** Adobe Acrobat은 PDF 파일 작업에 최적화된 소프트웨어로, 기계번역과 관련하여 텍스트 추출 및 편집 기능을 제공해요. 이를 통해 번역사는 텍스트를 쉽게 추출하고 번역 도구에 적용할 수 있어요. Acrobat은 다양한 언어 지원과 높은 호환성을 자랑하며, 번역 작업의 효율성과 정확성을 높여요.

**49** Tesseract는 OCR(광학 문자 인식) 엔진으로, 이미지나 스캔된 문서의 텍스트를 추출해 기계번역에 활용할 수 있도록 해요. 오픈 소스로 제공되며, 100개 이상의 언어를 지원해요. Tesseract를 사용하면 번역사는 텍스트가 아닌 문서의 내용을 효과적으로 텍스트로 전환할 수 있어서 작업 효율성과 품질을 높일 수 있어요.

**50** Google Speech-to-Text는 음성 인식 기술을 통해 음성을 텍스트로 변환하는 서비스예요. 이 서비스를 기계번역과 연계해 사용하면, 번역사는 음성으로 원문 입력 및 번역 검토를 할 수 있어 작업 효율성이 향상돼요. 그리고 키보드 사용으로 발생하는 통증을 감소시킬 수 있다는 이점도 있어요.

**51** 네이버 클로바노트는 인공지능(AI) 기반의 음성인식 기술을 활용한 스마트 노트 앱이에요. 사용자의 목소리를 인식해 메모를 작성하고, 일정 관리, 할일 목록 등을 쉽게 관리할 수 있는 효율적인 도구예요.

**52** OneNote는 마이크로소프트가 개발한 클라우드 기반 노트 작성 및 관리 도구로, 텍스트, 이미지, 음성 녹음 등 다양한 형태의 노트를 작성하고 정리할 수 있어요. 기계번역과 관련하여, OneNote에 번역할 텍스트를 저장하고 정리한 후, 번역 도구로 전송하여 번역 작업을 진행할 수 있어요.

**53** Notion은 강력한 프로젝트 관리 및 협업 도구로, 사용자가 문서, 데이터베이스, 공유 노트 등을 한 곳에서 관리할 수 있어요. 기계번역과 관련하여, Notion을 사용해 번역 작업물을 저장하고 정리할 수 있으며, 번역 도구와 연계하여 번역 작업의 진행을 관리할 수 있어요.

**54** Notepad++는 텍스트 편집기로, 기계번역 작업에서 여러 가지 유용한 기능을 제공해요. 먼저 다양한 파일 형식을 지원하고, 찾기·바꾸기 기능 등이 있으며, 코드 강조로 문장 구조에 대한 파악이 쉬워져요. 이러한 기능들은 번역사가 텍스트 처리와 기계번역 시스템에 적용할 수 있게 도와줘요.

**55** Snagit은 화면 캡처 및 이미지 편집 도구로, 기계번역 작업과 연계하여 사용할 수 있어요. 번역 프로젝트에서 스크린샷이 필요한 경우, Snagit을 사용해 쉽게 캡처하고 편집할 수 있어요. 또한, 이미지에 있는 텍스트를 추출하여 번역 도구에 적용할 수 있어 번역 작업의 효율성을 높여요.

8) 기타 유틸리티 도구(miscellaneous utility tools)

번역 작업에 도움이 되는 유틸리티 도구로는 텍스트 편집기, 화면 캡처 도구, 클립보드 관리 도구, 파일 변환 도구 등이 있습니다. Notepad++[54], Snagit[55] 등을 예로 들 수 있습니다.

이처럼 다양한 번역 보조 도구들은 통번역사가 작업을 보다 효율적으로 수행할 수 있게 도와줍니다. 이러한 도구들을 적절히 선택하고 사용함으로써, 번역사는 시간을 절약하고 번역 품질을 향상시킬 수 있습니다. 도구의 선택은 개인의 작업 스타일, 프로젝트 요구 사항 및 특정 언어 조합에 따라 다를 수 있으므로, 각 번역 작업에 가장 적합한 도구를 찾는 것이 중요합니다.

### Q. 작업 관리와 일정 관리를 위해 사용 가능한 도구는?

통번역사가 작업 관리와 일정 관리를 위해 활용할 수 있는 도구는 다양하며, 이를 통해 프로젝트의 조직화와 진행 상황 관리를 쉽게 할 수 있습니다. 몇 가지 주요한 작업 관리 및 일정 관리 도구를 소개하겠습니다.

1) Trello

Trello는 칸반 보드(Kanban Board) 방식의 프로젝트 관리 도구로, 작업 항목을 카드 형태로 표현하여 프로젝트 진행 상황을 한눈에 볼 수 있게 합니다. 다양한 작업 항목을 범주별(예: 할일, 진행 중, 완료)로 구분하고, 일정 관리, 라벨링, 체크리스트 등의 기능을 활용할 수 있습니다.

### 2) Asana

Asana는 작업 관리 및 협업 도구로서, 팀 프로젝트의 일정, 진행 상황 및 우선 순위를 관리할 수 있습니다. 할당된 작업, 마감일, 프로젝트 타임라인, 자동화된 워크플로우 등의 기능을 제공하여 통번역사의 작업 관리를 원활하게 합니다.

### 3) Monday.com

Monday.com은 사용자 친화적인 인터페이스를 가진 프로젝트 관리 및 협업 도구입니다. 작업 항목, 일정, 진행 상황 등을 한눈에 볼 수 있게 표현하고, 다양한 뷰(칸반 보드, 타임라인, 달력 등)를 제공하여 번역사의 작업 관리를 도와줍니다.

### 4) Google Calendar

Google Calendar는 일정 관리 도구로, 통번역사가 프로젝트 일정, 미팅, 마감일 등을 관리하는 데 도움을 줍니다. 일정에 대한 알림 기능을 활용하면, 중요한 일정을 놓치지 않고 작업을 진행할 수 있습니다.

### 5) Microsoft Planner

Microsoft Planner는 Microsoft 365의 일부로 제공되는 작업 관리 도구로, 칸반 보드 방식을 사용하여 작업 항목과 일정을 관리할 수 있습니다. Microsoft Teams와의 통합을 통해 협업을 원활하게 진행할 수 있으며, 프로젝트별로 작업을 구성하고 진행 상황을 쉽게 파악할 수 있습니다.

### 6) Wrike

Wrike는 강력한 프로젝트 관리 및 협업 도구로, 작업 일정, 자원 배정, 마감일 관리 등의 기능을 제공합니다. 특히, Gantt 차트, 타임라인, 보드

뷰 등 다양한 뷰 옵션을 통해 프로젝트의 전반적인 진행 상황을 한눈에 파악할 수 있도록 합니다.

이런 작업 관리와 일정 관리 도구들은 통번역사가 프로젝트를 조직적으로 관리하고, 기한을 잘 지키며, 팀원들과의 협업을 원활하게 진행하는 데 도움을 줍니다. 통번역사의 업무 환경, 업무 방식, 프로젝트 규모 등을 고려하여 적절한 도구를 선택해 사용하면 더 효율적으로 작업을 진행할 수 있습니다.

### Q. 일반적인 CAT 도구를 활용한 통번역 작업 순서는?

컴퓨터보조번역(computer-assisted translation, CAT) 도구의 활용은 통역과 번역 과정에서 효율성과 정확성을 높이는 핵심 요소입니다.

통역 과정에서는 먼저 프로젝트의 일정과 필요 자료를 관리합니다. 컴퓨터보조번역 도구를 사용하면 이전에 통역한 내용을 쉽게 검색하고 참조할 수 있어 시간을 절약하고 정확성을 높일 수 있습니다. 실제로 기계번역은 초안 생성에 도움이 되며, 이를 컴퓨터보조번역 도구와 결합하면 통역 과정이 더욱 간편해집니다.

현장 통역 준비에 있어서도 컴퓨터보조번역 도구는 필수적입니다. 이 도구를 통해 통역사는 특정 주제나 산업에 대한 용어와 표현을 미리 확인하고 익힐 수 있습니다. 그리고 통역 과정은 팀원들과의 협업과 소통이 매우 중요한 작업입니다. 컴퓨터보조번역 도구는 바로 이러한 협업과 소통 과정을 지원해줄 수 있습니다.

그리고 통역 작업의 검토 과정에서는 통역의 정확성과 일관성을 확보하기 위해 컴퓨터보조번역 도구가 사용됩니다. 이 모든 과정을 통해 통역사들은 고객에게 더 나은 서비스를 제공할 수 있습니다.

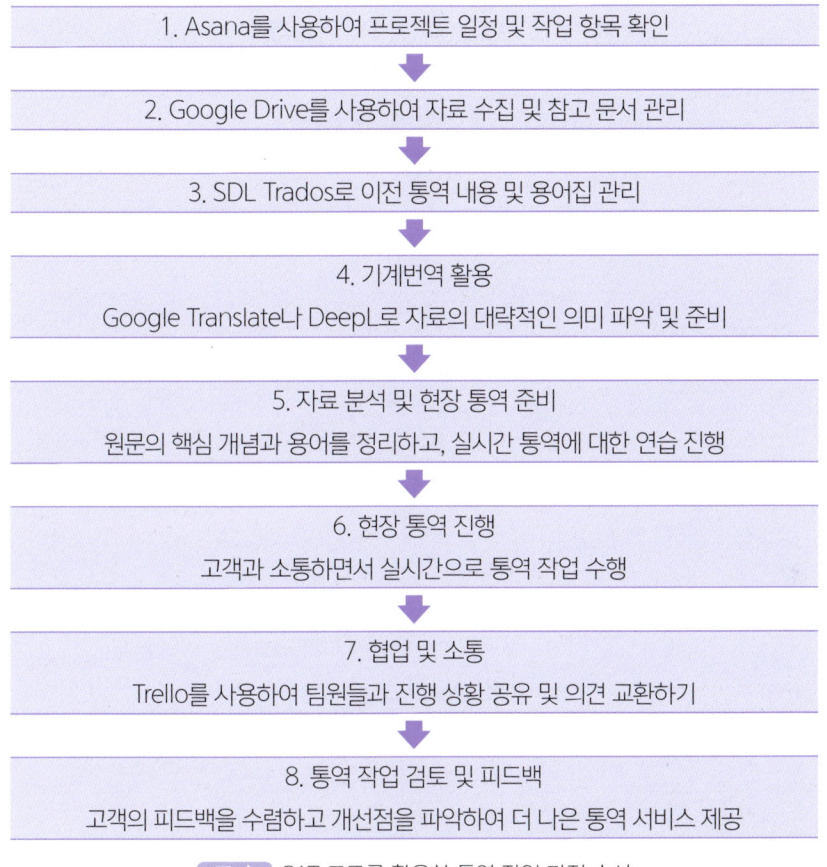

표 4    CAT 도구를 활용한 통역 작업 과정 순서

번역 작업은 많은 단계를 거치는 복잡한 과정입니다. 첫 단계로, 번역사는 요구 사항을 정확히 이해하고 필요한 환경을 설정합니다. 이후 원문 문서를 준비하고 번역 작업을 수행합니다. 실제 번역은 단순히 문장을 다른 언어로 변환하는 것 이상으로, 문맥을 이해하고 적절한 의미를 유지하는 것이 반드시 필요합니다. 그리고 번역이 완료되면, 번역된 문

서는 다시 검토하여, 번역의 일관성과 정확성이 보장되도록 합니다.

　마지막으로, 클라이언트로부터의 피드백을 받아 최종적인 수정을 진행하는데, 이 과정은 고객 만족도를 높이는 데 매우 중요합니다. 이렇게 구조화된 일련의 작업 과정은 전체 번역 프로젝트의 효율성과 전문성을 향상시키는 데에 핵심적인 요소라고 할 수 있습니다.

1. 번역 프로젝트 요구 사항 파악

2. 번역 작업을 위한 환경 설정
Trados Studio를 사용하여 번역 프로젝트를 생성하고, 번역 메모리(TM) 및 용어집을 로드함.

3. 원본 문서를 Trados Studio 프로젝트에 불러옴.

4. 기계번역 작업 수행
번역사는 Trados Studio의 내장 번역 메모리(TM)와 용어집을 활용하여 번역 작업을 진행함. 필요 시 memoQ의 번역 제안 기능을 참고할 수도 있음.

5. 번역 검토
번역된 문장을 Wordfast에서 검토하여 문맥에 맞게 수정하고, 일관성을 확인함.

6. 품질 보증
Xbench로 번역된 문서의 품질을 확인하고, 오류나 누락된 부분을 수정함.

7. 클라이언트 피드백 수렴
번역된 문서를 클라이언트에게 전달하고, 피드백을 수용함.

8. 최종 수정 및 제출

표 5　CAT 도구를 활용한 번역 작업 과정 순서

# 03
# 기계번역(MT)의 효율성과 정확도

기계번역(MT) 시스템의 효율성과 정확도를 향상시키기 위한 다양한 전략들이 존재한다. 우선, 고품질의 훈련 데이터(training data)를 다양한 출처에서 수집하여 시스템이 다양한 문체와 어휘를 학습할 수 있도록 한다. 데이터 전처리 과정(data pre-processing)에서는 데이터를 정제하거나 일관된 형식으로 변환하여 시스템의 학습에 적합하게 만든다.

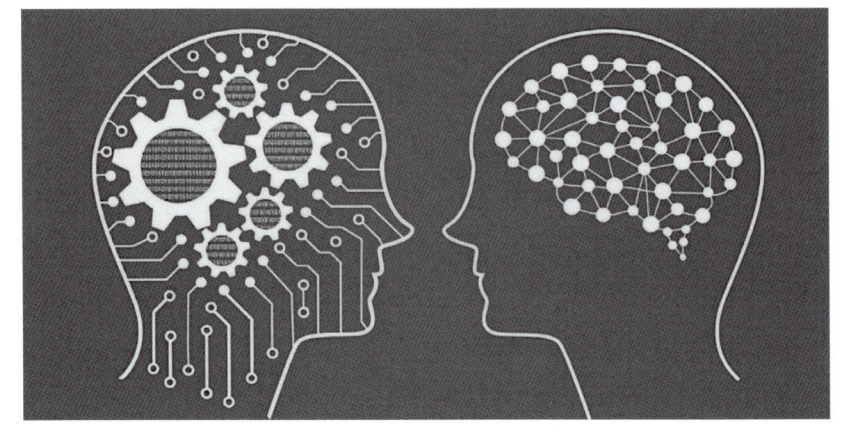

그림 10  기계 학습과 AI

또한, 최신의 컴퓨터 아키텍처(computer architecture)[56] 모델, 예를 들

---

[56] 컴퓨터 아키텍처는 컴퓨터가 어떻게 만들어지고 동작하는지를 설명하는 것이에요. 이것은 컴퓨터의 뇌와 같은 하드웨어, 그리고 컴퓨터가 우리가 원하는 일을 할 수 있도록 도와주는 소프트웨어, 그리고 이 둘을 연결하는 데이터 처리 기술이 모두 포함돼요. 이 모든 것들은 컴퓨터가 빠르고, 전력을 적게 사용하고, 작은 공간에서 효율적으로 설계되어야 해요. 컴퓨터 아키텍처는 명령어 집합, 작은 부품의 설계, 전체 시스템의 설계 등 여러 부분으로 나뉘어져 있어요.

어 트랜스포머(Transformer)[57]를 사용하여 문맥의 이해력을 높이고 번역의 정확도를 개선할 수 있다. 모델 학습 전략의 최적화를 위해 학습률 스케줄링, 가중치 초기화[58], 드롭아웃[59] 등의 기술을 활용하며, 기존에 학습된 모델의 지식을 새로운 언어 쌍이나 전문 영역에 전이하는 전이 학습을 활용하여 데이터 부족 문제를 해결한다.

번역 정확도를 높이기 위해 여러 모델을 결합하는 앙상블[60] 및 멀티-모델 기법(multi-model technique)[61]을 사용하며, 특정 전문 분야의 데이터로 모델을 미세 조정하여 전문 용어와 문맥을 정확하게 번역할 수 있도록 하는 전문 분야 적응 기법을 활용한다. 이처럼, 인간-기계 협업을 통해 MT 결과를 전문 번역사가 검토하고 수정하는 사후 편집 과정을 거쳐 번역 품질을 향상시킬 수 있다.

이렇게 다양한 전략들을 통해 MT 시스템의 효율성 및 정확도를 높임으로써 사용자는 더 정확한 번역 결과를 더욱 신속하게 얻을 수 있게 된다.

### Q. 기계번역(MT)을 활용한 번역에서 정확성과 효율성의 변화는?

다양한 기술과 접근법의 변화를 거치며 MT의 효율성과 정확성은 지속적으로 개선되었습니다. 시기별 주요 발전을 살펴보면 다음과 같습니다.

---

[57] 트랜스포머(Transformer)는 자연언어 처리를 위한 인공 신경망 모델로, 입력과 출력 시퀀스의 복잡한 관계를 학습해요. 셀프 어텐션을 통해 단어 간 상호작용을 파악하고, 인코더와 디코더의 다층 구조로 구성되어 있어요. 이 모델은 병렬 처리가 가능하며, 기존 순환 신경망의 장기 의존성 문제를 해결할 수 있어요.

[58] 가중치 초기화는 신경망 학습에서 중요한 단계라 할 수 있어요. 네트워크의 가중치를 적절하게 설정하면 학습 속도가 빨라지고, 최적의 결과를 찾는 데 도움이 돼요. 일반적으로 가중치는 작은 무작위 값으로 시작하는데, 이는 신경망이 다양한 특징을 학습하게 해요.

[59] 드롭아웃은 과적합을 방지하는 기법 중 하나를 말해요. 학습 과정에서 무작위로 일부 노드를 비활성화시켜서 모델이 특정 노드에 과도하게 의존하는 것을 방지해요. 이렇게 하면 모델이 더 일반적인 패턴을 학습하게 돼, 새로운 데이터에 대한 예측 성능이 향상돼요.

[60] 앙상블(ensemble)은 기계번역에서 여러 모델을 결합해 번역의 정확도와 효율성을 높이는 기법이에요. 서로 다른 모델의 강점을 활용하고 한계를 보완하여, 전체적인 성능 향상을 이루어요. 앙상블 방식은 다양한 모델들이 함께 작동함으로써 더욱 정확한 번역 결과를 도출하는 데 기여해요.

[61] 멀티-모델 기법(multi-model technique)은 여러 아키텍처의 모델을 결합하여 각 모델의 장점을 활용하고 약점을 보완해 성능을 향상시키는 방법이에요. 앙상블과 멀티-모델 기법은 서로 다른 모델을 통합하여 성능을 개선하고, 더욱 견고한 시스템을 구축하는 데 도움이 돼요.

| 시기 | 기계번역 방식 |
|---|---|
| 1960년대-1970년대 | 규칙 기반 번역(RBMT) |
| 1980년대-1990년대 | 통계적 기계번역(SMT) |
| 2010년대 초 | 신경 기계번역(NMT) |
| 2014년-2017년 | RNN 기반의 신경 기계번역 |
| 2017년-현재 | 트랜스포머 모델 |

표 6  기계번역의 시기별 주요 발전

1960년대-1970년대: 초기의 기계번역은 규칙 기반 번역(RBMT)에 초점을 맞추고 있습니다. 이 시기의 기계번역은 사전과 문법 규칙을 사용하여 원문을 목표 언어로 변환하였습니다. 하지만 언어의 다양성과 복잡성으로 인해 정확성과 효율성이 제한되었습니다.

1980년대-1990년대: 이 시기에는 통계적 기계번역(SMT)이 등장했습니다. SMT는 대량의 병렬 말뭉치를 사용하여 원문과 번역문 간의 확률적 관계를 학습하는 방식이었습니다. 이 접근법은 자연언어 처리에 확률론과 데이터 주도 방식을 도입하여 정확성과 효율성을 개선하였습니다.

2010년대 초: 신경 기계번역(NMT)이 도입되었습니다. NMT는 딥러닝과 인공 신경망을 기반으로 원문과 번역문 간의 복잡한 패턴을 학습하였습니다. 이로 인해 번역 품질이 크게 개선되었으며, 특히 문맥 이해와 자연스러운 번역문 생성에 뛰어난 성능을 보였습니다.

2014년-2017년: 이 단계에서 RNN[62] 기반의 시퀀스-투-시퀀스(Seq2Seq) 모델[63]이 활용되어 문장 전체를 하나의 시퀀스로 처리하였습

---

62  RNN(recurrent neural network, RNN)은 시퀀스 데이터를 처리하는 능력을 가진 딥 러닝 모델로, 이를 통해 각 단어가 주어진 문장에서 어떤 위치에 나타나는지를 파악해요. 이런 특성으로 인해 RNN은 기계번역과 같이 순차적인 데이터를 처리하는 작업에서 중요한 역할을 하며, 문장의 문맥을 이해하고 각 단어의 위치를 고려하여 더 자연스럽게 번역을 수행할 수 있어요.

63  시퀀스-투-시퀀스(Seq2Seq) 모델은 기계번역에 많이 사용되는 신경망 아키텍처예요. 이 모델은 입력 시퀀스(원문)를 출력 시퀀스(번역문)로 변환하는 역할을 하며, 문장의 전체적인 문맥을 이해하고 보존하는 데 탁월한 성능을 발휘해요.

니다. 이로써 문맥적 연관성을 고려한 더욱 자연스러운 번역이 가능해졌습니다.

2017년 후반-현재: 트랜스포머 모델이 등장하면서 기계번역의 발전이 가속화되었습니다. 트랜스포머는 인코더와 디코더 구조를 사용하며, 셀프 어텐션 메커니즘을 통해 문장 내 단어 간의 상호 관계를 파악합니다. 이로 인해 기계번역의 정확성과 효율성이 더욱 개선되었습니다.

위의 내용을 종합해 보면, 기계번역은 규칙 기반에서 시작하여 통계적 방법, 신경망 및 트랜스포머 모델로 이어지는 연속적인 변화를 거치며 발전하였습니다. 이러한 기술의 발전 덕분에 MT의 효율성과 정확성이 크게 개선되었습니다.

기계번역 분야는 계속해서 발전하고 있으며, 인공지능 및 자연언어처리 기술의 성장과 함께 더욱 정교한 번역 기능을 제공할 것으로 기대됩니다. 향후에는 언어와 전문 영역 간의 간극을 더욱 줄이고, 실시간 번역 성능을 향상시키는 연구가 활발히 진행될 것입니다. 또한, 사용자의 피드백과 지속적인 평가를 통해 기계번역 시스템의 성능이 지속적으로 개선되고, 이는 다양한 언어와 문화 간의 소통을 촉진할 것입니다.

### Q. 기계번역(MT)을 활용한 번역 작업에서 효율성과 정확도 향상 전략은?

기계번역(machine translation, MT)은 한 언어에서 다른 언어로 텍스트를 자동으로 번역하는 과정입니다. MT를 활용한 번역 작업에서의 효율성과 정확도를 높이기 위한 전략은 다음과 같습니다.

## 1) 사전훈련 언어모델 사용하기 전략

최신의 사전훈련 언어모델들[64](예: GPT, BERT, Transformer)은 대용량의 텍스트 데이터를 바탕으로 높은 성능을 발휘합니다. 이러한 모델들은 기존 번역 모델보다 더 나은 정확도와 효율성을 제공합니다.

## 2) 전문 분야 맞춤형 훈련 전략

특정 전문 분야의 텍스트에 대한 번역 정확도를 높이려면 해당 전문 분야의 말뭉치를 사용하여 MT 모델을 미세 조정하는 것이 좋습니다. 이를 통해 모델이 특정 전문용어와 문맥을 더 잘 이해하게 됩니다.

## 3) 데이터 정제 및 전처리(pre-processing) 전략

원본 텍스트의 품질이 높을수록 번역의 정확도와 효율성도 높아집니다. 이를 위해 불필요한 요소를 제거하고, 오탈자를 수정하며, 구조화된 형식으로 데이터를 정제해야 합니다. 또한 토큰화[65], 소문자화, 문장 분리 등의 전처리 작업을 통해 모델이 데이터를 더 쉽게 이해할 수 있도록 합니다.

## 4) 품질 점검과 평가 전략

번역 결과의 품질을 확인하고 평가하기 위해 자동 평가 지표(예: BLEU[66], METEOR[67], TER[68])를 사용합니다. 이를 통해 모델의 성능을 측정하고 개선할 수 있습니다.

## 5) 다중 모델 사용 전략

여러 MT 모델을 결합하여, 각 모델의 장점을 활용하고 한계를 보완함으로써 번역의 정확도와 효율성을 높일 수 있습니다.

---

**64** 사전훈련 언어모델은 대량의 데이터셋으로 미리 학습된 인공지능 모델이므로 다양한 자연어 처리 작업에 빠르게 적용할 수 있어요. 이 모델을 활용하면 데이터가 부족한 경우에도 효과적으로 문제를 해결하고, 모델 학습 시간을 단축시킬 수 있어요.

**65** 토큰화(tokenization)는 텍스트를 작은 구성 요소로 분해하는 과정으로, 단어나 문법적 단위를 기준으로 해요. 이렇게 변환하면 데이터 분석이 쉬워지고, MT 모델이 정보를 효과적으로 학습할 수 있어요. 토큰화는 자연언어 처리의 기본적이고 중요한 단계예요.

**66** BLEU(Bilingual Evaluation Understudy)는 자동 번역 시스템의 성능을 평가하기 위한 통계적 지표로, MT 결과와 참조 번역 사이의 단어 및 구절(n-gram) 일치도를 측정해요. BLEU 점수는 0에서 1 사이의 값으로, 높은 값일수록 더 정확한 번역으로 간주돼요.

**67** METEOR(Metric for Evaluation of Translation with Explicit ORdering)는 MT 결과와 참조 번역 사이의 일치도를 평가하는 지표로, BLEU와 비슷하지만 문장 내 단어 순서와 동의어를 고려해 더 정밀한 평가를 제공해요. METEOR 점수는 0에서 1 사이의 값으로 표시되며, 높은 값일수록 더 정확한 번역으로 평가돼요.

**68** TER(Translation Edit Rate)는 MT 결과와 참조 번역 사이의 차이를 측정하는 지표로, 번역 결과를 수정해 참조 번역과 동일하게 만드는 데 필요한 최소한의 편집 연산(삽입, 삭제, 대체, 이동 등)의 비율을 나타내요. TER 점수는 '0'에서 '1' 사이의 값으로 표시되며, 낮은 값일수록 더 정확한 번역으로 평가돼요.

### 6) 인터랙티브 번역과 적응형 번역 전략

사용자 피드백을 모델에 통합함으로써 번역의 정확도를 높일 수 있습니다. 이를 통해 모델은 실시간으로 사용자의 번역 선호도를 배울 수 있으며, 번역 품질이 지속적으로 개선됩니다.

### 7) 전문가 참여 전략

특정 분야의 전문가가 번역 과정에 참여하도록 함으로써, MT의 정확도를 높일 수 있습니다. 전문가는 번역 결과를 검토하고 수정할 수 있으며, 이를 통해 번역 품질이 향상됩니다. 또한, 전문가들의 피드백은 모델 개선에 도움이 됩니다.

### 8) 데이터 증강 기법(data augmentation)[69] 활용 전략

데이터 증강 기법을 통해 기존 훈련 데이터를 확장하고 다양화시킬 수 있습니다. 예를 들어, 동의어 교체, 노이즈[70] 추가, 문장 재구성 등의 방법으로 훈련 데이터를 증강할 수 있습니다. 이를 통해 모델은 더 다양한 문장 구조와 어휘를 학습하게 되어, 번역의 정확도와 효율성이 높아집니다.

### 9) 하이퍼파라미터[71] 최적화 전략

이것은 기계번역 모델이 더 잘 동작하도록 설정 값을 조절하는 것을 말합니다. 이 설정 값을 '하이퍼파라미터'라고 부르고, 이를 조절하는 것은 매우 중요합니다. 예를 들어, 학습 속도는 얼마나 빨리 모델이 새로운 정보를 배울지를, 계층 수[72]는 모델의 복잡성을, 은닉 노드 수[73]는 각 계층에서 얼마나 많은 정보를 처리할지를 결정하게 됩니다. 이런 설정 값을 찾아내는 방법으로는 그리드 탐색, 랜덤 탐색, 베이지안 최적화 등 여러 가지 방법이 있습니다.

---

[69] 데이터 증강 기법(data augmentation)은 MT에서 훈련 데이터를 확장하고 다양화하는 방법이에요. 기존 데이터에 변형을 가해 새로운 데이터를 생성함으로써, 모델이 더 다양한 패턴을 학습할 수 있게 해요. 동의어 교체, 노이즈 추가, 문장 재구성 등의 방식을 사용하여, 번역의 정확도와 효율성이 향상되도록 도와주어요.

[70] 데이터에서 노이즈(noise)란 의미가 없거나 잘못된 정보를 말해요. 이러한 정보는 모델 학습에 부정적인 영향을 미칠 수 있으므로, 데이터 분석 전에 데이터 정제 및 전처리 과정에서 제거해야 해요. 예를 들어, 오타, 중복된 레코드, 불필요한 문자 등과 같은 노이즈는 데이터의 정확성과 일관성을 저해하고 모델의 성능을 저하시킬 수 있으므로 삭제되어야 해요.

[71] 하이퍼파라미터는 기계 학습 모델의 구조와 학습 과정을 제어하는 변수들이에요. 이러한 변수들은 학습 데이터에서 자동으로 학습되지 않고, 개발자가 사전에 설정해야 해요. 적절한 하이퍼파라미터 설정은 모델의 성능에 큰 영향을 미치며, 이를 통해 모델의 일반화 능력과 예측 정확도를 향상시킬 수 있어요.

[72] 계층 수는 전체 학습 데이터셋을 사용하여 학습하는 횟수예요. 계층 수가 적으면 모델이 충분히 학습되지 않을 수 있고, 너무 많으면 과적합의 위험이 있어요.

[73] 은닉층 수는 신경망의 깊이와 너비를 결정해요. 은닉층과 뉴런이 많으면 모델의 표현력이 높아지지만, 계산 복잡성이 증가하고 과적합 위험이 커질 수 있어요.

### 10) 지속적인 모델 업데이트

MT의 성능을 개선하기 위해서는 모델을 지속적으로 업데이트해야 합니다. 새로운 데이터, 사용자 피드백 및 최신 연구 결과를 통해 모델을 개선하고 미세 조정함으로써 번역의 효율성과 정확도가 지속적으로 향상됩니다.

실제적이고 효과적으로 MT의 효율성과 정확도를 높이기를 원한다면, 위에서 살펴본 다양한 전략을 적절하게 결합하고 응용할 수 있어야 합니다. 그리고 이를 통해 MT 시스템은 더 나은 번역 결과를 제공하게 될 것이며, 다양한 언어와 문화 간의 의사소통을 돕게 됩니다.

### Q. 기계번역(MT)의 한계와 문제점, 이를 극복하는 방안은?

MT는 다양한 언어와 문화 간의 소통[74]을 돕는 중요한 기술이지만, 여러 가지 한계와 문제점을 가집니다. 이러한 문제들을 해결하기 위한 방안들이 제시되고 있으며, 이를 통해 MT의 성능이 점차 개선될 것으로 기대됩니다.

먼저, MT 모델은 때때로 문맥을 완전히 이해하지 못해 잘못된 번역을 생성해 낼 수 있습니다. 이를 해결하기 위해 문맥을 더 잘 이해하는 모델을 사용하거나 MT의 발전에 따라 향상된 모델을 적용할 수 있습니다. 또한, MT는 구어체, 속어, 관용구를 올바르게 번역하는 데 어려움을 겪을 수 있는데, 이를 해결하기 위해 구어체와 속어를 포함한 훈련 데이터를 사용하여 모델을 미세 조정하거나 전문가의 도움을 받아 번역을 수정할 수 있습니다.

그리고 언어마다 문법, 어휘, 구조 등이 다르기 때문에 MT는 이러한 차이를 올바르게 처리하는 데 어려움을 겪을 수 있습니다. 이러한 문제를 다양한 언어 구조를 고려한 모델을 개발하고, 언어별 맞춤형 전처리

---

74 문화 간의 소통은 다양한 문화 배경을 가진 사람들이 서로 이해하고 소통하는 것이에요. MT를 통해 사람들이 언어 장벽을 극복하고 다양한 문화적 요소를 고려하여 서로 다른 문화 배경을 가진 사용자와 원활하게 소통할 수 있어요. 이는 MT 개발의 가장 중요한 목표 중 하나이며, 이를 통해 우리는 더욱 풍부하고 다양한 정보를 이해하고 공유할 수 있어요.

및 후처리를 적용하여 극복할 수 있습니다. 특정 전문 분야의 용어와 문맥을 완벽하게 이해하지 못하는 경우에는 전문 분야에 특화된 데이터를 사용하여 모델을 미세 조정하거나, 전문 번역사의 도움을 받아 번역을 개선할 수 있습니다.

훈련 데이터에 포함된 편향 정보가 번역 결과에도 영향을 주어 MT 모델의 편향성 문제가 발생할 수도 있습니다. 이를 해결하기 위해 균형 잡힌 훈련 데이터를 사용하거나 편향된 정보를 감지하고 수정하는 기술을 적용할 수 있습니다.

실시간 통역과 같은 상황에서는 MT의 정확도와 속도가 충분하지 않을 수 있는데, 이를 극복하기 위해 하드웨어 및 소프트웨어 최적화를 진행하거나 실시간 통역에 특화된 모델을 개발할 수 있습니다.

MT는 때때로 문장을 어색하거나 부자연스럽게 번역할 수 있습니다. 이에 대한 해결 방안으로는 후처리를 통한 번역 결과 개선과 전문 번역사와의 협업이 있습니다. 일부 저자원 언어는 충분한 훈련 데이터가 부족하여 MT의 성능이 낮을 수 있습니다. 이러한 경우 저자원 언어에 대한 데이터 수집 및 생성을 촉진하거나, 전이 학습과 같은 기술을 사용하여 훈련 데이터가 부족한 언어에 대한 성능을 개선할 수 있습니다.

원문의 의미가 모호한 경우, MT 시스템이 정확한 번역을 생성하지 못해 번역 모호성의 문제가 발생합니다. 이에 대한 해결 방안은 문맥을 더 잘 이해하는 모델을 사용하거나 전문 번역사가 모호성을 해결하는 것입니다.

또한, 온라인 MT 서비스를 사용할 때 개인정보 누출 및 보안 문제가 발생할 수 있습니다. 이때 사용자의 개인정보를 보호하기 위해 MT 서비스 제공자가 적절한 보안 조치를 취하거나, 오프라인 번역 솔루션을 사용하여 보안을 강화할 수 있습니다.

MT의 한계와 문제점은 이를 극복하기 위한 지속적인 연구와 개발을 통해 점차 개선될 것입니다. 이러한 발전을 통해 MT 시스템은 더 나은 번역 결과를 제공하게 되어 다양한 언어와 문화 간의 소통을 돕게 될 것입니다. 이를 위해 연구자들, 번역사들, MT 서비스 제공자들이 협력하여 더 정확하고 자연스러운 번역 결과를 제공하는 MT 시스템을 개발해 나갈 것으로 예상됩니다.

### Q. 기계번역(MT)의 정확도 향상을 위한 훈련 데이터 수집과 관리는?

기계번역의 정확도는 앞서 언급한 바와 같이 얼마나 품질 좋은 훈련 데이터를 수집하고 관리하는지에 따라 큰 차이를 보일 수 있습니다. 그러므로 데이터를 수집하고 관리하는 것은 매우 중요한 과정이 됩니다. 이 과정은 아래와 같이 열 가지의 단계로 나누어 살펴볼 수 있습니다.

1) 다양한 출처에서 데이터 수집 단계
다양한 유형의 텍스트를 다양한 출처에서 수집합니다. 이렇게 함으로써 기계번역 모델이 다양한 문제와 어휘, 그리고 문장 구조를 학습하게 하여 보다 일반적인 문제에 더 효과적으로 대응할 수 있습니다.

2) 품질 높은 병렬 말뭉치(parallel corpus)[75] 확보 단계
번역 작업에 사용되는 병렬 말뭉치의 품질은 굉장히 중요합니다. 훈련에 사용되는 데이터가 품질이 높을수록 번역 결과도 그만큼 품질이 높아집니다.

---

[75] 병렬 말뭉치(parallel corpus)는 원문과 그의 번역문이 이루는 데이터 세트예요. 이는 MT 시스템을 훈련시키는 데 사용되며, 각 언어 간의 문장 구조와 의미를 학습하는 데 중요해요.

### 3) 데이터셋 구축 단계

데이터셋을 구성할 때는 다양한 요소를 고려하여 균형이 잡혀 있어야 합니다. 이는 언어 쌍, 전문 분야, 문체 등이 균등하게 포함되어 있음을 의미합니다. 이를 통해 모델이 특정한 언어나 분야에 치우치지 않고 전체적으로 일관된 성능을 보이게 할 수 있습니다.

### 4) 데이터 정제와 전처리 단계

훈련 데이터[76]를 실제로 사용하기 전에는 노이즈를 제거하고, 데이터를 일관된 형식으로 변환하여 데이터를 정리하는 전처리 작업이 필요합니다. 이 과정에서 텍스트 토큰화, 소문자화, 문장 분리 등의 작업이 진행됩니다.

### 5) 데이터 보강과 확장 단계

기존의 훈련 데이터를 보강하거나 확장하는 방법을 사용하면 데이터 부족 문제를 해결할 수 있습니다. 이를 위해 기계번역을 통해 생성된 데이터나, 역번역[77]의 방법을 활용할 수 있습니다.

### 6) 전문 분야별 데이터 수집 단계

특정 전문 분야에 대한 번역의 정확도를 높이기 위해서는 해당 분야에 대한 훈련 데이터를 수집하고 활용해야 합니다. 이렇게 하면 전문 용어와 그에 맞는 문맥을 모델이 보다 정확히 이해하게 됩니다.

### 7) 데이터 수집 및 관리 도구 활용 단계

데이터의 품질을 높이고 관리를 용이하게 하기 위해 전용 도구나 플랫폼을 사용하는 것이 좋습니다. 이러한 도구는 버전 관리, 데이터 정제, 중복 제거 등의 기능을 제공하며, 이는 데이터 관리를 매우 효과적으로 만듭니다.

---

[76] 훈련 데이터(training data)를 다양한 출처에서 수집하는 것이 중요해요. 이를 통해 모델은 다양한 문체, 어휘, 구조를 학습하여 보다 일반화된 성능을 달성할 수 있으므로 이는 MT에서 가장 기초적이면서도 중요한 작업 중 하나예요.

[77] 역번역(back-translation)은 다른 언어로 된 문장을 원문으로 돌려 번역하는 방식이에요. 이는 데이터 보강 기술 중 하나이며, 추가 데이터로 사용하여 훈련 데이터 양을 증가시키는 데 사용돼요.

### 8) 지속적인 데이터 업데이트 단계

언어와 문화는 시간이 지남에 따라 변화합니다. 이러한 변화를 반영하기 위해서는 사용된 언어 자료를 훈련용 데이터로 가공하여, 지속적으로 업데이트해야 합니다.

### 9) 개인정보 보호 및 데이터 보안 단계

훈련 데이터를 수집하고 관리하는 과정에서 개인정보 유출이나 데이터 보안 문제가 발생하지 않도록 주의해야 합니다. 이를 위해 데이터 마스킹 기술[78]을 활용하거나, 데이터를 저장하고 전송할 때 암호화 기술을 사용할 수 있습니다.

### 10) 평가 데이터셋[79] 구축 단계

기계번역의 성능을 측정하려면, 훈련 데이터와는 별개인 '평가 데이터셋'이 필요합니다. 이 데이터셋은 훈련 데이터와 같은 품질의 문장들로 구성되어 있지만, 데이터가 전에 훈련된 적이 없는 새로운 문장들이어야 합니다. 이렇게 함으로써, 모델이 새로운 데이터에 얼마나 잘 대응하는지, 즉 얼마나 잘 '일반화'할 수 있는지를 확인할 수 있습니다. 만약 평가 데이터셋이 훈련 데이터와 너무 비슷하면, 모델은 단순히 훈련 데이터를 외워서 '과적합(과잉 일반화)'하게 될 수 있습니다. 이 경우, 모델이 새로운 데이터에 대한 예측 성능이 떨어질 수도 있습니다.

이렇게 훈련 데이터를 체계적으로 수집하고 관리하면 기계번역의 정확도를 크게 향상시킬 수 있습니다. 다양한 출처에서 고품질의 데이터를 확보하고, 균형 잡힌 데이터셋을 구축하면 모델의 일반화 성능이 향상됩니다. 또한, 데이터를 지속적으로 업데이트하고, 보안을 철저히 하면 시스템은 최신 언어 변화를 반영할 수 있으면서도 안전하게 데이터를 유지하게 됩니다.

---

[78] 마스킹 기술(masking technique)은 개인정보와 같은 민감한 정보를 일부러 가려서 보호하는 기술이에요. 주민등록번호나 전화번호 등의 중요한 정보를 마스킹하여 사용하면 개인정보 보호를 보다 효과적으로 할 수 있어요. 이는 데이터 보호 및 개인정보 보호를 위한 중요한 기술이며, 데이터 수집 및 관리 과정에서 적극적으로 활용될 필요가 있어요.

[79] 평가 데이터셋(evaluation dataset)은 MT 모델의 성능을 측정하기 위한 별도의 데이터셋을 말해요. 평가 데이터셋은 훈련 데이터와 동일한 품질 기준을 충족하며, 다양성을 갖춰야 해요. 이를 통해 모델이 과적합되지 않도록 하며, 모델의 성능을 더 정확하게 평가할 수 있어요. 평가 데이터셋을 활용하여 모델의 성능을 측정하는 것은 기계번역에서 중요한 작업 중 하나예요.

### Q. 기계번역(MT)의 정확성 개선을 위한 사용자 피드백은?

　MT 번역기를 더욱 향상시키는 데에는 사용자의 피드백이 정말 중요합니다. 왜냐하면, 사용자가 실제 언어 사용 패턴과 문맥을 가장 잘 이해하고 있기 때문입니다. 그래서 사용자의 소중한 피드백은 MT 번역기의 발전에 기여합니다. 이제부터 사용자가 MT 번역기의 성능을 어떻게 개선할 수 있는지에 대해 알아보도록 하겠습니다.

　1) 이해력 확인
　MT 번역이 원문의 의미를 정확하게 반영했는지 확인해 보는 건 어떨까요? 이는 번역의 자연스러움과 문맥 이해력을 평가하는 첫걸음입니다. 이를 통해 MT가 원문을 얼마나 잘 이해하고 번역했는지를 알 수 있으며, 이 평가는 MT 개발자들에게 매우 중요한 피드백이 될 수 있습니다.

　2) 문맥적 오류 식별
　MT가 가끔 문맥을 완벽하게 이해하지 못하는 경우가 있습니다. 사용자가 문맥에 따른 오류를 찾아내고 이를 보고해 준다면 문맥에 기반한 학습을 통해 MT의 성능이 크게 개선될 것입니다.

　3) 문법 및 철자 오류 보고
　사용자가 MT 번역기가 만든 문법적 오류나 오타를 찾아 신속하게 보고한다면, MT의 문법 학습에 굉장히 도움이 됩니다. MT는 이런 오류를 바탕으로 문법 규칙을 개선하게 됩니다.

　4) 특정 분야의 전문 용어 사용
　특정 분야의 전문 용어 사용에 대한 피드백은 MT가 해당 분야의 용어를 더 잘 이해하고 번역하는 데 도움이 됩니다. MT가 전문 용어를 적절하게 번역했는지, 개선이 필요한 부분이 없는지를 평가해 봐야 합니다. 이런 피드백은 MT의 전문성을 향상시키는 데 도움이 될 것입니다.

5) 개선된 번역 제안

사용자가 더 나은 번역을 제안해 주면, MT는 이를 통해 향후 유사한 문장이나 표현을 더 정확하게 번역할 수 있습니다. 이러한 피드백은 MT가 실제 사용자의 언어 사용 패턴과 선호도를 이해하는 데 매우 중요한 역할을 합니다.

6) 사용자 경험 공유

사용 중 불편한 점이나 개선이 필요한 부분을 피드백으로 알려 주면, 이는 사용자 인터페이스(사용자 환경, UI/UX[80]) 개선에 큰 도움이 됩니다. 사용자의 이용 경험은 MT 서비스 제공자가 사용자 친화적(user-friendly)인 인터페이스를 개발하고, MT의 사용성을 개선하는 데 큰 힘이 될 것입니다.

7) 문화적 민감성 고려

MT 번역이 문화적 민감성을 적절하게 반영하지 못한 경우, 이를 지적해 주는 것도 중요합니다. 이를 통해 MT는 문화적인 차이를 더 잘 이해하게 될 것입니다. 사용자가 MT가 어떻게 다양한 문화적 배경을 반영하는지를 확인하고, 개선이 필요한 부분에 대한 피드백을 제공해 주면 MT의 문화적 이해력을 향상시키는 데 큰 도움이 됩니다.

8) 정기적이고 지속적인 피드백 제공

MT는 지속적인 학습을 통해 개선됩니다. 그래서 사용자는 정기적으로

---

80  UI/UX는 'User Interface'와 'User Experience'의 약자로, 사용자가 제품이나 서비스를 이용하는 과정에서 마주하는 인터페이스와 그 경험을 의미해요. MT 번역기의 UI/UX는 사용자가 번역을 요청하고 그 결과를 어떻게 받아볼 수 있는지, 또 그 과정이 얼마나 편리하고 직관적인지 등에 대한 부분을 포함해요.

피드백을 제공해 주어야 하며 이는 MT의 지속적인 성장을 촉진합니다.

이상의 다양한 면의 개선 방법을 살펴보았을 때, 사용자의 피드백이 MT 번역기의 발전에 크게 기여하고, 또 기여할 수 있음을 알 수 있습니다. 그러므로 이러한 사용자의 아이디어와 피드백이 MT를 더욱 똑똑하게 만들게 될 것이고, 사용자에게는 최적의 번역 서비스를 제공할 수 있게 할 것입니다.

# 04

# 기계번역(MT) 활용을 위한 번역사의 전문성과 GPT

기계번역(MT)은 컴퓨터를 사용하여 문장이나 문서를 자동으로 번역하는 기술이다. 그래서 MT를 활용하여 번역을 수행하는 번역사는 당연히 관련된 전문적인 지식과 기술을 알고 있어야 한다.

첫째, 번역사는 언어학적 지식[81]을 가지고 있어야 한다. 번역을 수행할 때, 언어의 문법, 표현 방식, 어휘 등에 대한 이해가 필요하다. 따라서 언어학적인 지식을 보유한 전문가가 번역을 수행할 수 있다.

둘째, 번역사는 타문화[82]에 대한 수용성과 이해력이 필요하다. 즉 각 나라의 문화, 관습, 전통 등에 대한 이해가 필요하다. 이러한 문화적 이해력이 없으면, 번역 결과물이 문화적인 불일치를 일으킬 수밖에 없다.

셋째, 기술적 지식[83]이 필요하다. 통번역에서 MT를 사용하기 위해서는 기계 학습, 자연언어 처리, 인공지능 등에 대한 이해가 필요하다. 또한, 번역 도구나 번역 소프트웨어를 사용하는 방법에 대한 지식도 중요하다.

GPT와 같은 현대 AI 모델은 전통적인 기계번역(MT) 시스템과는 다르게 작동하므로 AI 개념이 자주 언급되며 MT와 AI의 차이는 다음과 같다.

---

[81] 언어학적 지식(linguistic knowledge)은 언어를 이해하고 사용하는 데 필요한 정보를 말해요. 문법, 단어의 의미, 언어의 변화 등을 아는 것이 중요해요. 이 지식이 있어야 언어를 잘 이해하고 번역할 수 있어요.

[82] 타문화(other cultures)란 다른 나라와 지역의 문화를 의미해요. 언어는 문화와 깊이 연결되어 있기 때문에, 번역사는 다른 문화를 이해하고 존중하는 능력이 필요해요. 이런 이해력이 있어야만 그 문화의 언어를 제대로 번역할 수 있어요.

[83] 기술적 지식(technical knowledge)은 기계 학습, 자연언어 처리, 인공지능 등의 기술에 대한 이해를 의미해요. 번역사는 번역 도구나 소프트웨어를 잘 활용할 수 있는 능력을 갖출 필요가 있어요. 이런 지식이 있으면 번역 작업을 더 효과적으로 수행할 수 있어요.

| 구분 | 기존 MT | AI(GPT) |
|---|---|---|
| 개발 목적 | 기계번역을 위한 모델 | 자연언어 이해 및 생성을 위한 모델 |
| 구조 | 입력 문장 분석 및 출력 문장 생성 | 순환적인 구조로 다음 단어 예측 |
| 학습 데이터 | 언어 쌍에 대한 병렬 데이터 | 대량의 일반적인 텍스트 데이터 |
| 성능 | 번역 작업에 높은 성능 | 다양한 자연언어 처리 작업에서 높은 성능 |
| 적용 분야 | 다국어 커뮤니케이션, 해외 진출 | 대화형 AI, 자동화된 글쓰기 등 |

표 7 기존 MT와 대화형 AI의 차이점

GPT는 오픈 AI[84]에서 개발한 딥러닝 모델로, 자연언어 처리 분야[85]에서 큰 성과를 거두고 있다. 특히 GPT는 대규모의 텍스트 데이터를 학습하여, 문장 생성, 요약, 번역 등 다양한 자연언어 처리를 목적으로 하는 과업에서 우수한 성능을 보인다. 이러한 GPT를 활용하는 방법은 다시 크게 두 가지로 나누어 볼 수 있다.

첫째, GPT를 사용하여 MT 모델을 학습시키는 방법이다. GPT는 자연언어 처리 능력을 활용하여, 입력 문장과 대응되는 번역 문장을 스스로 생성해 낸다. 이 방법은 NMT(neural machine translation)에 비해 더욱 자연스러운 번역 결과를 도출해 낼 수 있다.

둘째, GPT를 사용하여 MT의 후처리(post-processing)[86]를 수행하는 방법이다. MT는 문장 구조나 의미를 파악하는 데 한계가 있기 때문에, 후처리 과정에서 문장의 문법, 띄어쓰기, 단어 선택 등을 보완할 필요가

---

84 오픈 AI(Open AI)는 인공지능 연구를 전문으로 하는 미국의 비영리 조직이에요. 이들의 주된 목표는 인간에게 유익하고, 동시에 안전한 인공지능(AI)을 개발하는 것이에요. 이 조직은 인공지능의 혜택을 가능한 많은 사람들이 공유할 수 있도록 하는 것을 중요하게 생각해요.

85 자연언어 처리(natural language processing, NLP)는 컴퓨터가 인간의 언어를 이해하고 처리하는 데 사용하는 인공지능의 한 분야예요. 이는 컴퓨터가 인간의 언어를 이해하고, 인간처럼 텍스트를 생성하거나 해석할 수 있도록 하는 기술이에요. 검색 엔진, 자동번역, 음성 인식 등의 다양한 응용 분야에서 이 기술이 활용되고 있어요.

86 후처리(post-processing)는 번역 작업의 마지막 단계로, 기존에는 전문 번역사가 주로 담당했어요. 이 과정에서는 문법적 오류 수정, 띄어쓰기 조정, 적절한 단어 선택 등 문장을 자연스럽게 다듬는 작업을 해요. 최근에는 GPT와 같은 AI가 이 후처리 작업을 수행해, 번역 품질을 더욱 향상시키는 데 기여하고 있어요.

있다. GPT는 이러한 후처리 과정에서 매우 유용한데 예를 들어, GPT를 사용하여 문장의 띄어쓰기 오류를 수정하거나, 단어 선택 오류를 보완할 수 있다.

GPT는 지속적인 학습을 통해, 언어모델의 정확도를 높일 수 있기 때문에, AI 번역 시스템의 성능을 지속적으로 빠르게 개선할 수 있다는 장점이 있다.

**Q. 번역 대상 언어와 분야별로 기계 번역의 활용성 차이가 발생하는 이유는?**

MT 기술은 번역할 언어 조합에 따라 성능이 달라집니다. 이런 차이는 언어 사이의 구조적 차이, 사용 가능한 데이터의 양, 전문 영역의 특성화 등 다양한 요인에 영향을 받습니다.

먼저 언어 간의 구조적 차이가 크면 클수록 번역이 어려워집니다. 예를 들어, 영어와 독일어처럼 유사한 구조를 가진 언어 조합에서는 번역이 비교적 쉽지만, 영어와 일본어와 같이 서로 다른 언어 구조를 가진 조합에서는 번역이 더 어려울 수 있습니다.

그리고 충분한 양의 병렬 데이터가 있는 언어 조합에서는 MT의 성능이 더 좋아집니다. 데이터가 풍부한 주요 언어 간의 번역에서 MT는 높은 성능을 보이지만, 데이터가 부족한 소수 언어에서는 성능이 떨어질 수 있습니다.

특정 전문 번역 분야에서 MT가 더 효과적인 결과를 도출해 내는 이유와 원인은 다음과 같습니다.

첫째, 특정 전문 분야에서는 일반적인 언어 사용과는 다른 용어와 문장 구조를 사용할 수 있습니다. 이 때문에 일반적인 MT 모델로는 정확한 번역이 어렵습니다. 하지만 해당 분야의 충분한 데이터를 보유한 특화된 MT 모델을 활용하면 더 정확한 결과를 얻을 수 있습니다.

둘째, 전문 분야의 번역에서는 특정한 어휘와 문맥이 반복되는 경우가 많습니다. 이로 인해 MT 모델이 해당 어휘와 문맥을 더 쉽게 학습하여 높은 성능을 거둘 수 있습니다.

예를 들어 의료, 법률, 기술 등의 분야에서는 특별한 용어와 문장 구조가 자주 사용됩니다. 이러한 전문 분야의 데이터로 훈련된 MT 모델은 일반적인 MT 모델보다 더 높은 성능을 보일 가능성이 큽니다.

이와 같이 MT가 특정 전문 분야에서 더 효과적인 결과를 보이는 이유는 해당 분야의 특성을 반영한 데이터로 훈련을 받기 때문입니다. 이로 인해 전문 분야의 특정한 어휘와 문맥을 더 잘 이해하고 번역할 수 있습니다. 그러나 전문 분야에 특화된 MT 모델을 활용한다고 해도 전문 번역사의 감수[87] 없이는 완벽한 번역 결과물을 기대하기 어렵습니다. 전문 분야에서는 MT의 결과물에 대한 전문 번역사의 감수가 여전히 중요한 역할을 하는 이유는 다음과 같습니다.

첫째, 전문 분야마다 고유한 표현이나 전문 술어[88]가 있는데 MT 모델이 이러한 표현들을 완벽하게 이해하고 번역하기 어려울 수 있습니다.

둘째, 전문 분야에서는 때때로 애매한 문맥이나 다중 의미를 가진 단어가 사용될 수 있습니다. 이러한 경우 MT 모델이 올바른 의미를 정확하게 해석하기 어렵습니다.

셋째, 전문 분야에서는 지속적으로 새로운 정보와 변화가 발생합니다. MT 모델이 최신 정보를 반영하기 위해서는 지속적으로 업데이트되어야 합니다. 그렇지 않으면 최신 정보에 대한 정확한 번역이 어려울 수 있습니다.

---

[87] 전문 번역사의 감수(proofreading)는 번역 작업 후에 이루어지는 과정으로, 전문 번역가가 번역된 문장을 다시 한 번 점검하는 작업을 말해요. 이때 번역의 정확성뿐만 아니라 문장의 자연스러움, 문맥에 맞는 단어 선택 등을 확인해요. MT도 뛰어난 성능을 보이지만, 아직까지는 전문 번역사의 감수 없이는 완벽한 번역을 만들기 어려워요.

[88] 전문 술어(technical jargon)는 특정 전문 분야에서만 사용되는 용어나 표현을 말해요. 예를 들어, 법률 분야의 '증거능력(證據能力)'이라는 술어는 특정한 의미와 법적 효력을 내포하고 있어요. 이처럼 술어는 그 분야에서 특정한 의미나 개념을 정확하게 전달하는 데 중요하며, MT에서는 이런 전문 술어를 정확하게 이해하고 번역하는 것이 중요한 도전 과제 중 하나예요.

넷째, 전문 분야에서는 번역의 정확성이 매우 중요합니다. 예를 들어, 의료나 법률 분야에서는 작은 오류도 심각한 결과를 초래할 수 있습니다. 이러한 이유로 전문 분야에서는 MT 결과에 대한 전문 번역사의 감수가 필수적입니다.

### Q. 전문 번역사가 기계번역을 효과적으로 활용할 수 있는 방법은?

특정 분야의 전문 번역사가 MT를 효과적으로 활용할 수 있는 방법을 세 가지로 나누어 볼 수 있습니다.

첫째, 전문 번역사는 MT를 원문의 전처리를 위한 도구로 사용할 수 있습니다. 이는 번역사가 기본 번역 결과를 얻고, 이를 바탕으로 번역 품질을 향상시키는 작업을 수행하는 데 도움을 줍니다.
둘째, 전문 번역사는 기존 MT의 결과를 검토하고, 오류나 미흡한 부분을 수정함으로써 최종 번역 품질을 높일 수 있습니다. 이 과정에서 번역사의 전문 영역에 대한 지식과 언어 능력이 중요한 역할을 합니다.
셋째, 전문 번역사는 특수 용어 사전을 사용하여 MT 결과의 품질을 향상시킬 수 있습니다. 즉, 번역사가 전문 영역의 특성화된 용어를 정확하게 번역할 수 있습니다.

전문 번역사는 해당 분야에 특화된 MT 모델을 사용하여 더 나은 번역 결과를 얻을 수 있습니다. 실제 전문 번역사의 MT 모델 사용 사례를 정리해 보면 다음과 같습니다.

1) 의료 분야

의료 분야에서 전문 번역사는 MT를 활용하여 의료 기록, 임상 시험 보고서, 환자 안내 자료 등을 번역합니다. 이 경우 전문 번역사는 MT 결과를 검토하고, 오류를 수정하며 의료 용어를 올바르게 번역하여 번역물의 품질을 높입니다.

2) 법률 분야

법률 번역사는 법률 문서, 계약서, 판결문 등을 번역하는 과정에서 MT를 활용할 수 있습니다. 법률 분야에서는 정확한 용어 사용이 매우 중요하므로, 전문 번역사는 MT 결과를 철저히 검토하고 수정하여 번역물의 품질을 향상시킵니다.

3) 기술 분야

기술 분야의 전문 번역사는 사용 설명서, 특허 문서, 기술 보고서 등을 번역하는 작업을 수행합니다. 이 과정에서 MT는 기본 번역 결과를 제공하는 도구로 활용되며, 전문 번역사는 전문 영역의 지식을 바탕으로 MT 결과의 정확성을 향상시킵니다.

4) 금융 분야

금융 분야에서 전문 번역사는 MT를 활용하여 보고서, 시장 분석, 재무 관리 자료 등의 번역을 수행할 수 있습니다. 금융 분야에서는 특정 용어와 표현이 중요하므로, 전문 번역사는 MT 결과를 검토하고 수정하여 최종 번역물의 품질을 보장합니다.

| 분야 | 한국어 전문 술어 | 일반 기계번역 오류 | AI 활용한 영어 번역 |
|---|---|---|---|
| 의료 | 임상시험 | clinical test | clinical trial |
| 의료 | 피하 주사 | subcutaneous shot | subcutaneous injection |
| 의료 | 혈당 수치 | blood sugar count | blood glucose level |
| 법률 | 민사소송 | civil lawsuit | civil litigation |
| 법률 | 형사사건 | criminal affair | criminal case |
| 법률 | 소유권 이전 | ownership pass | transfer of ownership |
| 기술 | 반도체 | half-conductor | semiconductor |
| 기술 | 인공지능 | artificial smart | artificial intelligence |
| 기술 | 특허 출원 | patent application form | patent application |
| 금융 | 주식 발행 | stock issue | stock issuance |
| 금융 | 시장 분석 | market resolution | market analysis |
| 금융 | 신용등급 | credit grade | credit rating |

표 8  전문 분야별 한-영 번역: 일반 기계번역과 AI 번역 비교

| 분야 | 중국어 전문 술어 | 일반 기계 번역 오류 | AI 활용한 한국어 번역 |
|---|---|---|---|
| 의료 | 1. 免疫记忆<br>2. 基因重组<br>3. 细胞凋亡 | 1. 면역 기억<br>2. 유전재조합<br>3. 세포 죽음 | 1. 면역 메모리<br>2. 유전자 재조합<br>3. 세포 사멸 |
| 법률 | 1. 知识产权<br>2. 民事侵权<br>3. 法定继承 | 1. 지식 소유권<br>2. 민사 침해<br>3. 법적 상속 | 1. 지식재산권<br>2. 민사 행위에 의한 침해<br>3. 법정 상속 |

| 기술 | 1. 集成电路<br>2. 操作系统<br>3. 机器学习 | 1. 집합 전기 회로<br>2. 조작 계통<br>3. 기계 학문 | 1. 집적 회로<br>2. 운영 체제<br>3. 기계 학습 |
|---|---|---|---|
| 금융 | 1. 股票分割<br>2. 债券到期<br>3. 货币政策 | 1. 주식 나눔<br>2. 채권 만기 도래<br>3. 동전 정책 | 1. 주식 분할<br>2. 채권 만기<br>3. 통화 정책 |

표 9 전문 분야별 중-한 번역: 일반 기계번역과 AI 번역 비교

전문 번역사는 자신의 분야에서 MT를 효과적으로 활용하여 작업 시간을 절약하고 작업의 효율성을 높입니다. 그리고 MT의 한계를 이해하고, 자신의 전문 지식을 바탕으로 MT의 결과를 검증하고, 필요한 경우 추가적인 수정 작업을 수행합니다. 이와 같이 전문 번역사는 MT와의 협업을 통해 정확성과 일관성이 확보된 고품질의 번역 결과물을 생성해 낼 수 있습니다.

### Q. AI 번역의 네 가지 활용 모델과 전문 번역사와의 협업 구조는?

AI 번역(AI translation)은 인공지능을 이용하여 한 언어에서 다른 언어로 문장이나 문서를 번역하는 기술입니다. 출발 언어와 도착 언어 간의 정보 변환을 수행할 때 다양한 종류의 모델이 사용됩니다. 여기서는 STT, TTT, TTS, STS 네 가지 유형의 모델을 설명하겠습니다.

1) STT (speech-to-text) 모델

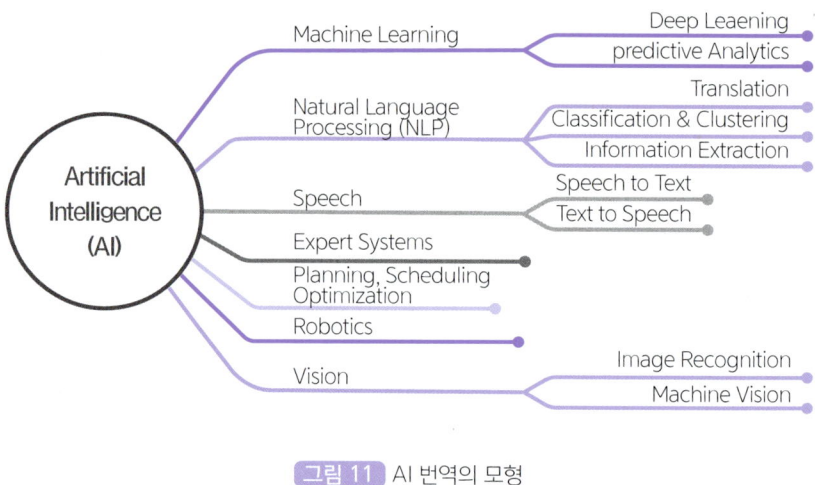

그림 11 　AI 번역의 모형

　　STT 모델은 음성 인식(speech recognition)이라고도 불리며, 사람이 말하는 음성 언어를 텍스트 형태로 변환하는 기술입니다. 이러한 모델은 일상 대화, 음성비서[89], 자동자막[90] 생성 등 다양한 분야에서 사용됩니다. STT 모델은 주로 딥러닝 기반의 인공 신경망을 사용하여 음성 데이터를 처리하고 이해합니다.

　　전문 번역사는 음성 녹음이나 영상 자료를 번역할 경우, STT 모델을 사용하여 원본 음성을 텍스트 형태로 빠르게 변환할 수 있습니다. 이를 통해 번역사는 음성을 직접 듣고 타이핑하는 수고를 덜 수 있으며, 작업 효율성을 높일 수 있습니다.

2) TTT (text-to-text) 모델

　　TTT 모델은 원문 텍스트를 대상 텍스트로 번역하는 기술로, 대표적인 AI 번역 모델입니다. 텍스트 간의 변환을 수행하기 때문에 주로 문서 번

---

[89] 음성비서(voice assistant)는 사람들의 음성 명령을 인식하고 이해하여, 정보 검색, 알람 설정, 메시지 전송 등 다양한 작업을 수행해 줘요. '시리'나 '구글 어시스턴트' 같이 인간의 말을 알아듣고, 필요한 정보를 찾아주거나, 일을 대신 처리해 줘요.

[90] 자동자막(auto-caption)은 영상의 음성을 텍스트로 바꾸어 주는 서비스예요. YouTube에서 이런 기능을 쉽게 볼 수 있어요. 영상을 보다가 잘 안 들리거나 이해가 안 갈 때, 자막을 켜면 도움이 되죠. 이는 STT 기술이 활용된 대표적인 예인데 이 기능 덕분에 우리는 음성이나 언어 장벽을 걱정하지 않고 다양한 영상을 즐길 수 있어요.

역, 웹 페이지 번역 등에 사용됩니다.

전문 번역사는 TTT 모델을 사용하여 원본 텍스트의 초안 번역본을 빠르게 생성할 수 있습니다. 이를 통해 번역사는 번역 과정에서 시간을 절약할 수 있으며, 번역 작업의 정확성을 높이는 데 집중할 수 있습니다. 또한, TTT 모델을 번역 보조 도구(번역 메모리 등)와 함께 사용하면 일관성을 유지하고 품질을 개선할 수 있습니다.

### 3) TTS (text-to-speech) 모델

TTS 모델은 텍스트를 사람의 음성처럼 들리게 변환하는 기술입니다. 이 모델은 시각장애인을 위한 화면 낭독, 음성비서, 오디오북 등 다양한 분야에서 사용됩니다. TTS 모델은 음성 합성(speech synthesis)[91] 기술을 활용하여 텍스트의 발음, 강세, 속도 등을 조절하여 자연스러운 음성을 출력합니다.

전문 번역사는 TTS 모델을 사용하여 번역된 텍스트를 듣고, 발음이나 강세, 억양 등을 확인할 수 있습니다. 이를 통해 번역사는 번역 텍스트의 자연스러움을 높이는 데 도움을 받을 수 있습니다. 또한, 오디오북이나 화면 낭독 등 다양한 음성 콘텐츠의 번역에 활용할 수 있습니다.

### 4) STS (speech-to-speech) 모델

STS 모델은 음성 언어를 다른 음성 언어로 번역하는 기술로, 통역(speech translation)이라고도 합니다. 이러한 모델은 음성 간의 변환을 수행하기 때문에 음성 기반의 다국어 의사소통 상황에서 사용됩니다. STS 모델은 일반적으로 STT, TTT 및 TTS 모델을 연결하여 구현됩니다. 즉, 원본 음성을 텍스트로 변환한 후 대상 언어로 번역하고 다시 이를 음성으로 변환하는 과정을 거칩니다.

전문 번역사는 STS 모델을 사용하여 실시간 통역(동시통역[92], 순차통

---

[91] 음성 합성(speech synthesis)은 텍스트를 자연스러운 음성으로 변환하는 기술이에요. 발음, 강세, 억양 등을 조절하여 텍스트를 음성으로 만들어 주어요. 시각장애인을 위한 화면 낭독, 음성비서, 오디오북 등 다양한 분야에서 사용되며, 번역사는 음성 합성을 활용하여 번역된 텍스트의 발음과 억양을 확인하여 번역 품질을 향상시켜요.

[92] 동시통역(simultaneous interpretation)은 말하는 동안 실시간으로 다른 언어로 번역하는 기술이에요. 동시통역사는 발언을 듣고 동시에 해당 언어로 번역하여 의사소통을 원활하게 해요. 국제회의, 컨퍼런스, 이벤트 등 다양한 상황에서 활용돼요.

역[93] 등)이 필요한 상황에서 빠르고 정확한 통역 서비스를 제공할 수 있습니다. 이를 통해 번역사는 다양한 국제회의, 행사, 여행 등의 다국어 의사소통 상황에서 효과적인 지원을 받을 수 있습니다.

STT, TTT, TTS, STS 네 가지 모델은 전문 번역사가 작업 효율성을 높이고, 다양한 콘텐츠와 상황에 적합한 번역 서비스를 제공하는 데 도움을 줄 수 있습니다. 그러나 여전히 MT의 한계를 극복하고, 최종 번역물의 품질을 보장하기 위해서는 전문 번역사의 역할이 중요합니다. 그러므로 전문 번역사와 MT 모델은 상호 보완적인 관계를 이루고 있습니다.

### Q. 자동 통역 모델의 구조와 그 특징은?

STS(speech-to-speech) 모델은 자동 통역 시스템과 챗봇 등에서 자주 적용되고 있습니다. 이 모델의 작동 과정을 좀 더 자세히 살펴보면, 다음 다섯 단계로 나누어 볼 수 있습니다.

| 순서 | 모델 | 설명 |
|---|---|---|
| 1단계 | 음성 입력 | 사용자가 원본 언어로 음성을 입력하면, STS 시스템은 이를 인식하고 처리함 |
| 2단계 | STT 변환 | 입력된 음성을 텍스트로 변환하기 위해 STT 모델이 사용되고 원본 언어 텍스트가 생성됨 |
| 3단계 | TTT 변환 | 원본 언어 텍스트를 대상 언어 텍스트로 번역하기 위해 TTT 모델이 사용되는데 이때 NMT 기술이 활용됨 |
| 4단계 | TTS 변환 | 번역된 대상 언어 텍스트를 음성으로 변환하기 위해 TTS 모델이 사용되고 자연스러운 음성 출력이 생성됨 |

[93] 순차통역(consecutive interpretation)은 발언이 끝난 후에 통역사가 주의 깊게 듣고 해당 언어로 통역하여 의사소통을 원활하게 해요. 회의, 협상, 개별 인터뷰 등 다양한 상황에서 활용되며, 발언과 통역이 번갈아가며 이루어지기 때문에 시간이 더 걸릴 수도 있어요. 이러한 방식은 통역의 정확성과 상세한 의미 전달에 중점을 두어 진행돼요.

| 5단계 | 음성 출력 | 최종적으로 대상 언어로 변환된 음성이 사용자에게 전달됨 |
|---|---|---|

표 10 STS 모델의 작동 과정

이렇게 STS 모델은 STT, TTT, TTS의 세 가지 변환 과정을 연결하여 원본 언어의 내용을 사용자에게 대상 언어로 자연스럽게 전달하는 기능을 수행합니다. STS 모델은 실시간 통역(동시통역, 순차통역 등), 다국어 의사소통, 여행객을 위한 통역 등 다양한 분야에서 활용이 가능합니다.

그러나 MT 모델은 문맥 이해, 유머, 관용어(표현), 문화적 차이 등과 관련된 미묘한 표현을 완벽하게 번역하지 못할 수 있습니다. 이러한 MT의 한계로 인해 전문 번역사의 역할이 여전히 중요합니다. 전문 번역사는 MT 모델이 제공하는 초안 번역본을 기반으로 문맥 이해와 문화적 차이를 고려하여 보다 자연스럽고 정확한 번역을 제공해야 합니다. 번역사의 최종적인 감수를 통해 사용자들에게 만족스러운 결과물이 전달될 수 있습니다.

또한, 전문 번역사는 MT 모델의 결과물을 검토하고 수정함으로써 모델의 성능을 개선하는 데 도움이 되는 피드백을 제공할 수 있습니다. 번역사의 전문 지식과 경험을 활용하여, MT 모델은 이전보다 정확하고 자연스러운 번역을 제공할 수 있습니다.

### Q. 전문 번역사의 번역에서 GPT의 역할은?

GPT와 같은 자연언어 처리 기술[94]은 앞으로 전문 번역 분야에서 다양한 활동을 지원하고 발전시킬 수 있습니다. 이에 대해 조금 더 자세히 살펴보면 다음과 같습니다.

먼저 GPT와 같은 기술을 바탕으로 의료, 법률, 기술 등과 같은 전문 영역에 특화된 모델이 개발된다면 전문 분야의 번역 품질이 훨씬 향상될 것입니다. 그리고 GPT는 전문 분야의 용어 관리 및 표준화를 지원하여 일관된 용어를 사용하고 번역 품질을 유지할 수 있도록 합니다. 뿐만 아니라 사용자의 선호와 스타일에 따라 번역 결과를 개인화하여 보다 맞춤화된 번역 경험을 제공할 수 있습니다.

GPT는 번역된 문서의 문법, 문맥, 일관성 등을 검토하고 수정하는 데 도움이 되는 교정 및 편집 도구로 활용될 수 있습니다. 즉, GPT는 전문 번역사에게 자동화된 피드백을 제공하여 번역 결과를 개선하고 더 나은 번역 성능을 달성하는 데 도움을 줍니다.

GPT는 다양한 언어 간의 정보 교류를 촉진하여 언어 장벽을 해소하는 데 기여할 것으로 기대됩니다. GPT를 통해 전 세계의 사용자들이 보다 원활한 소통과 정보 공유를 경험할 수 있습니다. 특히 이러한 기술은 새로운 언어 쌍에 대한 번역 지원을 확장하는데 이는 소수 언어 사용자의 정보 접근성을 개선하고, 그들이 교육, 건강, 경제 등 다양한 분야에서 원활한 소통할 수 있도록 합니다. 그리고 국제기구와 정부 기관들은 이러한 기술을 활용하여 다양한 언어로 된 공식 문서와 정보를 더욱 원활하게 교환하고 공유할 수 있게 됩니다.

---

[94] GPT와 같은 자연언어 처리 기술의 개발 목적은 인간과 같은 수준에서 언어를 이해하고 생성하는 인공지능(AI) 시스템을 구축하는 것이에요. 이러한 기술은 대화형 인공지능, 자동 텍스트 생성, 요약, 기계번역 등 다양한 언어 기반 응용 분야에서 활용돼요. 주요 목표는 인간의 자연언어 처리 능력을 모방하여 컴퓨터가 텍스트를 이해하고 분석할 수 있게 하여, 사람들의 일상생활과 업무에 도움을 줄 수 있는 지능형 서비스와 솔루션을 제공하는 것이에요. 이를 통해 정보 검색, 교육, 의료, 기업 및 정부 분야 등에서 생산성을 높이고, 새로운 기회를 창출하며, 전반적인 사회적 발전에 기여할 수 있어요.

GPT의 발전은 다양한 산업 분야에 영향을 미칠 것입니다. 기업들은 이러한 기술을 활용하여 다양한 언어로 된 고객 지원 서비스를 제공할 수 있으며, 글로벌 시장에서 경쟁력을 높일 수 있습니다. 그리고 GPT는 실시간으로 통역을 수행하는 데 도움이 되어 전문 분야의 실시간 통역, 원격 회의[95], 교육 등에서 더 높은 수준의 언어 지원을 제공할 수 있습니다.

한편 GPT와 같은 AI 번역의 발전은 번역사의 역할에 변화를 가져올 수도 있습니다. 번역사는 AI 번역 결과물을 검토하고 수정하는 데 예전에 비해 더 적은 시간을 할애하게 될 것입니다. 이에 번역사는 AI 번역 기술을 활용하여 개인적인 스타일과 전문성을 향상시키는 데 집중할 수 있습니다.

> 95 원격 회의(remote meeting)는 지리적으로 떨어진 참여자들이 온라인 플랫폼을 통해 실시간으로 회의를 진행하는 방식이에요. 화상 회의 소프트웨어나 온라인 커뮤니케이션 도구를 활용하여 의견 교환, 의사 결정, 작업 협업 등을 수행해요. 원격 회의를 통해 시간과 비용을 절감하고 유연한 업무 환경을 조성할 수 있으며, 참여자들은 서로 다른 장소에서도 실시간으로 소통할 수 있어요.

**Q. AI번역(예: GPT)과 전문 번역사와의 협업의 구성 단계는?**

GPT와 같은 자연언어 처리 기술을 사용하는 번역 과정에서 전처리와 후처리를 포함한 전문 번역사와의 협업 단계는 다음과 같습니다.

| 구성 단계 | 내 용 |
| --- | --- |
| 전처리 | 전문 번역사는 원본 텍스트를 검토하고, 필요한 경우 특정 전처리 작업을 수행할 수 있습니다. 예를 들어, 전문 용어, 이니셜리즘 등의 처리를 위해 특정 분야의 전문가에게 도움을 받을 수 있습니다. |
| GPT 번역 | 전처리된 텍스트를 GPT와 같은 자연언어 처리 기술을 사용한 번역 모델에 입력하여 번역 결과를 얻습니다. 이 과정에서 GPT는 문맥을 이해하고 적절한 번역 결과를 생성합니다. |

| | |
|---|---|
| 번역 결과 검토 | 번역사는 모델이 생성한 번역 결과를 검토하고, 오류, 문맥 불일치 등을 수정합니다. 이 단계에서 번역사는 자신의 전문 지식을 활용하여 번역 품질을 높일 수 있습니다. |
| 후처리 | 번역사는 문장의 자연스러움, 문법, 띄어쓰기 등을 교정하고, 필요한 경우 GPT의 도움을 받아 추가적인 수정을 수행합니다. |
| 검토 및 수정 | 번역사는 수정된 번역 결과를 최종적으로 검토하고, 필요한 경우 추가적인 수정을 수행합니다. 이 단계에서 번역사는 전체 문서의 일관성과 품질을 확인할 수 있습니다. |

표 11 GPT와 전문 번역사의 협업 단계

위에서 살펴 본 전처리와 후처리를 기계에 의한 것과 전문 번역사에 의한 것으로 나눠 설명할 수 있습니다. 예를 들어, MT의 원활한 활용을 목적으로 한 전처리는 번역사에 의해 수행되는 반면에 전문 번역사를 위한 초벌 번역 형식의 전처리는 MT에 의해 진행될 수 있습니다.

이러한 협업을 통해 GPT와 같은 자연언어 처리 기술은 전문 번역사의 작업이 보다 효율적으로 진행될 수 있도록 하고, 전문 번역사는 더 높은 품질의 번역을 제공할 수 있습니다.

**Q. GPT를 비롯한 자동 번역의 효과적인 활용을 위한 전문 번역사의 노력은?**

전문 번역사가 GPT를 활용하여 자신의 전문 분야 지식을 더욱 확장하고 개선하는 방법에 대해 설명하겠습니다.

먼저, GPT는 우리가 모르는 주제에 대한 기본 정보를 알려주는 사전처럼 사용할 수 있습니다. 예를 들어, 어떤 특정 전문 분야에 대한 기본

용어나 개념에 대해 이해할 필요가 있다면, GPT에게 그 분야에 대해 물어볼 수 있습니다. 그러면 GPT는 그 분야에 대한 개요를 제공해 줄 수 있습니다.

그다음, GPT는 한국어 텍스트를 분석하고 번역하는 도구로 활용될 수 있는데 특히 특정 전문 분야에서 자주 사용되는 어휘나 문장 구조, 관용구 등을 익히는 데 도움을 줍니다. 이는 통번역사가 해당 분야의 한국어 표현에 더 익숙해지고, 정확한 번역 능력을 향상시키는 데 큰 도움이 될 것입니다.

또한, 번역사는 GPT와 함께 작업하면서, 특정 전문 분야의 한국어 텍스트를 검토하고 수정하는 연습을 할 수 있습니다. 이 과정에서 GPT는 번역사가 놓친 부분을 찾아주거나, 번역 품질 개선을 위한 피드백을 제공합니다.

이밖에도 GPT를 사용하여 특정 전문 분야에 대한 질문에 답변을 받을 수 있습니다. 이렇게 하면 번역사는 자신의 이해도를 확인하고, 다양한 시각에서 해당 분야를 이해할 기회를 얻게 됩니다. 이러한 방법으로, GPT는 한국어 전문 분야 지식을 향상하는 데 큰 도움을 줍니다.

이처럼 전문 번역사가 AI를 효과적으로 활용하기 위해서 번역사의 다양한 노력이 필요할 것입니다. 그 중에서도 지속적으로 학습하고 발전시켜야 하는 부분을 정리하면 다음과 같습니다.

첫째, 전문 영역 지식이 중요한데, 이는 번역사가 특정 전문 분야에 대해 깊이 이해하고 있어야 하기 때문입니다. 이 지식을 활용하여, 번역사는 기계번역의 오류를 수정하고, 문맥에 맞는 적절한 번역을 제공할 수 있습니다.

둘째, 기술 역량이 필요합니다. 번역사는 기계번역과 그와 관련된 도구들을 효과적으로 사용할 수 있는 기술 능력이 있어야 합니다. 이를 통해 번역사는 기계번역의 결과를 적절하게 검토하고 수정할 수 있습니다.

셋째, 언어 능력을 갖추어야 합니다. 번역사는 원문의 언어와 번역하려는 대상 언어에 대해 높은 수준의 이해가 필요합니다. 이를 통해, 번역사는 기계번역의 결과를 더 정확하게 평가하고, 필요한 경우에는 그 결과를 수정할 수 있습니다.

넷째, 기계번역에 대한 이해도가 중요합니다. 번역사는 기계번역이 어떻게 작동하고, 그 한계가 무엇인지를 이해하고 있어야 합니다. 이를 통해, 번역사는 기계번역의 결과를 적절하게 해석하고, 기계번역이 제공하는 정보를 제대로 활용할 수 있습니다.

다섯째, 변화에 대한 적응력이 중요합니다. 번역 시장과 기술은 계속해서 변화하고 발전합니다. 따라서 번역사는 이 변화에 빠르게 적응하고, 새로운 도구와 기술을 습득하여 자신의 업무 효율성을 높여야 합니다.

마지막으로, 자동 번역을 활용하는 번역사는 협업 및 커뮤니케이션 능력이 중요합니다. 번역사는 다른 전문가들과 협업하고, 의견을 교환하고 정보를 공유하는 능력이 필요합니다. 이를 통해 번역사는 번역의 품질을 향상시키고, 다양한 전문가들과 협력하여 더 나은 번역 결과를 만들어 낼 수 있을 것입니다.

# 2부

# AI 번역을 활용하는 통번역사의 직업과 발전

- AI 번역과 통번역사의 협업, 그 윤리와 책임　05
- AI 번역을 활용하는 성공적인 전문 통번역사　06
- AI 번역, 통번역사의 효율성과 소통의 변화　07
- AI 번역의 활용과 문화 전환의 편집과 수정　08
- AI 번역과 통번역사 그리고 프롬프트 엔지니어　09

# 05

## AI 번역과 통번역사의 협업, 그 윤리와 책임

전문 통번역사와 AI 번역의 의사소통이란, 두 주체 간의 정보 교환 및 협력을 통해 통번역 품질을 향상시키는 과정을 말한다. 구체적으로는 다음과 같이 정리할 수 있다.

먼저 통번역사의 지식과 AI 번역 시스템의 데이터와 관련된 것으로, 전문 통번역사는 자신의 전문 지식을 활용하여 통번역 결과물의 정확성[96]과 완성도[97]를 높이게 된다. 그리고 AI 번역 시스템은 통번역사의 피드백을 통해 새로운 데이터를 업데이트해 더 좋은 통번역 결과물을 산출하게 된다.

전문 통번역사와 AI 번역 시스템 간의 의사소통이 원활히 진행되게 하기 위해서 사용자 환경(UI)[98]을 직관적이고 사용하기 쉽게 제공해야 한다. 이를 통해 통번역사는 AI 번역 시스템의 결과물을 빠르게 검토하고 수정할 수 있게 된다.

다음으로는 피드백 메커니즘에 대한 것으로, 앞서 언급한 바와 같이 전문 통번역사는 AI 번역 시스템에 피드백을 제공하여 통번역 품질을 개선할 수 있다. 이러한 피드백은 통번역 결과물의 오류 수정, 문맥 이해, 문화적 적합성 등과 같은 다양한 측면에서 AI 번역 시스템의 성능을 향

---

[96] 정확성(accuracy)은 AI 번역의 핵심 요소예요. 기계는 원문의 복잡성을 처리하는 데 능숙하고 통번역사는 미묘한 언어적 차이와 문화적 콘텍스트를 이해하고 해석하여 AI의 한계를 극복하고 통번역의 정확성을 높여요.

[97] 완성도(completeness)는 통번역에서 중요한 요소예요. AI번역은 복잡한 문장 구조와 어휘를 효율적으로 처리하고 통번역사는 언어의 미묘한 차이와 문화적 콘텍스트를 이해하여 통번역의 완성도를 더욱 높일 수 있어요.

[98] 사용자 환경(user inter-face, UI)은 사용자가 기기나 소프트웨어, 웹사이트와 상호작용하는 데 사용하는 모든 시스템을 의미해요. 이는 AI 번역기의 핵심 구성요소로, 사용자가 통번역 과정을 효과적으로 관리하고 이해하는 데 도움을 줘요. 직관적이고 사용하기 쉬운 UI는 사용자가 원활하게 통번역 작업을 수행할 수 있도록 지원해요.

상시키는 데 도움이 된다.

이 밖에도 협업 도구를 통한 품질 향상을 이야기할 수 있다. 통번역사와 AI 번역이 효과적으로 협력하기 위해서는 서로의 의사소통을 지원하는 협업 도구[99]를 사용할 수 있어야 한다. 이러한 도구는 통번역 프로젝트 관리, 피드백 공유, 편집 및 검토 등의 작업을 지원해 줄 수 있어서 전문 통번역사의 통번역 과정을 더 효율적으로 만들어 줄 수 있다.

이처럼 전문 통번역사가 AI 번역과의 의사소통을 통해 시스템의 성능 향상에 기여할 수 있다는 것은 이미 잘 알려져 있는 사실이다. 전문 통번역사와 AI 번역의 의사소통은 통번역 품질 향상과 작업 효율성 증대에 중요한 역할을 한다. 이러한 의사소통을 통해 전문 통번역사와 AI 번역 시스템이 얻고자 하는 구체적인 이점이 무엇인지 살펴볼 필요가 있다.

가장 먼저 이야기할 수 있는 것은 시간 절약이라는 이점이다. AI 번역이 통번역 초안을 생성함으로써, 전문 통번역사는 통번역 과정에서 시간을 절약할 수 있다. 이에 통번역사는 더 많은 프로젝트를 수행하거나 더 깊이 있는 통번역 검토에 집중할 수 있다.

두 번째로는 가장 본질적인 이점이라 할 수 있는 통번역의 품질 향상이다. 전문 통번역사의 피드백을 통한 AI 번역의 지속적인 학습은 통번역 품질 개선으로 이어질 것이고, 이는 통번역에 관계되는 참여자와 고객의 요구와 기대를 충족시키는 결과로 이어진다.

세 번째 이점은 전문 지식에 대한 활용이다. 전문 통번역사는 특정 분야에 대한 전문 지식을 활용하여, AI 번역이 이해하기 어려운 중의적 문

[99] 협업 도구(collaboration tools)의 예로는 'Google Docs'와 'Slack' 등이 있어요. 이들은 동시에 여러 사용자가 작업하며 서로의 작업을 실시간으로 확인하고 피드백을 주는 데 유용한 플랫폼을 제공해요. 특히, 통번역 프로젝트에서는 이런 도구를 활용하여 다양한 전문가들의 의견을 모으고 최종 결과물의 품질을 향상시킬 수 있어요.

맥이나 전문 용어 등을 처리할 수 있다. 이를 통해 전문성이 요구되는 통번역 작업에서도 전문 통번역사에 의해 AI 번역의 활용이 가능해진다.

네 번째 이점은 다양한 언어 조합을 지원받을 수 있다는 점이다. 전문 통번역사와 AI 번역의 협력을 통해, 번역의 의뢰자는 다양한 언어 조합에 대한 통번역 서비스를 짧은 시간에 거의 동시에 제공받을 수도 있다. 이를 통해 통번역 의뢰자는 전 세계의 다양한 시장에 대한 접근의 경제성과 효과를 동시에 높일 수 있다.

다섯 번째 이점은 문화적 적합성을 가진 통번역에 접근할 수 있다는 점이다. 전문 통번역사는 문화적 적합성을 고려하여 AI 번역의 결과물을 수정하게 된다. 이를 통해 통번역 결과물은 독자들이 다양한 문화를 존중하고 문화적 의미를 이해하는 데 도움을 줄 수 있다.

종합해 보면, 전문 통번역사와 AI 번역 간의 의사소통은 통번역 서비스의 품질 향상, 작업 효율성 증대, 고객 만족도 향상 등의 다양한 이점을 제공할 수 있다. 그리고 이를 통해 통번역 산업은 지속적인 발전을 시도할 수 있을 것이다.

### Q. 통번역사와 AI 번역 간의 효과적인 의사소통 방법은?

전문 통번역사와 AI 번역 간의 협업을 위한 효과적인 방법을 찾는 것은 통번역 과정의 효율성과 통번역 품질을 높이는 데 중요합니다. 이를 위해서는 AI 번역과 전문 통번역사가 긴밀하게 연결되어야 하며, 이를 위해 다음과 같은 전략을 적용할 수 있습니다.

첫 번째로 전문 통번역사가 AI 번역의 작동 원리[100]와 그 장단점을 이해하는 것이 중요합니다. 이를 통해 통번역사는 AI 번역의 결과물을 더욱 효과적으로 검토하고, 필요한 경우 수정을 할 수 있습니다. 또한 AI 번역은 지속적인 피드백을 통해 학습하고 발전하므로, 전문 통번역사의 역할에는 AI 번역에게 적절한 피드백을 제공하는 것도 포함됩니다.

두 번째로는 AI 번역과 전문 통번역사의 통번역 처리 순서도를 구축하여 통번역 과정의 적절한 순서와 단계를 정하는 것이 효과적인 협업을 위한 중요한 절차가 될 수 있습니다. 이를 통해 통번역 작업의 효율성과 통번역 품질은 높아지게 됩니다. 예를 들어, AI 번역을 먼저 진행한 후, 전문 통번역사가 검토하고 수정하는 방식을 말합니다.

세 번째로는 전문 통번역사와 AI 번역 간의 원활한 의사소통을 위해서는 효과적인 의사소통 채널을 구축해야 합니다. 이를 위해 통번역 관리 시스템이나 AI 번역 시스템을 사용하는 구체적인 협업 도구(프로그램)를 선택하여 서로 질문, 피드백 및 수정 사항을 쉽게 공유할 수 있도록 하는 것이 좋습니다.[101]

네 번째로는 전문 통번역사는 AI 번역의 역할을 정확하게 인식하고, 이를 바탕으로 협업을 준비해야 합니다. 그 중에서도 전문 통번역사는 AI 번역의 한계를 이해하는 것이 중요합니다. 왜냐하면 전문 통번역사는 더 나은 통번역 품질을 위해 필요한 수정과 보완을 수행해야 하기 때문입니다. 그리고 AI 번역은 전문 통번역사의 피드백을 수용하고 이를 통해 학습함으로써 발전하게 됩니다.

다섯 번째로 효과적인 협업을 위해서는 전문 통번역사가 통번역 작업

[100] AI 번역의 작동 원리(functional mechanism)는 대량의 언어 데이터를 분석하여 새로운 텍스트를 한 언어에서 다른 언어로 자동 변환하는 것이에요.

[101] Slack, Google Docs 등은 통번역사와 AI 개발자가 실시간으로 정보를 공유하고, 문서를 동시에 수정하며, 서로에게 질문을 하거나 피드백을 제공하는 등의 효과적인 의사소통을 가능하게 해요. 이렇게 함으로써 빠르고 효율적인 문제 해결과 개선 작업이 이루어질 수 있어요.

의 품질을 지속적으로 관리하고 평가하는 것이 중요합니다. 이를 위해 전문 통번역사는 AI 번역의 결과물을 정기적으로 검토할 필요가 있습니다. 특히, 필요한 경우 피드백을 명확하게 제공해야 하는데 이러한 피드백은 AI 번역의 성능에 영향을 미칩니다.

마지막으로 통번역 프로젝트의 통번역 텍스트 특성에 따라 AI 번역과 전문 통번역사의 역할과 책임이 조금씩 다르다는 것을 이해해야 합니다. 따라서 협업 과정을 조정하여 프로젝트의 요구 사항에 맞도록 통번역 과정의 순서를 유연하게 적용할 수 있어야 합니다.

| 통번역 장르 | AI 번역의 중요성 | 전문 통번역사의 중요성 |
|---|---|---|
| 기술 문서 통번역 | AI 번역은 특히 기술 문서와 같은 정형화된 언어와 구조를 가진 텍스트에서 잘 작동함 | 전문 용어나 복잡한 개념에 대한 정확한 이해와 통번역은 전문 통번역사가 필요할 수 있음 |
| 소셜미디어 내용 통번역 | AI 번역은 대량의 소셜미디어 내용을 빠르게 통번역하는 데 유용함 | 소셜미디어의 비형식적이거나 속어를 포함한 언어는 전문 통번역사가 더 정확하게 통번역할 수 있음 |
| 문학 작품 번역 | AI는 기본적인 번역을 제공할 수 있지만, 작품의 감성적인 면이나 세밀한 뉘앙스를 포착하는 능력은 부족함 | 문학 작품의 경우, 문화적 뉘앙스와 창의성을 전달하는 데 전문 통번역사의 역할이 훨씬 중요함 |
| 고객 지원 대화 통번역 | AI는 고객 지원 대화와 같은 반복적인 내용을 빠르게 통번역하는 데 효과적임 | 복잡하거나 이해하기 어려운 문제는 전문 통번역사가 더 정확하게 통번역하고 이해시킬 수 있음 |

| | | | |
|---|---|---|---|
| 웹사이트 현지화 번역[102] | AI는 웹사이트의 대량 내용을 빠르게 번역하는 데 유용함 | 웹사이트의 문화적 적합성과 사용자 경험을 보장하는 데 전문 통번역사의 역할이 중요함 | |
| 의료 문서 번역 | AI는 의료 문서의 기본적인 내용을 빠르게 번역할 수 있음 | 의료 전문 용어와 민감한 내용의 정확한 번역에는 전문 통번역사의 역할이 중요함 | |

표 12 프로젝트 유형에 따른 AI 번역과 전문 통번역사의 중요성 비교

[102] 웹사이트 현지화(website localization)란 웹사이트의 내용을 다른 국가나 문화에 맞게 수정하는 과정을 말해요. 이는 단순 번역을 넘어서, 디자인, 이미지, 날짜 및 통화 형식 등을 포함하여 해당 지역의 문화와 관습에 부합하도록 웹사이트를 수정하는 작업을 포함해요.

정리해 보면, 프로젝트에 따라 AI 번역과 전문 통번역사 역할의 중요도는 위와 같이 조금씩 차이가 날 수 있으나, 모든 협업이 다양한 프로젝트에서 효과적임은 분명합니다. 앞서 언급한 바와 같이 AI 번역과 전문 통번역사의 협업의 최종 목적은 통번역 품질과 효율성을 높이는 것입니다. 그러므로 전문 통번역사는 AI 번역과의 원활한 의사소통 및 상호작용을 목표로 해야 합니다. 그래야만 좀 더 전문화된 통번역 프로젝트를 구성할 수 있으며, 성공적인 통번역 과정을 구성할 수 있습니다.

**Q. AI 번역에 대한 통번역사의 피드백이 수집, 반영되는 방법은?**

전문 통번역사의 피드백이 수집되고 AI 번역에 다시 적용되는 과정은 번역 엔진의 학습 과정이라고 할 수 있으며, 이 과정은 반복적으로 진행됩니다. 이를 위해 AI 번역에 대한 통번역사의 피드백은 필수적인 행위라고 할 수 있으며 이 과정을 이해하기 위해 전문 통번역사는 아래와 같은 몇 가지 AI 번역의 특징을 이해할 필요가 있습니다.

### 1) 통합 번역 관리 시스템(TMS) 사용[103]

전문 통번역사와 AI 번역을 연결하는 번역 관리 시스템을 사용하면, 통번역사의 피드백이 원활하게 수집되어 AI 번역에 전달됩니다. TMS는 작업을 할당하고, 피드백을 공유하며, 품질 평가를 수행하는 기능을 담당합니다.

### 2) 피드백 템플릿 사용[104]

피드백을 효과적으로 수집하려면, 전문 통번역사가 특정한 피드백 템플릿을 사용하여 AI 번역의 오류와 개선 사항을 지적할 수 있어야 합니다. 이렇게 하면 AI 번역은 피드백을 더 쉽게 이해하고, 이를 AI 번역 학습 알고리즘에 적용할 수 있습니다.

[103] 통합 번역 관리 시스템(translation management system, TMS)은 번역 프로젝트의 전체 과정을 관리하고, 효율적인 협업을 지원하는 소프트웨어예요. 일반적으로 TMS는 번역 메모리(TM), 용어집 관리, 프로젝트 관리, 품질 관리, 협업 도구 등 다양한 기능을 제공해요. 구체적인 TMS로는 memoQ, SDL Trados Studio와 같을 것들 들 수 있어요.

[104] 피드백 템플릿(feedback template)은 특정한 형식이나 구조를 가지고 있어 피드백을 제공하는 데 도움을 줘요. 예를 들어, '오류 유형', '문제 발생 위치', '수정 사항 제안' 등의 항목이 포함되는데 이를 통해 AI 번역은 피드백을 더욱 효과적으로 이해하고 적용할 수 있어요.

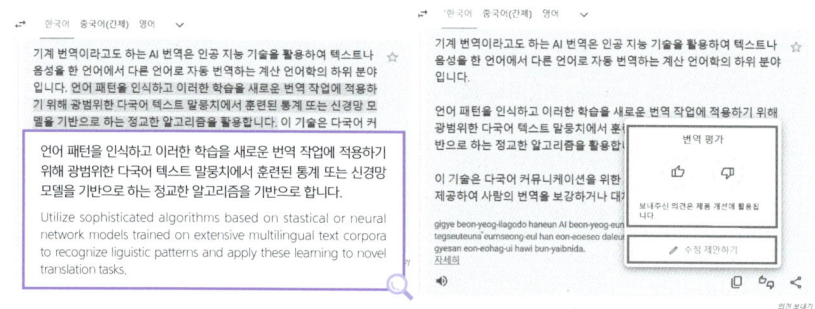

**그림 12** 사용자 피드백 템플릿 제공 기능

### 3) 피드백 순환

전문 통번역사의 피드백이 AI 번역에 전달된 후, AI 번역은 이러한 피드백을 분석함으로써 자신의 알고리즘을 개선[105]하게 됩니다. 이를 통해 AI는 새로운 번역 작업을 수행할 때 오류를 줄이고, 전문 통번역사의 피드백에 따라 성능을 향상시킬 수 있습니다.

[105] 알고리즘 개선(algorithm improvement)은 AI가 피드백을 분석해 자기 자신을 업그레이드하는 과정이에요. 예를 들어, AI 번역이 어떤 단어를 잘못 번역했을 때, 전문 통번역사의 피드백으로 그 오류를 깨닫고, 같은 상황에서 더 정확한 번역을 할 수 있도록 자신을 수정하는 것이에요.

### 4) 지속적인 평가 및 업데이트

AI 번역은 전문 통번역사의 피드백을 정기적으로 수집하고, 그에 따라 알고리즘을 업데이트합니다. 이처럼 AI 번역은 학습 과정을 반복하게 되는데, 이 과정은 AI 번역의 결과물에 대한 전문 통번역사의 지속적인 평가와 수정을 신뢰할 수 있다는 조건하에 가능합니다. 이 때문에 전문 통번역사가 번역에 대한 바른 평가 지식과 평가 능력을 갖추는 것이 더 중요해지고 있습니다.

### 5) 데이터 확보

AI 번역의 성능 향상을 위해서는 충분한 양의 고품질 번역 데이터가 필요합니다. 전문 통번역사가 검토한 번역 결과물은 이러한 데이터로 가장 적합하다고 할 수 있습니다. 전문 통번역사의 번역물에 대한 검토 결과와 완성된 자료를 통해 시스템은 특정 주제, 분야, 문체에 대한 번역 성능을 개선하게 됩니다.

### 6) 피드백 통합 및 분석

자료를 수집하는 것만큼이나 중요한 것은 다양한 전문 통번역사로부터 제공받은 번역물에 대한 피드백을 통합하여 분석하는 것입니다. 제공되는 모든 자료가 100% 바른 번역이라고도 할 수 없으며, 번역의 질적인 차이도 다양하게 나타날 수 있습니다. 그러므로 AI 번역은 확률과 통계 그리고 규칙성[106]을 통해 일관성 있는 개선 사항을 파악하고, 이를 학습 알고리즘에 적용할 수 있어야 합니다. 그리고 이렇게 통합된 피드백을 분석함으로써, AI 번역은 다양한 번역 스타일과 문체, 문맥에 대한 이해를 더 높일 수 있습니다.

---

106 AI 번역은 확률(probability), 통계(statistics), 그리고 규칙성(pattern)을 활용해요. 예를 들어, 자연언어 처리(NLP)에서 'disambiguation'이라는 과정이 필요한데, 이는 같은 단어가 다른 문맥에서 다른 의미를 가질 때, AI가 확률을 기반으로 가장 적합한 의미를 선택하는 과정이에요. 또한, 통계 기반 번역에서는 대량의 번역 데이터를 통계적으로 분석하여 문장 구조나 표현의 패턴을 학습해요. 이러한 과정을 통해 AI는 계속해서 알고리즘을 개선하게 돼요.

### 7) 공동 학습 및 개발

전문 통번역사와 AI 번역 간의 지속적인 협력이 AI 번역의 능력 향상에만 기여하는 것은 아닙니다. 이를 통해 전문 통번역사의 번역 능력도 함께 성장하게 됩니다. 특히 전문 통번역사는 AI 번역의 번역 결과물이 좋아질수록, 더 전문적인 번역의 영역과 더 다양성이 있는 번역 결과물의 생산에 기여할 수 있을 것입니다. 즉, 다양한 독자와 독자의 지식 기반을 고려한 번역, 독자 정의를 통한 번역의 전문화와 다양화를 기대할 수도 있습니다.

### 8) 사용자 경험(UX)[107] 기반의 사용 환경

전문 통번역사를 위한 AI 번역, 통합 번역 관리 시스템에 이르기까지 전문 통번역사의 시스템 운용과 활용에 대한 피드백은 사용자 경험(UX)을 중심으로 시스템의 사용 환경을 최적화하는 데에 기여할 수 있습니다. 시스템은 피드백을 바탕으로 인터페이스를 최적화하거나, 새로운 기능을 추가하여 전문 통번역사가 더욱 효과적으로 작업할 수 있도록 지원할 수 있습니다.

### 9) 벤치마킹 및 성과 측정

전문 통번역사의 피드백을 통해 지속적으로 AI 번역의 성능을 측정하고 평가할 수 있다는 점은 번역 시스템의 발전에 있어 매우 중요합니다. 번역 시스템을 구성하고 구축하는 개발자는 전문 통번역사의 평가 결과를 받아들여, AI 번역의 성능을 개선하고, 더 좋은 번역 품질을 생산할 수 있는 시스템 개발을 위한 추가적인 조치를 취할 것입니다.

---

107 사용자 경험(user experience, UX)은 제품이나 서비스 사용 시 생기는 반응이나 감정을 말해요. 이는 사용의 편의성, 만족도, 인터페이스 디자인 등 여러 요소를 포함하며, AI 번역은 사용자의 피드백을 바탕으로 인터페이스를 최적화하거나 새로운 기능을 추가해요. 이로써 통번역사들이 작업을 더욱 효과적으로 수행할 수 있게 도와줘요.

> Q. 통번역 작업의 효율성을 위한 AI와 통번역사의 협업 방법은?

통번역 분야에서 인공지능(AI)은 혁신적인 도구로서 전문 통번역사와 함께 통번역의 효율성을 높이는 협업 체계를 형성하고 있습니다. 그러므로 통번역사가 어떻게 AI와 상호작용하며, 이를 통해 통번역 작업의 효율성을 향상시키는지를 이해하는 것이 중요합니다.

1) 주제 전문성 활용
통번역사는 특정 주제나 분야에 대한 깊은 이해와 전문 지식을 가지고 있습니다. 그리고 이러한 지식은 AI 번역의 성능을 향상시키는 데 도움이 됩니다. 특히, 고유명사, 전문 용어, 관용구 등의 번역에서 통번역사의 역할은 중요합니다.

2) 문맥 이해와 해석
통번역사는 문장이나 문서의 전체 문맥을 이해하고, 그에 맞는 해석을 제공할 수 있는 능력을 보유하고 있습니다. AI는 여전히 문맥적인 이해에서 한계를 보이는 경우가 많기 때문에, 통번역사의 이런 능력은 AI 번역의 정확도를 높이는 데 큰 도움이 됩니다.

3) 피드백 제공
통번역사는 AI 번역의 결과물을 검토하고 오류나 개선점을 지적하는 피드백을 제공합니다. 이러한 피드백은 AI 번역의 학습 과정에서 매우 중요한 데이터로 활용됩니다. 통번역사는 자신의 전문 지식과 언어 능력을 활용하여 통번역의 정확성과 자연스러움을 개선할 수 있습니다.

### 4) 고품질 데이터 제공

통번역사는 자신의 통번역 능력과 지식을 바탕으로 정확하고 자연스러운 번역을 제공함으로써 고품질 데이터를 생성합니다. 이러한 데이터는 AI 번역 시스템이 학습하는 데에 중요한 자료로 활용되며, 번역의 정확성과 품질을 향상시키는 데 기여합니다.

### 5) 협업 도구 활용

통번역사는 다양한 번역 도구와 협업 도구를 적극적으로 활용할 수 있습니다. 번역 작업을 보다 효과적으로 수행하기 위해 컴퓨터보조번역(computer-assisted translation, CAT) 도구, 전문용어 데이터베이스[108], 문서 공유 도구 등을 활용할 수 있습니다. 이러한 도구들은 통번역사와 AI의 협업을 원활하게 하고 번역 작업의 효율성을 높이는 데에 도움을 줍니다.

### 6) 번역 가이드라인 제공

통번역사는 번역 작업에 필요한 가이드라인을 제공하거나 개발하는 데에도 기여합니다. 이러한 가이드라인은 AI 번역 시스템이 일관성 있는 번역 결과를 도출해 내는 데 매우 중요합니다. 통번역사는 문체, 용어, 문화적인 차이 등을 고려하여 가이드라인을 작성하여 AI 번역의 일관성과 품질을 향상시킬 수 있습니다.

### 7) 공동 학습

통번역사와 AI는 협업을 통해 서로의 능력을 향상시킬 수 있습니다. AI는 통번역사의 피드백을 통해 자신의 성능을 향상시킬 수 있습니다. 그리고 통번역사는 AI가 제안하는 다양한 통번역 옵션을 고려하여 더 나은 통번역 방식을 탐색하고 이해할 수 있습니다.

---

[108] 전문용어 데이터베이스(terminology database, TB)는 특정 언어의 용어, 그 의미, 사용범위 등의 정보를 구조적으로 모아놓은 데이터베이스예요. 이는 일관된 번역을 돕고 번역 품질을 향상시키며, 번역 프로젝트의 시간을 단축시키는 데 도움을 주는 중요한 도구예요.

### 8) 인간의 감성과 표현 이해

통번역사는 문장이나 텍스트에 담긴 감성이나 미묘한 뉘앙스를 이해하고 통번역할 수 있습니다. 이는 AI가 아직 완벽하게 구현하지 못하는 부분이므로, 이러한 감성이나 뉘앙스를 올바르게 전달하는 통번역을 제공하는 데 통번역사의 역할이 중요합니다.

### 9) 문화적인 차이 이해

통번역사는 문화적인 배경과 차이를 이해하고, 이를 통번역에 반영할 수 있습니다. AI는 여전히 이러한 복잡한 문화적 차이를 완전히 이해하거나 통번역에 적용하는 데 어려움이 있으므로, 통번역사는 이러한 부분에서 중요한 역할을 합니다.

### Q. AI 번역과의 협업에서 통번역사의 윤리적 책임은?

최근 AI 번역을 활용하는 전문 통번역사가 가져야 할 윤리적 책임에 대한 다양한 이슈가 있습니다. 그러므로 전문 통번역사가 MT와의 소통을 기반으로 작업하는 것과 관련된 윤리적 관점의 이슈들을 이해하는 것은 매우 중요합니다. 그리고 이를 통해 향후 발전 방향을 가늠할 수도 있을 것입니다.

| 구분 | 내용 |
|---|---|
| 정확성 | AI 번역 결과물의 정확성을 검토하고 필요한 경우 수정함 |
| 정보 보호 | AI 번역 과정에서 고객의 문서와 정보를 보호함 |
| AI 번역 활용의 명시화 | 의뢰자에게 AI 번역과의 협업 과정을 밝혀야 함 |
| 품질 관리 | AI 번역 결과물의 품질을 관리하고 평가해야 함 |
| 전문성 | 전문 지식을 활용, AI 번역의 한계 극복을 시도함 |
| 공정한 이익 | AI 번역 활용으로 얻은 편익을 공정하게 분배할 수 있어야 함 |
| 편견과 편향 피하기 | 사회적 편견이나 문화적 편향을 바로잡아야 함 |
| 사회적 책임 | 통번역 과정과 결과에 대한 사회적 책임이 요구됨 |

표 13 AI 번역의 활용에서 통번역사의 윤리와 책임

첫 번째로 통번역사는 정확성을 보장해야 합니다. 전문 통번역사는 AI 번역 결과물의 정확성을 검토하고, 필요한 경우 수정해야 하는 책임을 가집니다. AI 번역에는 기본적인 오류가 포함되어 있음을 항상 경계해야 합니다. 이는 오류가 발생할 수 있는 AI 번역의 한계를 지적하는 것으로 통번역의 정확성과 완성도를 높이는 데 중요합니다.

두 번째로 정보 보호에 관한 것인데 전문 통번역사는 고객의 문서나 정보를 AI 번역에 입력함에 있어서 정보를 보호할 의무를 지닙니다. 즉 통번역사는 고객의 민감한 정보가 무단으로 유출되지 않도록 주의를 기울이고, AI 번역의 보안 및 데이터 관리 정책을 준수해야 합니다.

세 번째로 전문 통번역사는 AI 번역을 활용하였음을 명시화해야 합니다. 즉, 통번역과 관련된 참여자에게 AI 번역과의 협업 과정이 있었음을 투명하게 밝히는 것이 좋습니다. 이는 번역 과정에서 전문 통번역사와 AI 번역의 역할 분담과 번역의 생산성을 투명하게 드러내는 데 도움이 됩니다.

네 번째로 전문 통번역사는 AI 번역 결과물의 품질을 적절하게 관리할 수 있어야 하고 그 전에 적절한 평가를 시도해야 합니다. 이와 같이 통번역사는 최선의 번역 결과를 산출할 수 있도록 노력하고 번역의 결과가 고객의 기대치를 충분히 충족할 수 있도록 해야 합니다.

다섯 번째로 전문성과 관련된 것으로 전문 통번역사는 번역 과정에서 특정 분야의 전문 지식을 활용하여, AI 번역의 한계를 극복할 수 있어야 합니다. 통번역사는 번역 과정에서 결과물의 전문성을 확보하는 역할을 맡는데 이는 번역 의뢰자와 번역을 수용하는 독자에게 전문적인 서비스를 제공하는 것으로 이어집니다.

여섯 번째로 전문 통번역사는 AI 번역을 활용하여 작업 효율성을 높일 수 있지만, AI 번역을 통해 얻게 되는 편익과 경제적 이익은 공정하게 분배해야 합니다. 이러한 분배의 공정성은 통번역사와 고객 간의 신뢰를 높이며, 서비스의 가치와 필요성의 인정에 중요한 역할을 합니다.

일곱 번째는 전문 통번역사는 AI 번역 결과물에 나타날 수 있는 사회적 편견이나 문화적 편향을 이해하고 바로잡을 수 있어야 합니다. 이는 대량 데이터가 가진 불균형의 시각과 윤리적 편향이 불러올 수 있는 번역 결과물의 오용과 오해를 피하고자 하는 것입니다.

마지막으로 전문 통번역사에게는 AI 번역과 달리 통번역 과정과 통번역 결과에 대한 사회적·윤리적 책임이 있습니다. 그러므로 항상 AI 번역의 활용에 따른 사회적 영향과 그 결과가 야기할 수 있는 윤리적 문제에 대해 고민해야 합니다. 이는 전문 통번역사의 고용 시장, 통번역 산업의 미래, 그리고 기술 발전에 따른 사회적 변화에 대한 책임을 의미합니다. 이렇게 전문 통번역사는 윤리적 책임을 이해하고 준수함으로써, AI 번역을 효과적으로 활용하면서도 통번역과 관련된 참여자와 사회에 대한 책임을 다할 수 있을 것입니다.

**Q. AI 번역을 사용하는 통번역사와 관련된 법적 규제와 책임은?**

통번역사는 AI 번역을 사용과 관련된 몇 가지 법적 규제와 책임을 이해할 필요가 있습니다. 사실 이러한 법적 측면은 다양한 국가와 지역의 관련 법규와 규정에 제약을 받으므로 해당 지역의 법률과 규정을 참조하는 것이 가장 중요합니다. 다만, 아래와 같은 몇 가지 보편적인 법적 환경에 대해서는 전문 통번역사의 사전 이해가 필요해 보입니다.

가장 먼저 고려해야 할 것으로는 저작권 또는 지적재산권[109]에 대한 것으로 통번역사는 원본 텍스트의 저작권을 무엇보다 가장 우선적으로 보호해야 함을 알고 있어야 합니다. 왜냐하면 번역의 의뢰자와 참여자, 계약 관계에 따라서 번역된 텍스트를 원본 저작물의 파생 작품으로 간주할 수 있기 때문입니다. 그리고 여기에는 AI 번역에서의 ST를 포함하는 병렬 데이터도 포함될 수 있습니다. 그러므로 저작권자의 동의 없이 AI 번역을 진행하거나, 결과물을 활용하거나 배포해서는 안 된다는 점을 알아야 합니다.

---

**109** '저작권 또는 지적재산권'(copyright or intellectual property rights)은 창작물에 대한 법적인 권리로, 원작자가 그의 창작물을 사용, 복제, 배포하는 것을 통제할 수 있는 권리예요. 번역물은 원본 저작물의 파생 작품으로 간주되므로, 이를 사용하거나 배포하기 전에 반드시 저작권자의 허락이 필요해요.

두 번째로는 통번역 과정에서 얻게 되는 정보에 관한 법적 책임입니다. 통번역사에게는 고객의 민감한 정보와 문서를 안전하게 보호하고 관리해야 하는 책임이 있습니다. 일부 통번역 의뢰 과정에서는 통번역사에게 이에 대한 법적 책임을 명시적으로 서약해 줄 것이 요구되기도 합니다. 그리고 이 책임에는 AI 번역을 사용할 때 데이터 보안 및 개인정보보호에 관한 법률 및 규정[110]을 준수한다는 내용도 포함되어 있다는 점이 중요합니다.

세 번째로는 계약 이행에 관한 것으로 통번역사에게는 통번역을 의뢰하는 고객과의 계약을 통해서, 계약서에 명시된 내용을 성실히 이행해야 하는 법적 책임이 있습니다. 이 책임에는 AI 번역의 사용과 관련된 문제가 포함되고, 통번역의 품질에 대한 보증, 그리고 번역을 완료하고 납품을 진행하기 위한 기한을 준수할 것 등이 포함됩니다. 특히 계약서의 내용을 위반하였을 때 손해배상 및 법적 책임[111]이 발생할 수 있음을 알고 있어야 합니다.

네 번째로는 통번역사는 번역 결과물로 인해 발생할 수 있는 명예훼손이나 허위 사실 유포에 대한 법적 책임을 질 수 있습니다. 다시 말해서, MT를 활용한 번역이라고 해도 통번역사의 번역 의도와 관계없이 번역 결과물이 명예를 훼손, 허위 사실 전달에 이용되어 피해가 발생할 경우, 통번역사는 이에 대한 법적 책임의 대상이 될 수도 있습니다. 그러므로 이를 피하기 위해 통번역사는 번역의 목적에 맞고, 내용과 전달하고자 하는 의도가 정확한 번역을 해야 하며, 번역의 공정성을 담보할 수 있어야 합니다.

다섯 번째로는 고객의 제한적이고 특수한 요구 내용과 관련된 법적 책임입니다. 통번역사는 통번역 의뢰자나 발주자가 제시한 제한적인 특정 요구 사항을 따르게 되는데, 예를 들어 통번역 의뢰자는 AI 번역의 사

---

110 개인정보보호규정(GDPR) 준수 여부: 세계 여러 나라에서는 MT를 비롯한 플랫폼 운영의 기초가 되는 알고리즘을 '훈련시킬 목적'으로 개인 데이터의 대량 수집 및 저장을 정당화하는 법적 근거가 없다고 판단하고 있어요.

111 손해배상 및 법적 책임(damages & legal liability)은 AI 번역 서비스와 관련된 계약이나 법률을 위반했을 때 발생해요. 이는 AI 번역의 정확성에 대한 보증 불이행이나 계약 기한의 준수 미흡 등으로 인해 발생하는 손실에 대한 보상 의무를 포함해요. 이러한 책임은 계약의 조건에 따라 달라질 수 있으므로 통번역사는 계약 내용을 철저히 이해하고 준수해야 해요.

용을 제한한다거나, 독자를 위한 특정한 검토 및 수정 과정을 요구할 수 있습니다. 이러한 요구 사항을 준수하지 않을 경우에 법적 문제가 발생할 수 있으므로 주의를 해야 합니다. 그리고 해당 요구 사항과 제약 조건이 무엇을 목적으로 하는지에 대한 이해도 반드시 필요합니다.

여섯 번째로는 부정확한 통번역에 따른 법적 책임 가능성입니다. 통번역사는 AI 번역을 사용하였다고 하더라도 부정확한 통번역으로 인해 발생할 수 있는 문제에 대해 책임을 져야 함을 항상 인식하고 주의해야 합니다. 특히 법률, 의료, 기술 등과 같이 정확성이 중요한 분야에서 부정확한 통번역은 심각한 결과를 초래할 수 있으며, 전혀 의도하지 않은 결과를 만들어 낼 수 있습니다. 그리고 이로 인해 통번역사는 손해배상 및 법적 책임을 지게 될 수 있습니다. 이를 방지하기 위해 통번역사는 AI 번역 결과물을 철저히 검토하고, 필요한 경우, 관련 전문가의 도움을 받아 정확성을 확보할 필요가 있습니다.

일곱 번째로는 소비자 보호에 관한 법률과 관련된 것입니다. 통번역은 항상 서비스라고 표현됩니다. 즉, 통번역은 서비스의 성격을 지닌 상품으로 보는 것이 일반적인 관점입니다. 그러므로 통번역사가 제공하는 통역이나 번역 서비스는 소비자 보호에 관한 법률 및 규정을 준수해야 합니다. 좀 더 구체적으로, 여기에는 통번역의 서비스의 품질과 공정한 가격, 가격 산정의 방법 공개, 그리고 광고 및 마케팅 관행 등과 관련된 사항이 포함됩니다.

마지막으로 데이터 보관 및 처리와 관련된 사항을 살펴볼 수 있습니다. 통번역사는 통번역 서비스를 제공함에 있어서 고객의 데이터를 안전하게 보관하고 처리해야 하는 의무를 지닙니다. 이와 관련된 내용에는 데이터 보관 기간, 데이터 삭제 요청 처리, 데이터 이전 등과 관련된 법률 및 규정 준수 등이 모두 포함됩니다.

이외에도 국제 및 지역적 규제를 준수해야 할 의무가 있다고 할 수 있습니다. 그래서 통번역사는 국제적·지역적 법률 및 규정을 정확하게 이해하고 반영할 수 있어야 합니다. 즉, 번역 서비스가 제공되는 국가나 지역의 법률과 규정을 이해하고 준수해야 합니다.

| 법적 규제와 책임 | 준수 사항 정리 |
| --- | --- |
| 저작권 또는 지적재산권 | 저작권자의 동의 없이 AI 번역을 진행할 수 없음 |
| 정보 보호의 책임 | 데이터 보안 및 개인정보보호에 관한 법률 및 규정을 준수해야 함 |
| 계약 이행의 책임 | 계약서의 내용을 성실히 이행하고 번역을 완료하여 납품을 진행함 |
| 명예훼손과 허위 사실에 대한 법적 책임 | 통번역 결과가 명예를 훼손, 허위 사실 전달에 이용될 경우 법적 책임을 질 수 있음 |
| 특수한 요구 내용에 대한 법적 책임 | 의뢰자나 발주자가 제시한 제한적인 특정 요구 사항을 준수해야 함 |
| 부정확한 통번역에 따른 법적 책임 | 부정확한 통번역으로 인해 발생할 수 있는 문제에 대한 책임이 있음 |
| 소비자 보호에 관한 법률 준수 | 통역이나 번역 서비스는 소비자 보호에 관한 법률 및 규정을 준수해야 함 |
| 데이터 보관 및 처리 | 데이터 보관 기간, 데이터 삭제 요청 처리, 데이터 이전 등과 관련 법률 및 규정을 준수해야 함 |
| 국제 및 지역적 규제 준수 | 국제적, 지역적 법률 및 규정을 정확하게 이해하고 준수해야 함 |

표 14 전문 통번역사가 준수해야 할 법적 규제 정리

AI 번역을 활용하는 통번역 과정에서 통번역사가 이해하고 알아야 하는 법적인 범주는 다양합니다. 그리고 이는 실제로 전문 통번역 서비스가 갖는 전반적인 법적 범주와 거의 동일하다고 설명할 수 있습니다. 통번역사는 이러한 법적 규제와 책임을 인식하고 준수함으로써, 고객과 사회에 대한 책임을 다하고, 통번역 서비스의 품질과 신뢰성을 높일 수 있을 것입니다.

# 06

# AI 번역을 활용하는 성공적인 전문 통번역사

AI 번역을 활용한 성공적인 전문 통번역사는 기계번역 시스템과의 협력을 통해 높은 품질의 통번역 서비스를 제공하는 전문가를 말한다. 이러한 통번역사를 이해하기 위해 다음과 같은 특징을 살펴볼 필요가 있다.

전문 통번역사는 기계번역 시스템을 효과적으로 활용하고, 필요한 경우, 수정을 통해 통번역을 완성할 수 있는 기술적 지식을 갖추어야 한다. 그리고 특정 분야에 대한 통번역사의 전문 지식을 활용하여, 기계번역의 한계를 극복하고, 고객에게 전문적인 통번역 서비스를 제공할 수 있어야 한다.

이외에도 전문 통번역사의 경쟁력 확보는 복잡하고 역동적인 통번역 산업 환경의 변화에서 가장 핵심적인 요소이다. 이에 따라, 세 가지 주요한 요소라고 할 수 있는, 기계번역 시스템의 이해와 활용, 고객 중심의 서비스 제공, 그리고 합리적인 마케팅 전략을 강조하면서, 이를 통해서 전문성의 차별화를 시도할 필요가 있다.

첫째로, 기계번역 시스템의 발전에 따른 통번역사의 역할 변화를 인식하는 것은 무엇보다도 중요한 요소라고 할 수 있다. 이러한 변화의 중심에는 기계번역 시스템에 대한 개선과 변화에 따른 전문 지식, 그리고 그것을 다룰 수 있는 기술의 필요성이 있다. 예를 들어, 신경망 기계번역

(neural machine translation, NMT) 같은 AI 기반 기계번역 시스템의 이해와 활용은 전문 통번역사의 기본 역량으로 간주될 것이다. 그리고 이러한 기술적 지식은 통번역의 효율성을 높일 것이며, 더 나아가 통번역 품질을 향상시키는 데 기여할 수 있다. 또한, 지속적인 자기계발을 위한 노력은 통번역사의 전문성을 유지하고 확장하는 데 결정적인 역할을 할 것이다.

둘째로, 고객 중심의 서비스 제공은 통번역사가 경쟁력을 확보하는 데 중요한 역할을 한다. 고객의 요구와 기대에 부응하는 서비스를 제공함으로써, 통번역사는 고객의 작업 효율성을 향상시키는 데 직접적으로 기여할 수 있다. 그리고 이것은 통번역사가 제공하는 서비스의 가치를 강조하고, 그에 따라 고객의 만족도를 높일 수 있는 방법이다.

셋째로, AI 번역을 활용한 통번역 서비스의 장점을 강조하는 합리적인 마케팅 전략은 전문 통번역사가 통번역 시장에서의 활동 영역을 확보하는 중요한 요소가 된다. 이는 통번역사의 서비스 범위와 능력을 적절하게 알리고, 통번역 의뢰인에게 이러한 서비스가 가지는 독특한 가치를 전달할 수 있는 기회를 제공한다. 이렇게 함으로써, 통번역사는 자신의 서비스를 특성화하고, 통번역 시장에서 경쟁력 있는 위치를 더욱 확고히 할 수 있다.

이러한 방식으로, 전문 통번역사는 기계번역 시스템의 발전을 이해하고 활용하며, 고객 중심의 서비스 제공과 적극적인 마케팅을 통해 통번역사 자신의 경쟁력을 확보할 수 있다. 이는 통번역 산업이 점점 더 경쟁력 있는 시장으로 발전함에 따라, 전문 통번역사의 성공적인 활동과 지속적인 발전에 필수적인 요소라고 할 수 있다.

### Q. AI 번역을 활용한 전문 통번역사가 되는 방법은?

전문 통번역사가 AI 번역을 활용하려면 가장 먼저 AI 번역 시스템을 효율적으로 사용할 수 있는 기술적인 지식이 필요합니다. 이를 위해 기계번역 도구와 관련된 교육 내용을 습득하고 관련 자료를 참고해야 합니다. 물론 가장 기본적인 능력이라면 언어 능력을 향상시켜 정확한 통번역을 제공할 수 있는 능력을 갖추는 것입니다. 그리고 아래와 같은 네 가지 능력을 확보하는 것이 전문 통번역사로서의 자질을 갖추는 데 도움이 될 것입니다.

첫째, 통번역사는 자신의 전문 분야[112]를 확립해야 합니다. 전문 통번역사는 반드시 특정 분야에 대한 전문성을 가지고 있어야 합니다. 그러므로 통번역사는 통번역에 대한 자신의 전문성을 검토하여 전문 분야를 결정해야 합니다. 그리고 해당 분야의 전문적인 지식을 이해하고, 전문 분야의 범주를 가늠하여, 통번역사 스스로 전문 지식을 쌓아야 합니다. 이러한 노력이 전문 분야를 찾아가는 첫걸음이 될 수 있습니다.

둘째, 통번역사는 자신에게 맞는 기계번역 시스템을 선택해야 합니다. 통번역사는 자신의 통번역 환경이나 통번역 조건, 통번역 분야에 가장 적합한 시스템을 선택해야 합니다. 이를 위해 각 시스템의 성능과 기능, 그리고 경제적 비용 등을 비교하고 평가해야 합니다. 예를 들어, 특수한 전문용어가 많은 의료 분야의 통번역을 할 경우, 이에 특화된 'DeepL'과 같은 시스템을 활용할 수 있습니다. 반면, 일반적인 문서 통번역에는 'Google Translate'나 'Papago' 등이 적합할 수 있습니다. 이처럼 작업에 적절한 시스템을 선택하는 것이 중요합니다.

---

112 전문 분야(specializations)란 통번역사가 깊은 지식을 갖고 있는 특정 분야를 의미해요. 통번역사는 자신의 전문 분야를 확립하고 전문 분야의 언어적 표현, 전문 용어 등을 정확히 이해함으로써 통번역 품질을 높일 수 있어요.

셋째, 기계번역을 활용하는 전문 통번역사가 되기 위해서는 비즈니스 관리 능력을 강화해야 합니다. 전문 통번역사는 통번역 비즈니스에 맞는 경영 전략 및 마케팅 방법을 선택하고 재무 관련 업무 등을 처리할 수 있는 능력을 갖추고 있어야 합니다. 그리고 무엇보다도 통번역 시장의 동향과 변화 방향을 정확하게 이해하고, 기계번역의 발전 방향을 가늠해 낼 수 있어야 합니다.

넷째, 통번역사는 네트워킹과 협업 능력이 있어야 합니다. 기계번역을 활용하는 전문 통번역사는 다른 통번역사들과 네트워킹을 통해, 시장의 변화에 따른 통번역 상황(예: 기술 변화, 요구 사항 변화)과 새로운 프로젝트를 위한 다양한 조건(예: 비용, 시간, 품질) 등에 대한 정보와 경험을 공유해야 합니다. 이와 더불어, 통번역사는 서로 간의 협업 방법과 기회를 찾아, 통번역 프로젝트의 기회를 확장하고, 통번역 업무의 효율성을 높이기 위해 노력해야 합니다. 이러한 역량 강화를 통해 통번역사는 끊임없이 변화하는 통번역 시장에서 경쟁력을 유지할 수 있습니다.

결론적으로 기계번역을 활용하는 전문 통번역사는 기계번역 시스템과의 협력을 통하여, 통역이나 번역의 품질과 효율성을 높여야 합니다. 그리고 통번역사로서의 전문성과 인간적인 감성을 결합하여 통번역 의뢰자를 위한 맞춤형 서비스를 제공할 수 있어야 합니다. 이러한 비즈니스 전략을 통해, 전문 통번역사는 통번역 시장에서 경쟁력을 유지하고 성장할 수 있을 것입니다.

AI 기술의 발전은 통번역사가 비즈니스 관리 능력을 향상시키는 데 큰 도움이 됩니다. 다음은 AI를 활용하여 더 쉽고 빠르게 비즈니스 관리 능력을 배울 수 있는 몇 가지 방법에 대한 것입니다.

1) 경영 전략

이전 시대에는 통번역사들이 수동적으로 시장을 분석하고 예측하는 데 많은 시간과 노력을 소비했습니다. 그러나 AI의 시대에는, AI를 활용해 더욱 정확하게 시장을 분석하고 예측하여 경영 전략을 설정하거나 조정할 수 있습니다. 또한 AI 기술은 통번역사가 자신의 시간과 리소스를 효과적으로 관리하는 데 도움이 됩니다.

2) 마케팅 방법

이전에는 통번역사가 통번역 의뢰자의 데이터를 수동으로 수집하고 분석해야 했습니다. 이제 AI는 이를 자동화하고 통번역 의뢰자의 선호도와 행동 패턴을 보다 정확하게 이해하는 데 도움을 줍니다. 이 정보는 마케팅 전략을 개발하고, 효과적인 마케팅 캠페인을 실시하는 데 도움이 됩니다.

3) 프리랜서 재무 관리

이전에는 통번역사가 재무 정보를 수동으로 추적하고 분석해야 했습니다. 현재 AI 기반의 재무 관리 도구와 서비스는 이러한 작업을 자동화하여 통번역사가 재무 관리를 더욱 효과적으로 수행할 수 있도록 돕습니다. 이러한 도구는 재무 분석, 예산 설정, 비용 관리 등에 도움이 됩니다.

4) 교육과 자기 계발

이전에는 통번역사들은 필요한 비즈니스 관리 능력을 개발하는 데 많은 시간을 할애했습니다. 그러나 AI 기반의 학습 플랫폼은 사용자의 학습 패턴과 필요성에 맞추어 맞춤형 커리큘럼을 제공하며, 실시간 피드백을 통해 통번역사가 자신의 성장을 즉각적으로 파악하고, 필요한 부분에 집중할 수 있도록 돕습니다. 이를 통해 통번역사는 자신의 비즈니스 관리 능력을 계속해서 발전시킬 수 있습니다. 이는 통번역사가 시장의 변화에 적응하고, 성공적인 비즈니스를 유지할 수 있도록 합니다.

#### Q. AI 번역과 함께하는 통번역사의 새로운 직업 모형은?

앞으로 기술 발전, 인공지능의 향상, 전문화, 그리고 글로벌화 등의 영향으로 인해서, 통번역과 관련된 여러 가지 새로운 직업이 등장할 것으로 예상됩니다. 그 중에서 가장 명확한 역할을 갖게 될 것으로 보이는 몇몇 직업에 대해 소개하도록 하겠습니다.

첫 번째는 AI 번역 코디네이터(AI translation coordinator)입니다. 이들은 AI 번역기와 통번역사 간의 상호작용을 촉진하고, AI 번역의 품질을 관리하는 업무나 역할을 맡게 될 것입니다. 그래서 이러한 전문 분야를 언어 기술 개발자(language technology developer)[113]의 영역이라고도 설명할 수도 있습니다.

두 번째는 휴머노이드 언어 전문가(humanoid language specialist)입니다. 이들은 인간과 AI 간의 커뮤니케이션을 돕기 위해 AI의 언어 능력을 개선하고 최적화하는 역할을 합니다. 주요한 업무로는 번역, 통역, 자동화된 언어 처리 등에 사용되는 다양한 언어 기술을 개발하는 것입니다. 이들은 AI 번역 및 통역 솔루션의 성능을 향상시키는 데 중점을 두고 있습니다. 그러기 위해 그들은 데이터 분석, 머신 러닝 알고리즘 개선, 번역 기능 최적화와 같은 방법을 활용합니다. 또한 새로운 기능의 개발도 주요한 업무 중 하나로, 사용자 경험을 향상시키고 더 다양한 통번역 요구를 만족시킬 수 있는 솔루션을 제공하기 위해 노력을 기울입니다.

---

[113] 언어 기술 개발자(language technology developer)는 AI 기술과 언어학을 융합하여 언어를 이해하고 생성하는 AI 시스템을 개발하는 역할을 해요. 이들은 자연언어 처리(NLP) 기술을 활용하여 기계번역, 음성 인식, 감성 분석 등 다양한 언어 관련 AI 시스템을 개발하고 최적화하는 업무를 수행해요.

세 번째는 콘텐츠 현지화 전문가(content localization expert)라고 불리는 직업입니다. 이들은 문화와 언어에 맞게 콘텐츠를 현지화하는 역할을 하는 전문가로서 광고, 마케팅 자료, 웹사이트, 게임 등 다양한 분야에서 활동할 것입니다. 이들은 전 세계 다양한 디지털 문화를 이해하고, 콘텐츠를 디지털 시장과 소비자에게 맞춤형으로 제공하는 역할을 담당하기 때문에 디지털 문화 컨설턴트(digital culture consultant)[114]라고도 불립니다.

네 번째는 실시간 통역 인공지능 튜터(real-time interpretation AI tutor)라는 직업으로, 이 직업은 동시통역이나 순차통역 시장에서 AI 기반의 실시간 통역 서비스의 품질을 향상시키는 업무를 전담할 것입니다. 이들은 실시간 통역 상황에서 특정 분야나 상황에 맞게 언어 스타일을 조절하는 업무를 맡게 될 것입니다. 엄밀하게 본다면 이 역시 앞서 보았던 언어 기술 개발자(language technology developer)의 영역에 해당합니다.

다섯 번째는 장르 전문가에 해당하는 멀티미디어 통번역사(multimedia translator)입니다. 앞으로는 실시간으로 조율 가능한 자막 번역기를 통해서 동영상, 오디오, 이미지 등의 멀티미디어 콘텐츠를 소비하게 될 것입니다. 그러므로 이러한 자막 생성 번역기를 통한 콘텐츠 번역 시 문화적 차이를 고려하여 적절한 표현을 찾아주는 역할을 하는 전문가가 필요할 것입니다.

여섯 번째는 기술적 전문성을 갖춘 신경망 번역 최적화 전문가(neural machine translation optimizer)입니다. 이들은 인공신경망 기반의 번역 시스템을 개선하고 최적화하는 역할을 맡습니다. 기계번역의 효과와 성능을 평가하기 위해 다양한 데이터를 수집하고 분석하는 것이 그들의 주요 업무입니다. 그리고 이를 통해 기계번역의 품질과 정확도를 높일

---

114 디지털 문화 컨설턴트(digital culture consultant)는 전세계 디지털 문화와 시장 트렌드를 이해하고 적용하는 전문가예요. 그들은 문화와 언어 차이를 고려해 콘텐츠를 현지화하고 맞춤화하는 역할을 담당하며, 그들의 주요 업무는 다양한 디지털 플랫폼에서 사용되는 콘텐츠를 타겟 문화와 언어에 맞게 개선하는 것이에요.

수 있는 방안을 마련하기도 합니다. 이러한 의미에서 이런 전문가를 번역 데이터 분석가(translation data analyst)[115]라고도 부를 수 있습니다.

| 직업명 | 업무 설명 |
|---|---|
|  AI 번역 코디네이터 (AI translation coordinator) | AI 번역기와 통번역사 간의 상호작용을 촉진하고, AI 번역의 품질을 관리하는 역할을 맡음 |
|  휴머노이드 언어 전문가 (humanoid language specialist) | 인간과 AI 간의 커뮤니케이션을 돕기 위해 AI의 언어 능력을 개선하고 최적화하는 역할을 맡음 |
|  콘텐츠 현지화 전문가 (content localization expert) | 문화와 언어에 맞게 콘텐츠를 현지화하는 역할을 하는 전문가 |
|  실시간 통역 인공지능 튜터 (real-time interpretation AI tutor) | 동시통역이나 순차통역 시장에서 AI 기반의 실시간 통역 서비스의 품질을 향상시키는 역할을 맡음 |
|  멀티미디어 통번역사 (multimedia translator) | 실시간으로 조율 가능한 자막 번역기를 통해서 콘텐츠 번역 시 문화적 차이를 고려하여 적절한 표현을 찾아주는 역할을 하는 전문가 |
|  신경망 번역 최적화 전문가 (neural machine translation optimizer) | 인공신경망 기반의 번역 시스템을 개선하고 최적화하는 역할을 맡음 |

표 15 AI 번역과 함께하는 통번역사의 새로운 직업 모형

[115] 번역 데이터 분석가(translation data analyst)는 기계번역의 효과와 성능을 분석하고 개선하는 역할을 해요. 특히, AI 번역 알고리즘의 효율성을 최적화하는 작업을 수행하며, 이를 위해 다양한 데이터를 수집, 분석하고 해석해요. 그리고 그들은 분석을 통해 통번역의 정확도를 향상시키고, 이를 바탕으로 통번역 의뢰자에게 제공할 수 있는 서비스의 품질을 높이게 돼요.

그림15 출처
삽화 : AI 이미지 제네레이터 "Picsart.com"에서 제작

### Q. AI 통역기의 등장으로 인한 통역사 역할의 변화는?

최근 동시통역을 대체할 수 있는 시스템이 많이 소개되고 있습니다. 이들은 AI 번역을 기반으로 하고 자막이나 음성을 통해서 실시간으로 전환된 언어 정보를 전달하는 시스템이라고 생각하면 됩니다. 그렇다면 이런 상황에서 우리는 통역사가 현장에서 어떤 변화를 맞이할 것인지 진지하게 고민해야 합니다. 먼저, AI 기반 실시간 통역 시스템은 다음과 같은 구성 원리로 이루어져 있습니다.

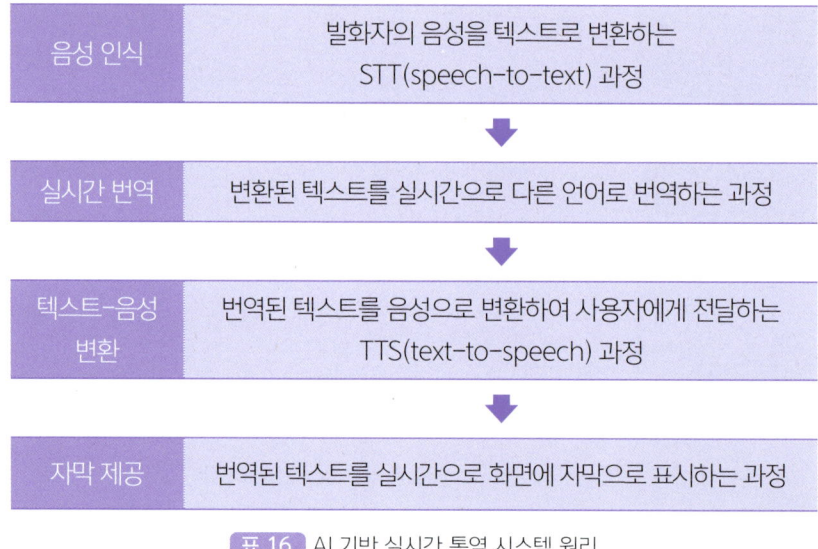

표 16  AI 기반 실시간 통역 시스템 원리

첫 번째 단계는 음성 인식입니다. 이는 일반적으로 STT라고 불리는 기술로, 사용자의 음성을 텍스트로 변환하는 과정입니다. 이 기술은 사용자의 음성을 정확히 캡처하고, 그것을 실시간 번역의 원천 데이터로 사용할 수 있게 하는 데 중요한 역할을 합니다.

두 번째 단계는 실시간 번역입니다. 음성 인식 과정을 통해 텍스트로 변환된 발화는 신경망 기반의 AI 번역 시스템에 의해 실시간으로 다른 언어로 번역됩니다. 이 과정은 대화의 자연스러운 흐름을 유지하는 데 필수적입니다.

세 번째 단계는 텍스트-음성 변환입니다. 번역된 텍스트는 TTS라는 기술을 통해 음성으로 변환됩니다. 이에 사용자는 번역된 음성을 직접 듣고 이해할 수 있게 됩니다.

마지막 단계는 자막 제공입니다. 번역된 텍스트는 사용자의 화면에 실시간 자막으로 나타납니다. 이렇게 하면 사용자는 소리가 잘 들리지 않거나 명확하지 않은 경우에도 통역 내용을 이해할 수 있습니다.

AI 기반 실시간 통역 시스템은 사용자가 다른 언어로 되어 있는 발화를 즉시 이해할 수 있도록 돕습니다. 그렇다면 이런 시스템을 사용하고 운영하는 통역 현장에서 통역사는 어떤 역할을 해야 하는지 정리해 보면 다음과 같습니다.

첫째, 통역사는 기계 통역 시스템을 감독하는 역할을 하게 됩니다. AI 기술이 눈부시게 발전하고 있지만 완벽하지 않기 때문에 오류는 언제든 발생할 수 있습니다. 이 때문에, 통역사는 기계번역 시스템의 오류를 빠르게 발견하고 수정하거나, 필요한 경우 현장에서 직접 통역에 개입할 수 있습니다.

둘째, 통역사는 AI 번역 시스템을 훈련시키고 개선하는 역할을 맡을 수 있습니다. 이를 위해, 통역사는 사용자들로부터 피드백을 수집하고, 이 피드백을 바탕으로 시스템의 성능을 개선하는 작업을 수행하게 될 것입니다. 이는 AI 번역 시스템이 계속해서 학습하고 발전할 수 있도록 돕는 중요한 역할입니다.

넓은 의미에서 보면, 통역사는 사용자가 AI 번역 시스템을 더 잘 이해하고 활용할 수 있도록 돕는 기술 지원 역할을 수행할 수 있습니다. 예를 들어, 사용자가 시스템의 음성 인식 기능에 어려움을 겪는다면, 통역사는 이를 해결할 수 있는 방법을 가르쳐 주거나 지침을 제공하는 역할을 할 수 있습니다. 또한, 사용자가 통번역 품질에 불만을 제기하면, 통역사는 이런 피드백을 수집하고, 이를 바탕으로 시스템을 개선할 수 있습니다. 이처럼 통역사는 기술 지원 역할을 통해 사용자의 만족도를 높이고 시스템의 성능을 개선하는 데 중요한 역할을 담당합니다.

AI 기반 실시간 통역 시스템을 사용하는 통역사는 단순히 언어를 통역하는 역할에서 벗어나 좀 더 포괄적인 현장 관리의 책임을 갖게 됩니다. 그리고 그런 역할을 통해서 기술과 사람 사이의 중개자 역할을 부여받게 되는데 이는 통역사의 역할을 넓히고, 통역사들이 제공할 수 있는 서비스의 범위를 더 넓게 확장시키는 결과로 이어집니다.

하지만 이를 위해서 통역사는 다음과 같은 추가적인 역할을 수행할 필요가 있습니다.

1) 품질 관리
통역사는 AI 번역 시스템의 품질을 지속적으로 모니터링[116]하고, 필요한 경우 이에 대한 개선 조치를 취해야 합니다. AI 번역 시스템의 정확도를 높이고 통역의 자연스러움을 개선하여 실제 상황에서의 의사소통을 더욱더 부드럽게 만들어 사용자의 만족도를 향상시킵니다.

2) 사용자 맞춤화
통역사는 사용자의 특정 요구 사항을 고려하고 기술에 대한 이해와 지식을 바탕으로 시스템을 맞춤 설정할 수 있어야 합니다. 즉, 통역 결과

---

116 품질을 지속적으로 모니터링(continuous quality monitoring)하는 것은 AI 번역 시스템의 성능을 꾸준히 개선하고 사용자의 만족도를 높이는 핵심 요소예요. 이는 통역 오류를 즉시 탐지하고 수정하여 최적의 통역 품질을 유지하고자 하는 노력을 반영한 것이에요. 이에 따라, 사용자는 더욱 정확하고 자연스러운 통역을 경험할 수 있게 되며, 이는 결국 AI 번역기의 신뢰성을 높이는 데 기여하게 돼요.

물이 사용자의 기대와 목적에 더욱 부합하도록 관리할 수 있는 능력을 갖추어야 합니다.

### 3) 교육 및 연수

통역사는 AI 번역 시스템을 최대한 활용하기 위해 계속해서 기술이나 통역과 관련된 교육[117]을 받아야 합니다. 이는 통역사의 전문성을 높이고, 시스템의 성능을 극대화하는 데 도움이 됩니다.

[117] 통역 교육(interpretation education)은 통역사가 통역 기술을 개발하고 향상시키는 과정을 포함해요. 이는 언어 구조와 문화적 뉘앙스에 대한 이해를 바탕으로 텍스트를 한 언어에서 다른 언어로 정확하게 변환하는 능력을 향상시켜요.

결론적으로, AI 기반 실시간 통역 시스템을 사용하는 통역사는 과거의 통역사와 비교하여 시스템에 대한 기술적 역량과 전문 지식을 더욱 갖추고 있어야 합니다. 이러한 변화는 통역사의 직업적 의미와 업무 과정에 큰 영향을 미치며, 통역 결과물의 질적인 차이를 가져오게 됩니다.

---

**톺아보기**

#### 기계(자동) 통역 모델이란?

기계 통역 모델(STS)은 자동 음성 인식(ASR/STT), 기계번역(MT), 및 음성 합성(TTS)의 세 가지 기술을 결합하여 작동하는 시스템이에요. 이는 실시간이거나 녹음된 음성을 다른 언어로 변환하는 데 사용되어요.

첫 단계인 ASR에서는 원래의 음성 데이터를 텍스트로 변환해요. 다음 단계인 MT에서는 이 텍스트를 원하는 대상 언어로 번역해요. 마지막으로 TTS 단계에서는 번역된 텍스트를 음성으로 변환하여 사용자에게 제공해요.

이 기술은 공개 행사, 통화, 녹음된 대화 등에서 이용되며, 국제적인 상황에서 언어 장벽을 제거하여 커뮤니케이션을 보다 원활하게 하고, 다양한 언어 문화에 대한 이해를 증진하는 데 기여해요. 그러나 ASR, MT, TTS 각각의 부분에서 오류가 발생할 수 있으며, 이로 인해 전체 번역의 정확성에 영향을 줄 수 있어요. 따라서 이 기술의 발전과 함께 정확성을 높이는 데에도 계속 노력이 필요해요.

### Q. AI 번역과 함께하는 통번역사로서의 성공적인 마케팅 전략은?

한국어 통번역 시장에서 AI 번역을 활용하는 통번역사로서 성공하기 위해 활용할 수 있는 마케팅 전략[118]에 대해 정리해 보면 다음과 같습니다.

성공적인 마케팅을 위해 무엇보다 중요한 것은 전문 분야에 대한 특성화입니다. 전문 통번역사는 자신만의 전문 분야를 특화하고, 이를 강조하여 통번역 의뢰자에게 통번역사만의 장점을 정확하게 설명하는 마케팅 전략을 사용해야 합니다. 예를 들어, 의료, 법률, IT, 금융 등의 분야에서 전문적인 지식과 경험을 보유하고 있음을 객관적으로 증빙하여[119] 전문 분야의 통번역사임을 강조할 수 있습니다.

통번역사는 맞춤형 서비스[120]를 통해서 통번역의 품질을 관리하고 통번역의 정확성을 높일 수 있음을 마케팅의 전략으로 삼아야 합니다. 특히 통번역사는 의뢰자의 특별한 요구 사항에 맞게 통번역 서비스를 제공하여 의뢰자가 원하는 결과물을 얻을 수 있게 함으로써 통번역에 대한 만족도를 높여야 합니다. 이를 위해 통번역사가 기계번역의 오류를 수정하고, 통번역의 정확성과 완성도를 높이는 데 신경을 써야 합니다. 통번역 품질을 관리할 수 있는 능력을 강조함으로써 통번역 의뢰자의 신뢰를 확보할 수 있습니다.

다음으로 통번역사는 통번역 의뢰자 지향적인 의사소통을 할 수 있다는 점을 마케팅에 활용해야 합니다. 전문 통번역사의 가장 큰 장점은 기계번역의 활용으로 얻어진 효율성 덕분에 통번역 의뢰자와의 원활한 의사소통을 능동적으로 유지할 수 있다는 것입니다. 그러므로 전문 통번역사는 통번역 의뢰자의 요구 사항을 충족시키기 위해서 적극적으로 소통하고 협력

---

**118** 마케팅 전략(marketing strategy)은 상품이나 서비스를 판매하는 데 있어 효과적인 방법을 계획하고 실행하는 방식을 의미해요. AI 번역 시대에 통번역사가 자신의 마케팅 전략을 생각해야 하는 이유는 기계번역이 주류가 되면서 통번역사가 자신이 제공하는 서비스의 가치를 올바르게 전달하고, 자신의 전문성을 강조해야 할 필요가 있기 때문이에요.

**119** 객관적인 증빙(objective evidence)은 통번역사의 전문성을 입증하기 위한 증거로, 통번역사의 전문 지식과 기술을 증명하는 것이에요. 예를 들어 의료 분야에 대한 전문 지식을 보유하고 있다는 것을 증명하기 위한 프로젝트 성과, 클라이언트 후기 등의 자료를 제공할 수 있어요.

**120** 맞춤형 서비스 제공(customized service)은 통번역사가 의뢰자의 특별한 요구 사항을 충족시키기 위해 개별적으로 맞춤화된 통번역 서비스를 제공하는 것을 의미해요. 이는 AI 번역 시대에 통번역사가 자신의 마케팅 전략을 구성하는 중요한 요소 중 하나예요. 예를 들어, 의뢰자가 요구하는 특정 전문 용어나 스타일 가이드를 반영하여 통번역하는 것, 또는 특정 산업 분야나 문화적 배경에 대한 이해를 바탕으로 통번역하는 것 등이 이에 해당돼요.

할 수 있다는 점을 통번역 의뢰자가 인지할 수 있도록 해야 합니다.

또 다른 마케팅 전략으로는 통번역사의 포트폴리오[121]와 긍정적 평가나 후기를 활용하는 것입니다. 통번역사는 과거의 성공적인 프로젝트를 정리한 포트폴리오를 새로운 통번역 의뢰자에게 제공함으로써 자신의 능력을 입증할 수 있습니다. 그리고 이를 통해 통번역 의뢰자는 기계번역을 활용하는 전문 통번역사에 대한 확신을 얻을 수 있습니다. 이와 같은 마케팅은 통번역사만의 전문 채널을 확보한다면 더욱 효과적일 수 있습니다. 예를 들어, 소셜 미디어나 온라인 마케팅 채널, 또는 온라인 통번역 전문가 플랫폼[122]을 통해 통번역사의 전문성과 능력을 알리는 것입니다.

성공적이고 새로운 마케팅 전략에 대해 고민하기 전에 가장 기본적인 마케팅 영역을 이해해야 하는데 그것은 바로 통번역사들 간의 우호적인 네트워크를 구축하고, 번역과 통역 분야에서 협력을 통해 서로의 전문성과 경험을 공유하는 것입니다.[123] 이러한 네트워크와 협력을 통해 통번역사들이 서로의 지식과 정보를 공유한다면, 통번역 의뢰자에게 더 나은 서비스를 제공할 수 있습니다. 그리고 네트워크와 협력을 통한 마케팅 전략에는 기존의 통번역 의뢰자와의 네트워크와 협력도 포함됩니다. 통번역사는 통번역 의뢰자의 만족도를 확인하고, 그들의 의견을 반영하여 서비스를 개선하고 그들과의 관계를 지속적으로 유지해야 합니다. 기존 통번역 의뢰자의 긍정적인 후기를 활용하여 신뢰성을 높이는 것도 새로운 마케팅 전략이 될 수 있습니다.

[121] 포트폴리오(portfolio)는 통번역사가 과거에 작업한 결과를 보여 주는 것으로, 통번역 의뢰자가 통번역사의 전문성을 한눈에 확인할 수 있어요. 통번역사는 AI를 사용한 고품질 통번역 작업을 포트폴리오로 제공함으로써 통번역 의뢰자에게 실력을 입증할 수 있어요. 이는 통번역사가 기계번역만으로는 달성할 수 없는 높은 수준의 통번역 품질을 제공할 수 있음을 보여 주는 매우 강력한 도구예요.

[122] 소셜 미디어나 온라인 마케팅 채널, 온라인 통번역 전문가 플랫폼을 이용하면, 통번역사는 자신의 능력을 널리 알릴 수 있어요. 이런 플랫폼을 통해 통번역사는 AI를 이용한 통번역 작업의 품질을 보여 주고, 이로 인해 의뢰자의 신뢰를 얻을 수 있어요. 예를 들어, 통번역사는 자신이 해결한 복잡한 통번역 문제나 AI를 활용한 번역 작업의 사례를 게시하여 전문성을 과시할 수 있어요.

[123] 네트워크 구축과 협력(networks building and cooperation)은 통번역사들 간의 정보 공유와 서로의 능력 향상에 도움을 주는 중요한 전략이에요. 예를 들어, LinkedIn 같은 전문 네트워크 플랫폼을 활용하여 동료 통번역사들과 연결될 수 있고, 통번역 특정 주제에 대한 토론을 통해 서로의 지식을 공유할 수 있어요. 또한, 통번역 기술에 대한 워크샵이나 세미나를 함께 참여하거나, 특정 통번역 프로젝트에서 협력하는 것은 통번역사들이 서로의 전문성을 확장하고 실질적인 협업 경험을 쌓을 수 있는 좋은 방법이에요.

# 07

# AI 번역, 통번역사의 효율성과 소통의 변화

　인공지능(AI)을 기반으로 하는 통역이나 번역 서비스는 통번역 업계와 산업에서 혁신적인 변화를 이끌어 오고 있다. 이러한 기술적 변화는 가장 직접적으로 통번역사의 작업 효율성을 높이고 있으며, 통번역사와 의뢰자와의 의사소통 채널이 이전에 비해 다양화되고 효율성 있게 발전하는 데 큰 역할을 하고 있다. 여기에서는 AI 번역 서비스 활용으로 인해 우리가 직면하는 장점과 새로운 도전, 그리고 미래의 기대치에 대해 논의해 보고자 한다.

　AI 번역을 활용한 통번역 서비스의 장점을 살펴보면, 무엇보다도 먼저 통번역사의 통번역 작업의 효율성 향상이 눈에 띄게 좋아진다는 것을 들 수 있다. 이처럼 AI를 활용한 통번역은 대량의 데이터를 빠르게 처리하여, 빠른 시간 안에 어느 정도 완성도를 가진 번역 결과를 제공해 줄 수 있기 때문에, 통번역사는 통번역 작업의 수행 속도를 크게 높일 수 있다. 또한, AI 번역은 앞서 살펴본 바와 같이, 특정 주제나 분야에 대한 고정된 표현이나 용어를 안정되고 일관되게 번역하는 데 탁월한 장점을 가지고 있다. 이러한 장점은 전문 분야에 대한 통번역 수행에서 매우 큰 장점으로 작용하게 된다.

AI 번역을 활용한 통번역 서비스를 선택하는 가장 큰 이유는 효율성과 정확성을 기반으로 비용 절감이라는 경제적 측면의 장점 때문이라고 할 수 있다. AI 번역은 기존의 인력에 의한(기계번역에 대응되는) 인간 번역에 비해 빠르고 정확하게 작업을 수행할 수 있다. 바로 이런 점이 번역 비용을 절감하는 경제성을 확보해 준다.

AI 번역을 활용함으로써 효율성의 향상을 확보하기 위한 노력은 AI 번역 기술의 지속적인 연구와 개발, 그리고 이를 통번역 작업에 적용하기 위한 방법론에 대한 탐구로 자연스럽게 이어진다. 그러므로 통번역사는 이러한 기술의 발전을 지속적으로 모니터링을 해야 하고, 이를 자신의 통번역 작업 과정에서 어떻게 통합할 수 있을지에 대해 고민해야 한다.

마지막으로, AI 활용한 번역에서는 통번역 의뢰자의 기대치가 높아짐에 따라, 통번역사의 역할은 더욱 중요해지고 있다. 의뢰자는 AI 활용한 번역을 통해, 빠른 턴어라운드와 경제적인 비용에 대한 효과에 높은 기대치를 가지고 있다. 그러면서도 그들은 여기에 더 정확하고, 더 자연스러운 번역 결과까지도 함께 기대한다.

이러한 기대를 충족시키기 위해서는 당연히 통번역사의 전문적인 검수와 수정 행위가 필수적이다. 그리고 이런 검수와 수정의 과정을 통해, 통번역사는 AI 번역 서비스를 제공하는 동시에, 의뢰자의 요구를 충족시키는 중요한 역할을 수행한다.

따라서, AI를 활용한 통번역 서비스는 통번역사의 업무 효율성을 향상시키는 데 있어, 매우 핵심적인 역할을 하며, 통번역 의뢰자와의 의사소통 방법과 채널을 개선하는 데에도 크게 기여하게 된다. 그리고 이것은 통번역 산업의 미래를 이끌어 가는 중요한 동력이 될 것이다.

### Q. AI 번역을 활용한 번역 서비스의 장점은?

AI 번역을 활용한 번역 서비스는 다양한 장점을 가지고 있으며 이러한 장점은 번역 서비스의 신뢰를 확보하는 수단이 됩니다. 그러므로 이를 마케팅 전략에 활용하여, 번역 의뢰자에게 AI 기반의 번역 서비스를 소개할 수 있습니다. AI 번역을 활용한 번역 서비스의 장점은 아래 몇 가지로 정리해 볼 수 있습니다.

먼저 빠른 처리 시간입니다. AI를 기반으로 한 기계번역은 대량의 텍스트를 매우 빠르게 번역할 수 있습니다. 이 때문에 통번역사는 번역을 완성하는 시간을 줄일 수 있으며, 번역 의뢰자는 시간 절약을 통해 더 빠르게 시장에 진입할 수 있습니다. 고객의 긴급한 번역 요청에 효과적으로 대응할 수 있다는 장점 또한 긍정적인 요소가 될 것입니다.

두 번째 장점으로는 비용 절감을 들 수 있습니다. 기계번역을 사용하면 중대형 번역 작업에서 비용을 절감할 수 있습니다. 이 때문에 전체 번역 작업에 대한 경제성을 확보할 수 있고 이는 의뢰자에 대한 통번역사의 경쟁력으로 설명될 수 있고, 더 많은 의뢰자를 확보할 수 있는 요소가 됩니다.

세 번째는 일관된 품질을 확보할 수 있다는 것을 장점으로 설명할 수 있습니다. 통합 번역 시스템[124]에서 번역 메모리와 용어집을 활용하면 일관된 품질의 번역물이 산출되어 안정적인 번역 공정을 확보할 수 있게 됩니다. 그리고 이러한 장점 덕분에 번역 의뢰인은 다양한 번역물에서 브랜드의 이미지와 추구하는 메시지 구성에서 일관성을 유지할 수 있게 됩니다. 이 역시 통번역사가 의뢰자로부터 신뢰를 얻는 데 중요한 요소가 됩니다.

---

[124] 통합 번역 시스템(integrated translation system)은 번역 메모리와 용어집을 활용하여 일관된 품질의 번역물을 생성하는 시스템이에요. 이 시스템은 AI 번역의 정확성을 높이고, 브랜드의 일관된 메시지 전달에 기여하며, 신뢰성 있는 번역 공정을 보장해요.

네 번째는 다양한 언어 지원이 가능해진다는 장점이 있습니다. 기계번역 시스템의 가장 큰 특징 중 하나는 수백 개의 언어 조합을 지원해 준다는 것입니다. 의뢰자는 기계번역 시스템과 여러 통번역사의 협력을 통해 빠른 시간 내에 다양한 언어로 번역을 완성할 수 있고, 이로 인해 전 세계 다양한 시장에 빠르게 접근하는 데 큰 도움을 받을 수 있습니다. 이는 고객의 비즈니스가 국제적으로 확장되고 다양한 시장에서 경쟁력을 유지하는 데 매우 중요합니다. 특히, 특정 영역에서 전문성 있는 번역이 중요한 만큼이나 번역 의뢰자의 비즈니스에서 다양한 시장으로의 접근이 중요할 수 있으므로 이러한 장점을 강조할 수 있습니다.

다섯 번째 장점은 기술의 지속적인 발전을 들 수 있습니다. 개발 당시 획기적인 AI 기술이라고 여겨졌던 GPT의 발전을 보면, 기계번역 기술이 얼마나 빠르게 발전하고 있는지를 알 수 있습니다. 이에 기계번역은 통번역사의 번역을 도울 수 있을 만큼 향상되고 있으며 전문 통번역사와 협력하여 더 나은 결과물을 제공할 수 있을 정도가 되었습니다. 이는 인간에게 의존하는 번역이 가질 수 없는 또 하나의 구별되는 장점이라고 할 수 있습니다.

### Q. AI 번역을 활용한 번역 서비스를 선택하는 이유는?

앞으로의 번역 서비스가 AI 번역을 활용한 번역 서비스로 진행되어야 할 이유는 매우 다양하나 주요한 내용만 간추린다면 다음과 같이 정리할 수 있습니다.

먼저 기계번역 시스템은 자동화된 번역 과정을 제공하고, 다른 솔루션[125]과 통합되어 통번역을 통해 비즈니스가 원활하게 진행되도록 지원

---

125 '다른 솔루션(solutions)'은 AI 번역에 결합되어 효율성을 높이는 다양한 도구를 말해요. 번역 메모리와 용어 관리 도구는 일관성을 보장하고, 프로젝트 관리 도구는 진행 상황 추적을, 자동화 도구는 작업 속도 향상을, 품질 관리 도구는 번역의 품질 보장을 도와줘요.

합니다. 통번역사는 통합 솔루션[126]의 편리함을 강조하는 마케팅 전략을 활용해 번역 의뢰자가 통번역 작업의 효율성 향상에 주목하도록 해야 합니다.

다음으로 인공지능 기술의 발전으로 기계번역 시스템의 성능이 계속 향상되어, 더 나은 번역 품질을 제공하게 되었습니다. 인공지능의 발전은 번역 의뢰자에게 기계번역의 미래 가능성을 신뢰할 수 있도록 합니다.

또한 지속적인 학습을 통해 기계번역 시스템의 성능이 개선됨에 번역 품질이 점차 향상되고 있습니다. 즉, 기계번역은 학습을 통해 번역 의뢰자에게 더 나은 서비스를 제공하고 그들의 비즈니스 성장을 촉진할 수 있습니다.

마지막으로 기계번역은 규모가 큰 프로젝트에도 적용 가능한 확장성을 제공할 수 있습니다. 기계번역은 확장성을 통해 비즈니스가 성장해 나가면서 변화하는 번역 요구를 손쉽게 충족시킬 수 있습니다. 이는 기계번역이 다양한 규모와 복잡성을 지닌 프로젝트를 효과적으로 처리할 수 있는 능력을 가지고 있음을 의미합니다. 그러므로 통번역사는 마케팅에 이러한 확장성을 강조하여 번역 의뢰자에게 향후 비즈니스 계획을 함께할 수 있다는 신뢰감을 주어야 합니다.

이처럼 기계번역을 활용한 번역 서비스는 시간과 비용을 절약하고, 더 나은 품질의 번역물을 제공하며, 다양한 언어 조합을 지원하고, 통역과 번역과 관련된 다양한 비즈니스에 새로운 가치를 제공할 수 있을 것입니다.

### Q. AI 번역의 효율성 향상을 위한 노력은?

통번역사가 AI 번역을 사용하여 통번역 업무의 효율성을 향상시키기 위해서는 기계번역에 대해 지속적으로 관심을 가질 필요가 있습니다.

---

[126] 통합 솔루션(integrated solutions)은 여러 기능과 도구를 하나의 시스템으로 결합하는 것을 말해요. AI 번역 분야에서, 이는 번역 메모리, 용어 관리, 프로젝트 추적, 작업 자동화, 품질 관리 등의 다양한 기능을 통합하여 관리함으로써 통번역사의 작업 효율성을 증대시키고, 고객이 요구하는 높은 품질의 번역을 제공하는 데 도움을 줘요.

가장 먼저 통번역의 효율성을 확보하고 지속하기 위해서는 최신 기계번역 기술에 관심을 가져야 합니다. AI 번역을 활용하는 통번역사라면 번역과 통역에서 사용되는 최신의 기계번역 기술을 파악하고, 이러한 기술을 자신의 통번역 작업에 적용할 수 있어야 합니다. 또한, AI 번역 기술을 최대한 활용하려면, 다양한 번역 플랫폼과 도구를 직접 사용해 보고, 그 경험을 바탕으로 자신의 작업에 가장 적합한 도구를 선택해야 합니다. 이렇게 하면 작업 효율성을 향상시킬 수 있을 뿐만 아니라, 이러한 경험은 이후에 통번역 작업에 가장 적합한 도구를 찾아내는 데 도움을 줍니다. 또한 통번역사는 이를 통해 작업의 효율성을 확보할 수도 있습니다.

기계번역 플랫폼과 도구들은 번역 메모리(TM)를 이용해 이전에 번역한 문장을 저장해 두고, 비슷한 내용이 나타날 때 이를 다시 활용해 번역 과정을 가속화하고 일관성을 유지합니다. 그리고 통번역사는 이전의 작업과 구축된 용어집을 참조하여 일관성 있는 용어를 사용할 수 있습니다. 이렇게 자동화된 도구를 활용함으로써, 통번역사의 작업 효율성이 향상되고 고품질의 번역이 생산될 수 있습니다.

두 번째로 통번역사가 효율성 향상을 위해 관심을 가져야 할 자원과 도구로는 번역의 품질 관리 도구[127]를 들 수 있습니다. 통번역사는 기계번역 결과물의 품질을 관리하고 평가하기 위해 지속적인 번역 품질 관리 체계를 구축하여 활용해야 합니다. 이를 통해 번역 의뢰자의 기대치[128]를 충족하거나 넘어설 수 있는 번역 품질을 확보할 수 있습니다.

그리고 통번역사는 다양한 기계번역 시스템의 발전 과정에서 기계번역 성능의 변화를 보여 주는 평가 자료를 반드시 참고해야 합니다. 이를 통해 각 시스템의 장단점을 이해하고, 자신의 작업에 가장 적합한 시스템을 선택할 수 있기 때문입니다.

---

[127] 품질 관리 도구(quality control tools)에는 예를 들어, 'Trados Studio'나 'MemoQ'와 같은 번역 도구에 내장되어 있는 '검사 기능'이 포함돼요. 이 기능은 번역 문서의 일관성, 문법 오류, 오타 등을 자동으로 확인하고 수정을 도와요. 또한 'Xbench'와 같은 도구는 번역 메모리의 오류를 집중적으로 검사하는 데 특화되어 있어요.

[128] 통번역사가 품질 관리 도구를 활용함으로써, 의뢰자의 기대치(clients' expectations)를 충족하거나 초과하는 높은 품질의 번역을 제공할 수 있어요. AI 번역의 품질 관리는 정확성, 일관성, 읽기 편함 등 다양한 요소를 포함하며, 이는 의뢰자의 요구 사항과 맞는 번역 결과를 생성하는 데 핵심이 돼요.

129 커뮤니티와 네트워크(community and network)는 AI 번역 분야의 중요한 자원이에요. 이를 통해 통번역사는 AI 번역에 대한 최신 동향, 발전된 도구, 그리고 새로운 전략들을 공유하고 배울 수 있어요. 이는 번역의 품질을 높이고 효율성을 증가시키는 데 기여하며, 통번역사가 AI 번역 분야의 변화와 발전에 적응하고 성장하는 데 도움을 줘요.

세 번째로 통번역의 효율성을 지속하기 위해서는 기계번역과 관련된 커뮤니티와 네트워크[129]에 관심을 가져야 합니다. 통번역사는 기계번역과 관련된 커뮤니티 및 네트워크에 참여하여 동료들과 정보를 공유하고 경험을 나누는 것이 좋습니다. 이를 통해 통번역사는 기계번역과 관련된 최신 정보와 전문가들의 팁, 관련된 경험 등을 알 수 있으며 이는 통번역사의 작업 효율성을 높이는 데 도움이 됩니다.

커뮤니티와 네트워크에 대한 관심은 최근 온라인 교육 자료와 웹 세미나로까지 이어질 수 있습니다. 즉, 통번역사는 작업의 효율성을 높이기 위해 기계번역과 관련된 온라인 교육 자료나 웹 세미나 등을 활용하여 지식을 확장하고, 새로운 기술과 도구에 대한 정보를 수집할 수 있습니다. 전문 통번역사는 기계번역 연구에 관심을 갖고, 연구 결과를 주시함으로써 새로운 기술 및 방법론에 대한 이해를 높일 수 있습니다. 이를 통해 통번역사는 기계번역 시스템을 보다 효과적으로 활용할 수 있을 것입니다.

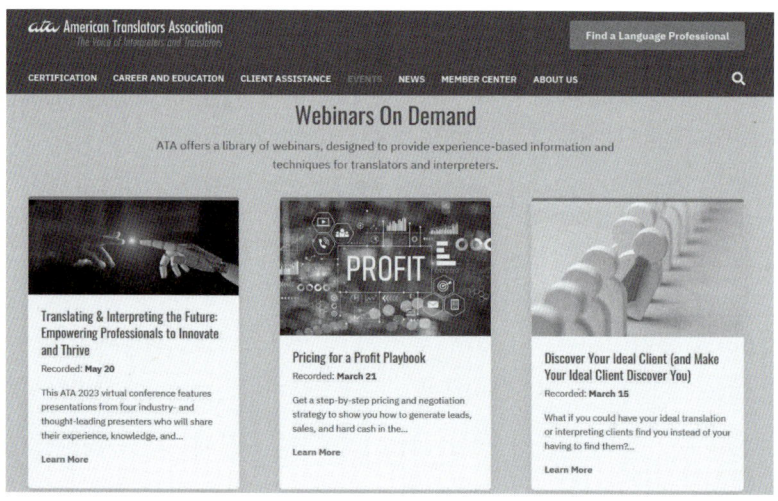

그림 13 미국번역가협회(American Translators Association, ATA) 제공한 웹 세미나

마지막으로 기계번역 업계의 기준과 가이드라인[130]에 대해서 관심을 가질 필요가 있습니다. 전문 통번역사는 기계번역과 관련된 기준을 이해하고 가이드라인을 숙지하여, 작업에서 이를 준수해야 합니다. 이를 통해 통번역사는 번역 작업의 효율성을 유지할 수 있고 의뢰자에게 전문적인 서비스를 제공할 수 있으며 번역의 품질을 관리할 수 있게 됩니다. 뿐만 아니라 통번역사는 의뢰자의 데이터를 보호하는 등의 번역 작업의 환경을 완성할 수 있습니다.

이처럼 통번역사는 MT를 사용하는 번역 업무의 효율성을 지속적으로 향상시키기 위해 자기개발[131]에 투자하고, 새로운 기술 및 도구에 대한 지식을 끊임없이 업데이트하며, 동료들과의 네트워크를 유지해야 합니다.

[130] 기준과 가이드라인(standards and guidelines)은 AI 번역 작업의 중요한 요소예요. 이들은 통번역사가 번역의 품질을 유지하고, 데이터 보호와 같은 중요한 윤리적 측면을 준수하는 데 도움을 줘요. 예를 들어, 'ISO 17100'과 같은 '국제 번역 서비스 표준' 또는 'TAUS'의 '기계번역 품질 평가 가이드라인'과 같은 것이 있어요. 전문적인 번역 서비스를 제공하기 위해 이러한 기준과 가이드라인을 이해하고 적용해야 해요.

[131] 자기개발(self-development)은 통번역사가 AI 번역 시대에서 생존하고 빛나기 위한 필수 과정이에요. 통번역사는 AI 번역 도구 사용법을 배우거나, 자연어 처리(natural language processing, NLP) 같은 새로운 기술에 대한 이해를 높이는 등 다양한 방법으로 자신의 능력을 키워나갈 수 있어요. 이러한 '자기개발'은 통번역사가 최신 트렌드를 따라가며 자신의 전문성을 유지하고 높일 수 있도록 도와줘요.

## Q. AI 번역에서 의뢰자의 기대치에 따른 통번역사의 역할은?

q-1 : AI 번역 활용으로 인한 통번역 의뢰자 기대치의 변화는?

| 변화 요인 | 과거 | 현재 |
| --- | --- | --- |
| 품질 | 기계번역의 정확성이 낮아 전문 번역사의 작업이 필수적임 | AI 번역 기술 발전으로 기계번역의 품질 상승, 높은 품질의 번역을 기대함 |
| 속도 | 수동 번역에 시간이 많이 소요됨 | AI 번역이 대량의 텍스트를 수 초 내 번역하므로 빠른 번역 속도를 기대함 |
| 비용 | 전문 번역사 고용에 비용이 많이 소요됨 | AI 활용으로 인한 비용 절감, 빠른 번역 속도로 인한 비용 절감을 기대함 |

표 17 AI 번역 활용으로 인한 통번역 의뢰자의 기대치 변화

AI 번역 기술의 발전은 전문 번역 업계에 여러 변화를 가져왔습니다.

첫째, 번역의 품질에 대한 기대치입니다. 과거에는 기계번역의 정확성이 낮아 전문 번역사의 개입이 필수적이었습니다. 하지만 AI 번역 기술이 발전함에 따라 기계번역의 품질이 크게 향상되었고, 이로 인해 의뢰자들은 전문 번역사 없이도 어느 정도 고품질의 번역을 얻을 수 있게 되었습니다.

둘째, AI 번역의 속도에 대한 기대도 변화했습니다. AI 번역은 문자를 인식하고 번역하는 데 몇 초밖에 걸리지 않습니다. 전통적인 수동 번역과 비교할 수 없을 만큼의 빠른 번역 속도 덕분에 의뢰자는 번역 결과를 얻는 데 필요한 시간이 크게 단축될 것이라고 기대합니다.

셋째, 비용에 대한 기대치도 변했습니다. AI 번역은 전문 번역사를 고용하는 것보다 훨씬 저렴하며, 대량의 텍스트를 빠르게 번역할 수 있습니다. 이런 이점 때문에 의뢰자들은 AI 번역을 통해 비용을 절약하고, 더 많은 번역 작업을 완료할 수 있을 것이라는 기대를 갖게 되었습니다. 이러한 변화들은 AI 번역 기술이 번역 업계의 미래를 어떻게 바꿀지에 대한 중요한 통찰을 제공합니다.

q-2 : 이로 인한 통번역사 역할의 변화 양상은?

| 예상 변화 | 설명 |
| --- | --- |
| 완전히 맞춤화된 번역 | AI 번역이 개인의 언어 스타일, 취향, 전문 용어 등을 학습하여 완전히 개인화된 번역을 제공함 |
| 자동 언어 학습 및 개선 | AI 번역 시스템이 번역 과정에서 발생하는 오류를 자동으로 인식하고 스스로 개선함 |
| 멀티모달 번역 | AI가 이미지, 음성, 신체 언어 등 다양한 모달리티를 통합하여 번역함 |

| 실시간 크로스-미디어 번역 | AI가 비디오, 음성, 텍스트 등 다양한 미디어를 실시간으로 번역함 |
|---|---|
| 통번역사와 AI의 긴밀한 협력 | 통번역사와 AI가 더욱 긴밀하게 협력하여 번역 작업을 더욱 효율적이고 정확하게 수행함 |

표 18  AI 번역 활용으로 인한 통번역사의 역할 변화

　AI 번역은 사용자의 언어 스타일, 취향, 전문 용어 등을 학습하여 맞춤화된 번역을 제공할 수 있을 것입니다. 이는 각각의 번역이 사용자의 '개인적인 느낌'을 더욱 반영할 수 있게 만듭니다. 즉, 각각의 번역이 더욱 개인적이고 독특하게 느껴질 것입니다.

　또한, AI 번역 시스템은 번역 과정에서 발생하는 오류를 자동으로 인식하고, 이를 통해 스스로를 개선하는 능력을 갖추게 될 것입니다. 즉, 시스템은 오류를 만나면 이를 학습의 기회로 삼아, 시간이 지날수록 더욱 정확하고 자연스러운 번역을 제공할 수 있게 될 것입니다.

　AI는 멀티모달 번역 능력을 갖추게 될 것입니다. 이는 텍스트를 넘어서 이미지, 음성, 신체 언어 등 다양한 형태의 정보를 통합하여 번역하는 것을 의미합니다. 이런 능력은 번역에 문맥적인 풍부성을 추가로 제공하며, 번역의 정확성과 자연스러움을 더욱 향상시킬 수 있습니다.

　그리고 AI는 비디오, 음성, 텍스트 등 다양한 미디어를 실시간으로 번역할 수 있는 능력을 가지게 될 것입니다. 이를 통해, 여러 언어를 사용하는 사람들이 같은 내용을 동시에 이해하고 소통할 수 있게 되어, 국제적인 상황에서의 원활한 교류가 가능하게 됩니다.

　이러한 과정에서 통번역사와 AI는 더욱 긴밀하게 협력하여 번역 작업을 더욱 효율적이고 정확하게 수행할 것입니다. 통번역사는 AI의 힘을 빌려 단순 번역 작업에서 벗어나, 복잡한 문맥을 해석하거나 창의적 표

현을 창출해 내는 등 더욱 전략적인 역할을 수행하게 될 것입니다. 이런 협력은 번역의 품질을 더욱 높이는 데 기여할 것입니다.

### q-3: 이러한 변화와 예측에 대한 통번역사의 대응 방안은?

| 통번역사의 대응 방안 | 설명 |
| --- | --- |
| 준비와 적응 | 미래의 변화를 인지하고, 필요한 기술과 지식을 배워 변화에 적응함 |
| 협력적 자세 | 인간의 직관과 문맥 이해 능력을 AI의 빠른 처리 능력과 데이터 기반 학습 능력과 결합함 |
| 전략적 역할 수행 | 언어와 문화 사이의 미묘한 차이를 해석하고, 복잡한 작업에 집중함 |
| 윤리와 사회적 책임 | AI의 사용과 관련된 윤리적, 사회적 이슈에 대해 더욱 신경 써야 함 |

표 19 변화에 따른 통번역사의 대응 방안

통번역사는 이러한 미래의 변화를 인지하고, 필요한 기술 스킬과 지식을 배워 변화에 적응할 준비를 해야 합니다. 이에는 새로운 기술 도구 사용 방법을 익히고, AI가 어떻게 번역하는지를 이해하는 것이 포함될 수 있습니다.

다음으로 통번역사는 AI와 협력해야 합니다. 즉 AI는 통번역을 위한 도구이며, 통번역사의 역할은 그것을 가장 효과적으로 활용하는 것입니다. 통번역사는 자신의 인간적인 직관과 문맥 이해 능력을 AI의 빠른 처리 능력 및 데이터 기반의 학습 능력과 결합하여 최상의 결과를 도출할 수 있어야 합니다.

그리고 AI의 발전은 통번역사의 역할을 더욱 전략적인 쪽으로 이동시킬 수 있습니다. 예를 들어, 통번역사는 언어와 문화 사이의 미묘한 차이를 해석하고, 의미와 의도를 옮기는 등의 복잡한 작업에 더욱 집중할 수 있게 될 것입니다.

마지막으로 AI 번역의 발전과 확산이 진행됨에 따라, 통번역사는 AI의 사용과 관련된 윤리적, 사회적 이슈에 대해 더욱 신경 써야 할 필요가 있습니다. 이에는 정보 보안, 개인정보 보호, AI의 편향성 등 다양한 문제가 포함될 수 있습니다.

### Q. AI 번역 활용 통번역사에 대한 의뢰자의 요구와 처리 방법은?

의뢰자는 통번역사에게 번역 과정이나 출발 텍스트, 번역의 결과와 관련된 다양한 요구를 건네기도 합니다. 번역 의뢰자가 AI 번역을 활용하는 통번역사에게 일반적으로 요구 및 요청할 수 있는 사항에 대해 살펴보면 다음과 같습니다.

먼저 빠른 작업 속도를 요구할 수 있습니다. 일반적으로 의뢰자는 통번역사가 기계번역을 사용하여 번역 작업 속도를 높일 수 있다고 생각합니다. 그러므로 번역 의뢰자는 자연스럽게 통번역사에게 빠른 작업 속도를 요구하고, 단시간 내에 번역을 완성해 줄 것을 기대하게 됩니다.

다음으로는 저렴한 비용을 기대하고 요구할 수 있습니다. 기계번역을 사용함으로써 통번역사가 시간과 비용을 절약할 수 있다고 생각하여 번역 의뢰자는 저렴한 번역 서비스를 요구할 수 있습니다. 한편 번역 의뢰자가 '기계번역'을 더 높은 수준의 번역을 구성하는 데 필요한 도구적인 개념으로 받아들이지 않을 수 있습니다. 그러므로 통번역사는 번역 의뢰자에게 기계번역이 가진 의미와 역할 그리고 그것이 번역 결과의 질적인 향상에 어떤 영향을 미치는지를 설명할 필요가 있습니다.

번역 의뢰자는 통번역사가 기계번역을 활용함으로써 전문 지식이나 용어의 사용에 있어 더 전문적이고 일관적일 것이라고 기대합니다. 번역 의뢰자가 특정 분야에 대한 일관된 용어 사용을 요구한 경우 통번역사는 사전, 용어집, 번역 메모리 등의 도구를 활용하여 어휘와 술어 사용의 일관성[132]을 유지해야 합니다. 그리고 번역 의뢰자는 통번역사가 기계번역 활용을 통해 얻은 효율성을 바탕으로 더 전문성을 갖춘 번역을 해 주기를 기대합니다. 그러므로 통번역사는 해당 분야의 전문 지식을 활용하여 기계번역의 한계를 극복하고, 번역 의뢰자의 요구를 충족시키는 번역 결과물을 제공해야 합니다.

다음으로 번역 의뢰자는 통번역사의 문화적 민감성[133]에 대해 더 큰 기대를 하게 됩니다. 번역 의뢰자는 통번역사의 노력을 통해 번역 결과물이 도착 텍스트 독자의 문화에 좀 더 적합하게 표현되기를 기대합니다. 즉, 통번역사가 문화적 배경과 뉘앙스를 이해하고, 이를 반영하여 더 높은 번역 품질을 산출해 줄 것이라고 기대하게 됩니다.

또한 번역 의뢰자가 통번역사에게 요구하는 것으로 기밀 유지[134]를 생각해볼 수 있습니다. AI 번역을 활용하는 번역 수행 과정을 알고 있는 번역 의뢰자라면 출발 텍스트에 포함된 기밀 정보의 보호를 요구할 것입니다. 그러므로 통번역사는 기계번역 시스템의 특성을 이해하고 이에 대한 보안 의식과 그 방법을 숙지하고 있어야 하며, 의뢰자의 데이터 관리 정책을 정확히 이해하고 준수하여 기밀성을 유지해야 합니다.

---

[132] 일관성(consistency)은 AI 번역의 핵심적 요소예요. 예를 들어, '허혈성 심장 질환' 같은 전문 용어는 일관적으로 번역되어야 하는데 번역 메모리와 용어집의 활용은 이러한 일관성을 보장하는 데 큰 도움이 돼요. 이는 전문 번역을 제공하며 의뢰자의 만족도를 높이는 데 필수적이라고 할 수 있어요.

[133] 문화적 민감성(cultural sensitivity)은 AI 번역의 중요한 요소예요. 예를 들어, 영어의 'It's raining cats and dogs'라는 표현은 '고양이와 개가 비처럼 내리고 있다'로 직역되나, 이는 '비가 아주 많이 내리고 있다'라는 의미예요. AI 번역이 이러한 뉘앙스를 제대로 포착하지 못한다면 번역 오류를 초래할 수 있어요. 따라서 의뢰자는 통번역사가 문화적 배경을 이해하고 이에 맞는 적절한 번역 결과물을 도출해 내 주기를 기대해요.

[134] 기밀 유지(confidentiality)는 AI 번역의 중요한 요소로, 통번역사는 번역 의뢰자의 정보 보호를 보장해야 해요. AI 번역 도구는 서버를 통해 데이터를 처리하는 경우가 많아, 민감한 정보가 외부로 유출될 수도 있어요. 따라서 통번역사는 보안 시스템을 숙지하고, 의뢰자의 데이터 관리 정책을 준수하여 의뢰자가 통번역사를 신뢰할 수 있도록 해야 해요.

마지막으로 번역 의뢰자는 번역 결과에 자신의 피드백[135]을 반영해 줄 것을 요구할 수 있습니다. 번역 의뢰자는 번역 결과물을 검토하고 이에 대한 피드백을 제공할 것이며 통번역사는 이를 적극 수용하여 번역 결과물을 개선할 수 있어야 합니다. 이는 번역 품질 보증 방법의 하나로 번역 의뢰자의 만족도를 높이고, 지속적인 협력을 유지할 수 있도록 합니다.

[135] 의뢰자의 피드백(client's feedback)은 AI 번역 시대에 더욱 중요해지고 있어요. AI 번역 도구는 훌륭하나, 완벽하게 의뢰자의 요구를 파악하진 못해요. 따라서 의뢰자의 피드백은 결과물 개선의 핵심이며, 이는 품질 보증 및 의뢰자 만족도 향상에 도움이 돼요.

**Q. AI 번역에서 통번역사와 의뢰자의 의사소통에서 중요한 것은?**

번역 의뢰자가 구체적이고 제한적인 요구 사항을 제시한다면 AI 번역을 활용한 통번역사는 이를 만족시키기 위한 구체적인 방법을 고민해야 합니다. 아래 몇 가지 방법을 통해 통번역사와 의뢰자의 관계 안에서 이러한 요구를 충족시킬 수 있을 것입니다.

먼저 통번역사는 번역 의뢰자와 충분한 소통을 시도해야 합니다. 이는 통번역사가 번역 의뢰자의 요구 사항을 정확하게 이해하기 위해 충분한 정보를 받아들여야 함을 의미합니다. 그리고 여기에서 말하는 정보에는 번역 프로젝트의 목적, 대상 독자, 문체나 화법 등도 포함되어야 합니다. 이러한 정보는 통번역사가 번역 의뢰자의 기대에 부응하는 번역 결과물을 생산하기 위해 수행하는 번역의 기반이 될 수 있습니다.

두 번째로 기계번역 시스템의 세부 설정[136] 조정이 중요한 이유를 알아야 합니다. 번역 과정에서 각 의뢰자의 요구가 다양하고, 이를 만족시키는 것이 최종 목표입니다. 기계번역 시스템의 세부 설정을 통해, 이러한 요구에 더 정확하게 대응할 수 있습니다. 예를 들어, 의뢰자가 특정 용어나 문장 구조를 원한다면, 이에 맞춰 기계번역 시스템을 설정할 수 있

[136] 세부 설정(detailed configuration)은 기계번역 시스템에서 중요한 역할을 해요. 이는 특정 분야의 용어나 문장 구조를 정확하게 반영하게 해 줘요. 의학 분야의 번역을 예로 들면, 용어집(terminology) 기능을 이용해 특정 의학 용어를 정확하게 번역할 수 있어요. 이를 통해 번역 품질이 향상되며, 의뢰자의 만족도를 높일 수 있어요.

습니다. 이는 번역 품질을 향상시키며, 의뢰자의 만족도를 높입니다.

또한, 이러한 설정은 전문 분야의 지식을 번역에 적용하는 데에도 도움이 됩니다. 예컨대, 의료 분야의 번역에서는 특정한 의학 용어를 정확히 사용하는 것이 중요합니다. 이런 경우에는 기계번역 시스템의 세부 설정을 통해 의학 용어집을 적용하거나, 특정한 번역 메모리를 사용할 수 있습니다. 따라서, 기계번역 시스템의 세부 설정은 의뢰자의 요구를 만족시키는 번역 결과물을 만들어내는 데 중요한 역할을 합니다. 통번역사는 이러한 설정을 통해 의뢰자의 요구에 더욱 정확하게 응답하며, 품질 높은 번역 서비스를 제공해야 합니다.

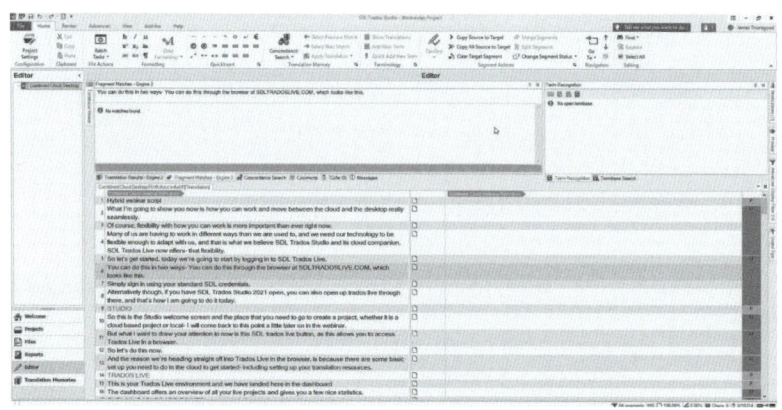

그림14 출처 : https://m.blog.naver.com/rws-korea/221761736159

그림 14  SDL Trados Studio의 세부 설정 패널

[137] MT-PE(machine translation post-editing)는 기계번역 후 전문 통번역사가 결과물을 검토하고 수정하는 과정을 말해요. AI 번역 결과물이 완벽하지 않기 때문에 번역 품질 향상을 위해 이 과정이 필수적이에요. 통번역사는 자신의 전문 지식과 문화적 이해를 활용해 더욱 정확한 번역을 제공함으로써 AI의 한계를 극복하고 사용자의 만족도를 높일 수 있어요.

세 번째로는 기계번역 결과에 대한 전문 통번역사의 꼼꼼한 검토와 수정을 들 수 있습니다. 전문 통번역사는 기계번역 결과를 의뢰자의 요구에 맞춰서 꼼꼼하게 검토하고, 번역 의뢰자의 요구 사항을 충족시키기 위해 필요한 경우 결과물을 수정(MT-PE)[137]해야 합니다. 이 과정에서 전문 통번역사는 전문 지식과 문화적 배경 등을 활용하여 번역 품질을 향상시킵니다.

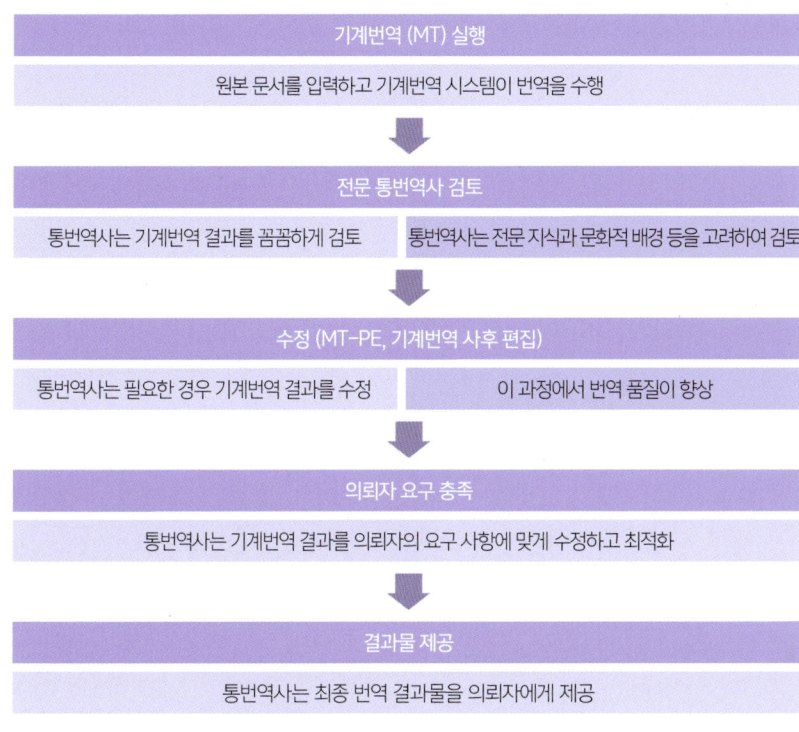

그림 15  AI 번역 결과에 대한 수정 방법

   여기에 안정적인 번역 품질 보증 과정을 확보함으로써 번역 의뢰자의 요구에 부합하는 품질의 번역 결과물을 제공할 수 있어야 합니다. 그리고 이러한 번역 품질의 관리 방안을 구성하는 데에 머무르지 않고 명확하고 철저하게 준수하고자 하는 노력이 따라야 합니다. 그리고 기계번역을 활용하는 통번역사는 번역 의뢰자의 다양한 요구 사항을 충족시키기 위해, 다양한 자원과 정보를 활용하고, 지속적으로 기술과 전문 지식을 습득해야 합니다. 그 결과, 통번역사는 기계번역 시스템과의 협력을 높이고, 번역 서비스의 품질을 개선할 수 있습니다.

# 08

# AI 번역을 활용한 문화 전환의 편집과 수정

기계번역의 결과에 대한 전문 통번역사의 편집과 수정이 필요한 주요한 이유는 두 언어권의 문화적 차이 때문이다. 실제로 기계번역은 언어적인 표현을 정확하게 변환하여 안정적인 결과물을 제시할 수 있으나 문화적 요소와 관련된 미묘한 차이를 완벽하게 이해하고 그것을 번역물에 정확하게 반영하는 데 어려움을 겪는다. 이 때문에 기계번역을 활용하는 과정에서는 통번역사의 편집과 수정 작업(MT-PE)[138]이 필수적이다.

예를 들어, 기계번역은 은유적 표현이나 관용 표현을 글자 그대로 번역할 가능성이 높다. 그러므로 통번역사는 출발 텍스트의 문화적 맥락을 이해하고, 적절한 표현으로 대체하는 작업을 담당해야 한다. 그리고 이 과정에서 통번역사는 좀 더 나아가 자국화[139]를 통해 대상 독자의 이해 과정을 고려할 수도 있다.

그리고 번역의 대상이 되는 출발 텍스트에는 특정 문화의 역사, 전통, 인물 등의 다양한 문화소가 포함되어 있다. 이러한 문화소[140]는 기계번역의 번역 과정에서 종종 잘못 이해되거나 또는 무시되기도 한다. 이러한 상황에서 통번역사는 문화소에 대한 이해와 대상 문화를 참조하여 독자를 위한 자국화의 전략을 시도하게 된다. 이는 출발 텍스트의 문화소를 대상 독자가 이해할 수 있는 방식으로 표현해 가는 과정에서 이루어진다.

---

**138** 기계번역을 활용한 편집과 수정 작업(machine translation post-editing, MT-PE)은 AI 번역 결과에 대한 통번역사의 검토와 수정 과정을 말해요. 이는 기계번역의 한계를 보완하고, 문화적 차이와 미묘한 언어적 뉘앙스를 고려하여 최종 번역물의 품질을 향상시키는 데 중요해요. 즉, MT-PE는 AI 번역과 통번역사의 전문성이 결합된 접근법으로서 통번역의 효과를 극대화해요.

**139** 자국화(domestication)는 번역을 넘어 대상 문화의 맥락에 맞게 콘텐츠를 재구성하는 과정을 말해요. 이는 단순한 언어적 변환 이상으로, 독자의 관습, 문화, 그리고 이해도를 고려하여 내용을 최적화해요. 따라서 번역 결과물이 대상 문화권에서 자연스럽게 받아들여질 수 있도록 돕는 중요한 과정이라고 할 수 있어요. 이러한 과정을 통해, 번역물은 언어를 넘어 다양한 문화적 맥락에서도 효과적으로 소통할 수 있어요.

**140** 문화소(culturemes)는 특정 문화의 역사, 전통, 인물 등을 지칭하며, 이는 번역 시 주의해야 할 중요한 요소예요. 이는 문화적 배경과 맥락이 서로 다른 언어 간의 번역에서 발생하는 미묘한 차이와 오해를 줄이는 데 중요하며, 이를 이해하고 적절히 번역하는 것은 통번역사의 역량을 크게 좌우해요.

한국어 번역에서는 대상에 따라 서로 다른 형태나 구조의 높임말이나 공손 표현[141]이 존재한다. 기계번역은 이러한 사회언어학[142]적인 언어 사용의 차이를 완벽하게 구분하지 못할 수 있다. 그러므로 통번역사는 텍스트의 문체를 적절히 조절하고 문화적으로 적합한 높임법과 존대 표현을 사용하여 자국화를 진행해야 할 때가 많다.

이외에도 통번역사는 종종 문화적 민감성에 대해 생각해 봐야 하는데 특정 문화에서 텍스트의 일부 내용이 매우 민감하게 여겨질 수도 있기 때문이다. 그러므로 통번역사는 이러한 민감성을 고려하며 대상 문화에 적절히 맞춘 지역화 전략을 펼쳐야 한다.[143] 이를 통해 번역된 텍스트가 대상 독자의 문화적 관념이나 가치와 충돌하지 않도록 조절할 수 있다.

이상과 같이 통번역사는 문화적 전환과 관련된 다양한 요소를 고려하여 번역 결과물을 편집하거나 수정해야 한다. 이때 지역화와 자국화를 통해 지역적·문화적 차이를 효과적으로 처리할 수 있다. 이러한 과정의 결과로 대상 독자에게 자연스럽고 문화적으로 친숙한 번역 결과물을 제공할 수 있다.

### Q. 번역에서 지역화와 자국화의 차이는?

지역화(localization)[144]와 자국화(domestication)는 번역학에서 자주 접하게 되는 주요한 개념으로, 여러 상황에서 마치 유사한 개념처럼 이해되기도 하지만 실제로는 많은 차이점이 있습니다.

먼저 지역화(localization)는 비즈니스 번역 텍스트에서 원문을 대상

---

[141] 한국어와 같은 언어는 상대방의 나이, 지위, 관계 등을 고려하여 높임말과 공손 표현(honorific, polite expression)을 적절하게 사용해야 한다는 특징을 가져요. 이러한 표현은 문화적으로 중요하며, 번역에서는 이를 적절히 반영할 필요가 있어요. AI 번역 시스템은 이러한 중요한 요소를 완전히 이해하고 적용하는 데 어려움이 있을 수 있어서 통번역사의 역할이 중요해요.

[142] 사회언어학(sociolinguistics)은 언어와 사회 사이의 상호작용을 연구하는 학문 분야로, 언어 사용의 사회적 맥락을 분석해요. 그리고 이것은 높임말, 방언, 성별에 따른 언어 사용 등을 포함해요. AI 번역에서 이런 사회언어학적 요소를 완전히 찾아내어 번역하기 어려우므로, 통번역사의 사회언어학적 지식과 전문성이 필요해요.

[143] 민감성과 지역화 전략(sensitivity and localization strategy)은 특정 문화에서 민감하게 여겨지는 요소를 고려하여 지역화 전략을 수립하는 것을 의미해요. 예를 들어, 일부 종교적 텍스트나 정치적 문맥은 번역 과정에서 민감하게 다루어져야 할 수 있어요. 이런 경우, 통역사는 그 문화의 특성과 독자들의 관념을 이해하고 이를 고려하여 번역 결과물이 해당 문화에서 수용 가능하도록 합리적인 지역화 전략을 적용해야 해요.

[144] 어떤 회사가 자기 나라에서 생산한 제품을 다른 나라에서 팔기 위해서는 제품과 관련된 여러 가지를 그 나라의 언어로 번역해야 해요. 예컨대 제품을 한국에 팔기 위해서는 회사와 제품에 대한 설명이나 광고 등을 모두 한국어로 번역해야 해요. 이렇게 생산한 제품과 관계되는 모든 것을 한국어화 하는 과정을 지역화(localization)라고 할 수 있어요.

지역의 언어와 문화에 맞게 조정하는 과정입니다. 이 과정에서 통번역사는 문화적 적합성과 도량형의 단위, 통화의 변환, 날짜와 시간 형식의 변경, 법률과 규제, 색감이나 디자인 요소, 웹사이트나 앱 지역화 등을 고려하여 비즈니스의 대상이 되는 언어와 문화에 적합한 번역 결과물을 생성합니다.

예를 들어, 미국 기업의 광고 캠페인을 한국 시장에 적용하고자 한다면, 단순히 영어 문장을 한국어로 번역하는 것만으로는 충분하지 않습니다. 광고의 이미지, 슬로건, 색상, 브랜드 메시지 등이 한국 시장과 소비자들의 기호, 문화, 관습에 맞게 번역되거나 수정되어야 합니다. 이를 지역화 작업이라고 합니다.

자국화(domestication)는 원문을 독자의 언어와 문화에 완전히 맞추어 번역하는 방식을 말합니다. 다시 말하면 독자가 출발 텍스트로부터 이문화 또는 타문화의 느낌을 느끼지 않도록 하는 번역을 말합니다. 이 과정에서 통번역사는 독자의 입장에서 이해하기 쉽게 문장을 재구성하거나, 독자에게 문화적으로 친숙한 용어와 표현을 사용하여, 이문화적인 영향을 최소화하게 됩니다.

예를 들어, 일본의 전통 문화나 특정 지역의 관습에 대한 설명이 포함되어 있는 일본 소설을 한국어로 번역할 때 자국화를 통해 한국 독자들이 이해하기 쉽도록 그에 상응하는 한국 문화나 관습으로 변환시킬 수 있습니다. 또 다른 예를 살펴보면, 프랑스 문화에서 'pied-à-terre'는 교외에 있는 본가가 아닌 작은 아파트나 주택을 가리키는 말입니다. 이를 한국어로 번역할 때 한국인 독자가 쉽게 이해할 수 있도록 '두 번째 집'이라고 표현할 수 있습니다. 이러한 방식으로 번역은 원래의 문화적 맥락을 보존하면서도 대상 독자의 이해를 돕는 데 중점을 둡니다.

위와 같이 번역학에서는 지역화와 자국화의 개념에 차이가 있습니다. 그리고 지역화와 자국화라는 두 개념은 몇 가지 관점에서 차이가 드러납니다.

| | 지역화(localization) | 자국화(domestication) |
|---|---|---|
| 번역 목표 | 출발 텍스트를 대상 지역의 도착 언어와 문화에 적합하게 조정함 | 도착 텍스트를 수용하는 독자의 입장에서 이문화성이나 타문화적 성격을 느끼지 않도록 출발 텍스트를 번역함 |
| 문화적 적응 정도 | 대상 지역의 언어와 문화를 고려하여, 출발 텍스트의 의미를 최대한 정확하게 전달함 | 독자의 언어와 문화에 적절하게 맞추어 번역함으로써 독자에게 미치는 외래문화의 영향을 최소화함 |
| 번역 수준 | 비즈니스 상황에서 출발 텍스트를 대상 지역의 시장에 적합하게 번역함 | 도착 텍스트를 독자의 언어와 문화에 완전히 맞추어 독자의 수용성을 높이는 번역임 |

표 20 지역화와 자국화의 차이 정리

첫 번째, 번역학에서는 두 개념의 차이를 번역 목표에서 찾을 수 있습니다. 지역화의 목표는 출발 텍스트를 대상 지역의 도착 언어와 문화에 적합하게 조정하는 것입니다. 그리고 자국화의 목표는 도착 텍스트를 수용하는 독자의 입장에서 이문화성이나 타문화적 성격[145]을 느끼지 않도록 출발 텍스트를 번역하는 것입니다.

두 번째로는 문화적 적응 정도의 관점에서 두 개념의 차이를 찾을 수 있습니다. 먼저 지역화는 대상 지역의 언어와 문화를 고려하여, 출발 텍스트의 의미를 최대한 정확하게 전달합니다. 그러나 자국화는 독자의 언

---

[145] 이문화성과 타문화적 성격(otherness, alienness)은 AI 번역과 관련된 문제 중 하나예요. AI는 종종 출발 언어와 도착 언어 간의 문화적 차이를 완전히 이해하거나 반영하지 못하기 때문에, 번역 결과물이 독자에게 이질감을 줄 수 있어요. 이런 문제를 해결하기 위해 통번역사가 AI 번역 결과를 검토하고 필요한 경우 내용을 수정해야 해요.

어와 문화에 적절하게 맞추어 번역함으로써 독자에게 미치는 외래문화의 영향을 최소화합니다.

세 번째로는 번역 수준에서 두 개념의 차이를 말할 수 있습니다. 비즈니스 상황에서 지역화는 출발 텍스트를 목표 사회 공동체에 적합하도록 번역하는 데 초점을 맞추게 됩니다. 하지만 자국화는 도착 텍스트를 독자의 언어와 문화에 완전히 맞추어 독자의 수용성을 높이는 데 초점을 맞추어 번역이 이루어집니다.

지역화와 자국화는 번역 작업에서 개념적으로는 상당히 유사해 보이지만, 실제로 이 두 개념은 번역에 대해 서로 다른 접근 전략을 가지고 있습니다. 그러므로 통번역사는 각각의 번역 작업에 맞는 전략을 선택해야 합니다.

### Q. 기계번역의 활용과 지역화와 자국화의 관계는?

기계번역에서 지역화와 자국화는 자주 해결해야 할 문제로 언급됩니다. 실제로 기계번역은 대량의 번역 작업을 수행하는 상황에서는 매우 효율적이지만, 문화적 적합성과 같이 주요한 문제가 되는 번역의 미묘한 부분을 다루는 데 어려움이 있습니다. 그러므로 지역화와 자국화가 필요한 번역 작업에서는 전문 통번역사와 기계번역의 협업은 필수적입니다.

일반적으로는 기계번역은 출발 텍스트를 대상 언어로 빠르게 번역하는 데 도움이 되지만, 지역화 작업에서 중요한 문화적 적합성[146]이나 국가별 규정[147] 등을 잘못 반영하는 경우도 많습니다. 이때 전문 통번역사가

---

[146] 문화적 적합성(cultural appropriateness)이란 번역 시 대상 문화의 관습, 가치, 신념 등을 고려해야 함을 의미해요. 예를 들어, 미국의 표현 'A picture is worth a thousand words'는 한국에서는 '백 번 듣는 것보다 한 번 보는 것이 낫다'로 번역될 수 있으며, 이는 문화적 적합성을 고려한 번역이에요.

[147] 국가별 규정(country-specific regulations)이란 번역 시 각 국가의 법률, 정책, 규제 등을 고려해야 함을 말해요. 예를 들어, 유럽의 GDPR(General Data Protection Regulation, 일반 데이터 보호 규정) 같은 개인 정보 보호 법률을 준수해야 하는 콘텐츠를 번역할 때, 이를 정확히 이해하고 번역하는 것이 중요해요.

기계번역 결과를 검토하고 수정함으로써, 지역화 과정에서 필요한 문화적·지역적·사회적 요소를 추가할 수 있습니다. 통번역사는 자신의 전문 지식과 문화적 이해를 활용하여 지역화 작업을 완성할 수 있습니다.

기계번역이 독자에게 친숙한 용어나 표현을 사용하거나 문장을 재구성[148]하는 자국화 과정에서도 한계를 보이는 것이 사실입니다. 그래서 전문 통번역사는 기계번역 결과를 검토하고, 수정하면서 독자의 문화적 배경을 고려하여, 타문화적인 요소의 영향을 최소화하고, 독자가 이해하기 쉽도록 번역해야 합니다.

하지만 모든 번역에서 AI 번역이 지역화와 자국화에 도움이 되지 않는 것은 아닙니다. 기계번역의 가장 큰 장점은 빠른 시간에 다양한 번역을 제공할 수 있다는 점입니다. 그러므로 기계번역은 통번역사가 번역 과정에서 생각해 내지 못한 의외성 있는 번역의 결과를 제시하기도 합니다. 이러한 기계번역의 결과물은 의도적이지는 않지만, 통번역사로 하여금 통번역사의 한계를 넘어서는 의외성을 발견하게 해 줍니다. 이처럼 기계번역이 전체 번역에서 통번역사와 훌륭하게 협업할 수 있다는 점이 지역화와 자국화의 번역 과정에서 통번역사가 기계번역을 활용하는 주요한 목적이 될 수 있습니다.

다시 말하면, 기계번역은 지역화와 자국화 작업에 있어서 초기 번역 과정을 가속화하는 데 많은 도움이 됩니다. 하지만 이 영역에서 전문 통번역사의 역할은 여전히 중요하며, 통번역사는 기계번역 결과를 꼼꼼히 검토하고 수정하여 지역화와 자국화를 목적으로 하는 작업의 품질을 높여야 합니다. 이와 같이 기계번역과 통번역사의 협력을 통해 최상의 번역 결과물을 얻을 수 있습니다. 그리고 기계번역을 활용한 번역이 지역화와 자국화에 도움이 되지 못한다는 것 또한 편견일 수 있습니다. 앞서

---

148 재구성(reconstruction)이란 원문의 내용을 독자가 이해하기 쉬운 형태로 변환하는 번역 과정을 말해요. 슐라이어마허(Schleiermacher)의 번역 이론에서는 원문을 그대로 따르는 이국화와 독자 중심의 자국화에 대해 이야기하고 있어요. 자국화를 통해 텍스트가 재구성되어 독자의 문화와 언어에 더 잘 부합하도록 만들어져요. 즉, 독자의 배경 지식, 문화적 이해 등을 반영하여 이질감을 줄이고 독자의 이해를 도와주는 번역물을 생성해 낼 수 있어요.

언급한 바와 같이 기계번역의 순발력 있는 다양한 번역의 산출 능력이 통번역사에게 의외성을 가진 표현을 제공해 줄 수도 있기 때문입니다.

### Q. 기계번역의 지역화와 자국화, '제사'의 한-영 번역 사례

한국의 전통 '제사'를 주제로 한 번역 과정을 예로 들면, 이는 단순히 언어를 변환하는 것 이상의 복잡한 과정을 포함하게 됩니다. 기계번역은 이를 처리하는 데 한계가 있으므로, 통번역사의 역할이 중요합니다 그 과정을 좀 더 자세히 나누어 설명하겠습니다.

1) 1단계 : 초기 텍스트 분석
먼저 원문을 이해하기 위해 텍스트를 분석합니다. 이때 통번역사는 문서의 전반적인 맥락, 특정 용어의 사용, 대상 독자 등을 고려합니다.

2) 2단계 : 초벌 기계번역
이제 기계번역을 통해 텍스트의 초벌 번역을 진행합니다. 기계번역은 일반적인 구조와 단어나 구문의 기본 번역을 제공합니다.

3) 3단계 : 문화적 적합성 검토
'제사'와 같은 문화적 요소가 제대로 번역되지 않는 경우가 많습니다. '제사'를 'sacrifice'로 번역하면 문화적 맥락이 충분히 드러나지 않을 수 있습니다. 이 단계에서 전문 통번역사는 문화적인 적합성을 고려하여 번역문을 수정합니다.

4) 4단계 : 국가별 규정 검토

번역 대상 국가의 법률, 정책, 규제 등을 고려하여 번역문을 수정합니다. 이는 특히 공식 문서나 법률 관련 문서에서 중요합니다.

5) 5단계: 재구성 및 교정

이제 재구성(reconstruction) 단계로 넘어갑니다. 통번역사는 번역문을 검토하면서 독자에게 더 친숙한 용어나 표현을 사용하거나 문장을 재구성합니다. 또한 문맥, 문법, 철자 등이 정확한지 교정 작업을 수행합니다.

6) 6단계: 최종 검토 및 피드백

전체 번역문을 검토하여 문맥, 문법, 철자 등이 정확한지 확인합니다. 또한 피드백을 받아 수정할 부분이 있는지 확인합니다.

이와 같이 기계번역과 전문 통번역사가 협력하여 문화적인 특성이 더 잘 반영된 번역 결과물을 생성할 수 있습니다. 기계번역은 초벌 번역을 빠르게 제공하는 반면, 전문 통번역사는 그 번역을 보완하고 세부화하는 데 필요한 전문적인 지식과 경험을 가지고 있습니다. 이러한 협업을 통해 독자가 이해하기 쉽고, 문화적으로 적합하며, 원문의 의미를 정확하게 전달할 수 있는 최종 번역문을 제공할 수 있습니다.

### Q. AI 번역(GPT)이 지역화와 자국화를 해결할 수 있는 방법은?

이 질문에 기계번역 및 GPT와 같은 인공지능(AI) 기반 번역 시스템이 지역화와 자국화 작업에 큰 도움을 줄 수 있으나 아직은 이를 완전히 해결하기 어렵다고 답할 수밖에 없습니다. 그 이유는 아래와 같습니다.

먼저 AI 번역이 문화적 뉘앙스와 의미 및 표현의 미묘한 차이를 해결하기 어렵기 때문입니다. 인공지능 기반 번역 시스템은 언어를 처리하는 데에는 뛰어난 성능을 보여 줍니다. 하지만 여전히 인간의 감성, 문화적 배경, 역사적 맥락 등과 관련된 다양한 표현의 미묘한 차이를 완벽하게 이해하고 처리하는 데에는 어려움을 보입니다. 이로 인해, 지역화와 자국화 작업에서 전문 통번역사의 역할은 여전히 중요합니다.

1) 인간의 감성

예를 들어, '하늘이 무너져도 솟아날 구멍이 있다.'라는 표현은 희망에 관한 깊은 의미를 담고 있으나 이를 'Even if the sky collapses, there is a hole through which it will rise.'라고 영어로 직접 번역하면 그 미묘한 의미를 잃게 됩니다. 이는 감성적인 부분을 기계가 완전히 이해하고 번역하는 것이 어렵다는 것을 보여 줍니다.

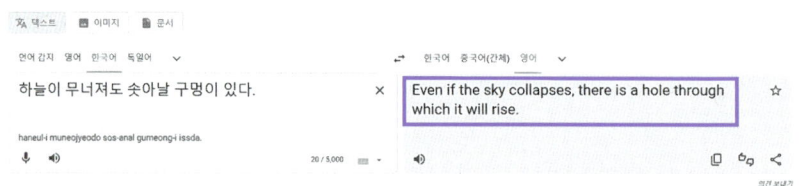

2) 문화적 배경

'꿩 먹고 알 먹기'는 한국의 특정한 상황을 반영하는 고유한 표현입니다. 이를 'Eating eggs after eating pheasants'로 그대로 번역하면 그 문화적인 의미를 잃게 됩니다. 이는 문화적 배경을 이해해야만 정확한 번역이 가능하다는 것을 보여 줍니다.

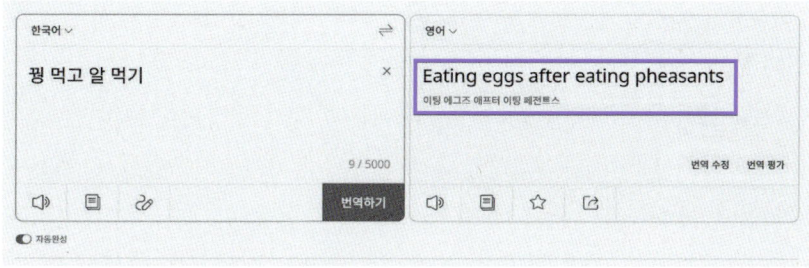

3) 역사적 맥락

'3.1운동'이라는 표현은 한국의 역사적인 사건을 가리키므로 그 역사적 맥락을 이해하지 못하면 정확한 번역이 어렵습니다. 이는 역사적 맥락을 이해하는 것이 중요함을 보여 줍니다.

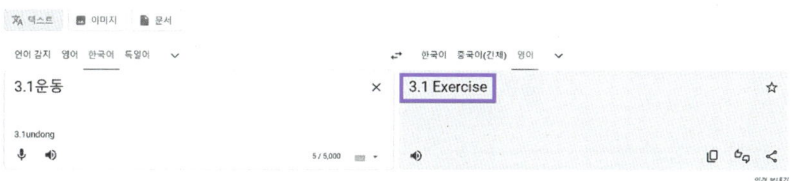

앞서 언급한 세 가지 예의 올바른 영어 번역으로 다음과 같은 문장을 제안하고자 합니다.

1) '하늘이 무너져도 솟아날 구멍이 있다'의 영어 번역: 'Every cloud has a silver lining'
2) '꿩 먹고 알 먹기'의 영어 번역: 'Kill two birds with one stone'
3) '3.1운동'의 영어 번역: 'The March 1st Independence Movement'

위의 예시들을 통해 볼 수 있듯이, 기계번역은 언어의 문법적 구조를 이해하고, 빠르게 번역하는 데에는 유용하지만, 미묘한 문화적·역사적 맥락을 이해하고 그것을 번역하는 데에는 한계가 있습니다. 이러한 한계를 극복하기 위해 전문 통번역사의 역할이 필요하며, 그들은 기계번역 결과물을 보완하고 세밀화하는 데 중요한 역할을 합니다. 이처럼, 기계와 통번역사가 협력하여 더욱 정확하고 풍부한 번역문을 만들어 낼 수 있습니다.

### Q. 기계번역의 한계를 고려한 번역 품질 평가의 기준은?

최근 AI 기술의 발전으로 한계의 폭이 줄고 있으나 아직도 AI 번역과 관련된 몇 가지 번역 문제가 과제로 남아 있습니다.

먼저 통역과 번역이라는 언어 사용 상황에서 발견되는 미묘한 뉘앙스와 감정의 차이입니다. 텍스트라는 제한적인 입력 정보만으로 기계번역이 텍스트의 미묘한 뉘앙스와 감정을 완벽하게 파악하고 번역하기 어렵습니다. 그래서 통번역사에 비해 문장의 세밀한 어감을 완전하게 이해하고 이를 번역하여 표현하는 능력이 제한적일 수밖에 없습니다.

두 번째 한계로 지적할 수 있는 것은 문화적 차이와 배경 지식입니다. 기계번역은 두 언어권의 문화적 차이와 공동체의 배경 지식을 완전히 이해하고 반영하는 데는 한계를 가질 수밖에 없습니다. 이 때문에 문화적으로 미묘한 감정이나 개념, 그리고 특정 지역이나 공동체의 관습에 대한 이해가 부족한 통번역 결과물을 생산하게 됩니다. 이 역시 제공된 텍스트만으로는 번역을 위한 배경 정보, 지식 정보, 사회·문화 정보 등의 다양한 정보를 인식하는 데 제한이 있기 때문입니다.

세 번째로는 관용구를 비롯한 사회언어학적 비속어, 격식어와 같은 표현을 번역하는 데에 한계가 있을 수밖에 없습니다. AI 번역이라고는 하지만 기계번역은 관용구와 속어, 비어, 유행어 등을 정확하게 인식하고 이를 사회·문화적 관계를 고려하여 적절하게 번역하는 데는 한계가 있습니다. 따라서 기계번역은 출발 텍스트의 의미를 완전히 파악하지 못하거나, 독자가 이해하기 어려운 형태의 번역 결과물을 만들어 낼 수도 있습니다. 특히 이런 문제는 문화적, 사회언어학적 요소가 중요한 번역물에서 더 많이 발생할 수 있습니다.

네 번째로 기계번역은 글쓰기 스타일[149]과 목적에 맞는 번역을 하는 데 한계를 보입니다. 물론 이러한 한계가 다른 기계번역의 한계에 비해 빠르게 개선되고 있다는 점도 주목해야 합니다. 그러나 아직까지 기계번역은 출발 텍스트의 글쓰기 스타일과 목적을 완벽하게 이해하고 그것에 맞춘 번역을 생성하는 데는 한계가 있습니다. 이로 인해 출발 텍스트에서 전달하고자 하는 어감과 번역 목적이 잘 전달되지 않을 수 있다는 한계를 보입니다.

다섯 번째로 전문 분야의 용어와 지식을 번역에 반영하는 데에서 보이는 한계입니다. 특정 전문 분야의 용어와 지식을 활용하여 번역 결과를 생산해야 하는 번역에서 기계번역은 출발 텍스트를 완벽하게 이해하고 도착 텍스트의 산출에서 전문성을 표현하는 데 어려움을 느낄 수 있습니다. 이로 인해 전문 분야의 번역에서 정확성이 떨어지거나, 전문 용어의 사용이 부적절한 결과물이 생성될 수도 있습니다.

이러한 기계번역의 한계로 인해, 번역 과정에서 전문 통번역사의 검토와 수정이 반드시 필요합니다. 통번역사는 기계번역의 결과를 평가하

---

[149] 글쓰기 스타일과 문체(style of writing)는 작가의 개성이나 맥락에 따라 달라져요. 예를 들어, 평서문, 시, 대화체, 학술적인 글 등의 스타일은 어조, 단어 선택, 문장 구조 등에서 나타나지요. 기계번역(MT)은 이런 미묘한 차이를 포착하거나 이를 다른 언어로 옮기는 데 어려움을 겪을 수 있어요. 이는 특히 창작물이나 감성적인 내용의 번역에서 문제가 될 수 있어요.

고 협력하여 더 나은 번역 결과물을 생성하기 위해 노력해야 합니다.

AI 번역의 한계를 반영하는 AI 번역의 평가 기준[150]에는 다음과 같은 몇 가지 필수적인 요소가 포함됩니다. 먼저, 정확도(accuracy)는 번역된 텍스트가 원문의 의미와 일치하는 정도를 평가하는 데 중요한 기준이 됩니다. 번역은 원문의 의미를 왜곡하지 않아야 하고, 전달 의미에 오류가 없어야 합니다. 그다음, 자연스러움(fluency)이라는 기준은 번역된 텍스트가 대상 언어에서의 맥락 상황과 사용에서 자연스럽고 문법적으로 올바른지를 평가하는 기준이 됩니다. 이를 위해 문장 구조, 어휘 선택, 구문의 화용적 의미 등을 고려한 번역이 이루어져야 합니다.

이외에도 문화적 적합성(cultural appropriateness)이라는 기준을 들 수 있습니다. 이 평가 기준은 목표 언어에서 문화적 특수성을 가진 어휘, 관습적으로 사용하는 관용구, 문화적으로 직관이 필요한 미묘한 어감 등이 번역된 도착 텍스트에서 적절하게 처리되었는지를 평가하는 것입니다. 이러한 문화적 적합성을 고려한 번역은 대상 독자가 이해하기 쉽고, 독자와의 원활한 의사소통을 가능하게 합니다.

다음으로 일관성(consistency)은 주로 사용된 어휘나 표현의 일관성을 판단하는 기준이 됩니다. 번역된 텍스트 내에서 용어, 문장 구조, 개념적인 표현 등이 일관성 있고 안정적으로 번역되었는지를 평가하는 요소입니다. 일관된 번역은 독자가 텍스트를 이해하는 과정에서 개념과 이해의 혼동을 최소화하므로 텍스트의 전문성을 확보할 수 있게 합니다.

이어서 완결성(completeness)은 번역된 텍스트가 원문의 모든 정보를 포함하고 있는지 확인하는 평가 기준입니다. 생략되거나 누락된 내용 없

---

[150] 번역 평가 기준(evaluation criteria in translation)에는 번역의 품질을 평가하기 위한 정확도, 자연스러움 외에도 의미 유지, 문서 형식 유지, 번역의 적절성 등도 포함되지요. 이러한 기준은 번역의 전체적인 품질을 보장하고, 특히 문서의 원래 목적과 메시지를 효과적으로 유지하는 데 중요한 역할을 해요. 하지만 이러한 다양한 평가 기준을 모두 충족하는 것은 AI 번역에게 아직까지는 어려운 과제예요.

이 원문의 모든 의미가 정확하게 번역되었는지를 검토합니다. 이 기준을 충족하려면 섬세한 주의력과 전문적인 지식이 필요합니다.

마지막으로 대상 독자 적합성(appropriateness for the target audience)은 번역이 대상 독자의 요구 사항과 기대를 충족하는지 평가하는 기준입니다. 이를 위해 통번역사는 독자의 연령, 배경 지식, 관심사 등을 고려하여 표현법과 어투를 적절하게 선택해야 합니다. 이를 통해 번역문은 독자의 이해도를 높이고, 정보의 전달을 보다 효과적으로 만들 수 있습니다.

| 평가 기준 | 설명 |
| --- | --- |
| 정확성 (accuracy) | 번역 텍스트가 원문의 의미를 정확하게 전달하고 있는지에 대한 확인 |
| 표현의 자연스러움 (fluency) | 번역 텍스트가 목표 언어로 자연스럽게 쓰였는지 확인 |
| 문화적 적합성 (cultural appropriateness) | 번역 텍스트가 목표 언어와 문화에 적절한지에 대한 확인 |
| 일관성(consistency) | 번역 텍스트 내에서 전문 용어, 문체, 그리고 서식 등의 일관성 유지에 대한 확인 |
| 완결성(completeness) | 번역된 텍스트가 원문의 모든 정보를 포함하는지에 대한 확인 |
| 대상 독자 적합성 (target audience suitability) | 번역 텍스트가 대상 독자의 요구 사항과 기대에 부응하는지에 대한 확인 |

표 21 기계번역의 평가 기준 및 설명

기계번역의 품질 평가를 수행할 때, 전문 통번역사는 위와 같은 기준에 따라 번역 결과를 검토할 수 있어야 하고, 또 번역된 텍스트가 이런 기능을 확보할 수 있도록 수정해야 합니다. 이러한 과정을 통해서 통번역사는 기계번역을 활용하여 고품질의 번역 결과물을 제공할 수 있게 됩니다. 또한 통번역사는 지속적으로 기계번역 시스템의 성능을 모니터링하고, 필요한 경우에는 기계번역 시스템의 학습 데이터를 업데이트하여 번역 품질을 개선할 수도 있습니다.

### Q. 기계번역을 활용하는 통번역사가 결과물을 점검하는 방법은?

기계번역 결과물을 점검할 때는 무엇을 목적으로 해야 할까요? 그리고 통번역사는 어떤 방법을 사용해야 할까요? 여기서는 기계번역의 결과물에 대한 통번역사의 점검 내용을 예를 들어 살피고자 합니다.

기계번역의 결과물을 점검하기 전 통번역사는 먼저 원문을 완전히 이해하고, 그 내용과 글의 목적, 문맥 등을 파악해야 합니다. 이를 통해 기계번역이 올바르게 번역을 하였는지 확인해야 합니다. 그리고 점검이 필요한 부분을 정리하고 번역의 완성도를 높일 수 있는 방법을 모색하게 됩니다. 예를 들어 GPT 이전의 기계번역에서는 출발 텍스트의 관용구인 'break a leg'가 '다리를 부러뜨리다'로 직역되는 사례가 많이 발견되었습니다. 이런 경우, 통번역사는 'break a leg'를 관용구로 인식하고 '행운을 빈다.' 정도로 번역을 수정하곤 했습니다.

이 외에도 문법과 구문의 구성에 대한 점검이 필요합니다. 통번역사는 기계번역 결과물에서 텍스트를 구성하고 있는 문법과 구문 구조의 형식적 적절성을 반드시 확인해야 합니다. 형식적 적절성에는 문장 구조와 어순 또는 시제 사용 등에 대한 점검이 포함됩니다. 예를 들어 보면 다음과 같습니다.

> ST(영어): I have a pen, and I have an apple.
> MT(한국어): 나는 펜을 가지고 있고, 사과를 가지고 있다.

위의 예에서는 한국어의 주어와 술어의 호응이 자연스럽지 않습니다. 그리고 MT 결과를 살펴보면 원문의 유창함과 가벼움이 사라져, 번역된 문장이 부자연스럽게 느껴집니다. 이 번역은 통번역사의 점검을 통해서 다음과 같이 바뀌게 됩니다.

> MT-PE(한국어): 나는 펜이 있고, 사과도 있다.

이러한 문장 구성 또는 문법 오류는 기계번역의 한계로 인해 발생하며, 통번역사는 이러한 문제를 점검하여 번역 텍스트의 품질을 높여야 합니다. 물론 이는 비교적 단순한 사례이고, 번역 점검은 문장 성분의 위치에서 앞뒤 문장의 호응에 이르기까지 다양한 범위에서 이루어집니다.

다음으로 통번역사는 기계번역의 결과물에 나타나는 미묘한 뉘앙스와 감정 표현을 점검해야 합니다. 왜냐하면 기계번역의 산출 원리를 생각한다면 가장 많은 오류가 발생할 수 있는 영역이기 때문입니다. 통번역사는 출발 텍스트가 가지고 있는 미묘한 뉘앙스와 감정이 잘 번역되었는지 확인할 필요가 있습니다.

예를 들어, 출발 텍스트에 'kick the bucket'이라는 표현이 있는데, 기계번역이 이것을 '양동이를 차다'로 직역했다면, 통번역사는 이를 '세상을 떠나다'로 바꾸어 그 의미가 명확히 전달되도록 해야 합니다.

그리고 기계번역의 문제로 가장 빈번하게 지적되는 문화적 차이와 배경 지식의 사용에 대한 점검도 해야 합니다. 통번역사는 문화적 차이와 배경 지식을 고려하여, 기계번역 결과물을 점검하게 됩니다. 그래서 이를 출발 텍스트의 사회적·문화적 정보와 지식의 전달 가능성에 대한 점검이라고도 설명할 수 있습니다.

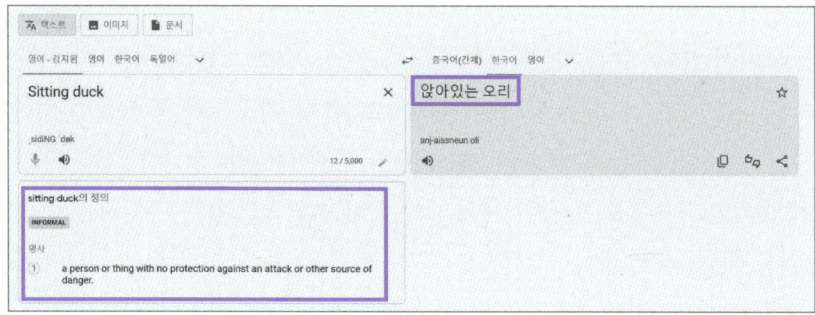

예를 들어, 'sitting duck'이라는 표현은 매우 취약한 상태나 쉽게 공격당할 수 있는 위치를 가리키는데, 기계번역기는 이를 '앉아있는 오리'로 직역해 버리곤 합니다. 심지어 번역기의 왼쪽 패널에 사전적인 의미인 'a person or thing with no protection against an attack or other source of danger'가 제시되어 있음에도 불구하고, 번역 결과는 여전히 '앉아있는 오리'입니다. 이러한 오류는 번역된 텍스트가 원문의 의미를 정확히 전달하지 못하는 상황을 만들어 냅니다. 이 경우, 통번역사는 이 표현이 지닌 원래의 비유적인 의미를 살려 '쉽게 공격받을 수 있는 대상'으로 수정해야 합니다.

다음으로 통번역사가 점검해야 되는 것은 전문 분야의 용어와 지식입니다. 통번역사는 출발 텍스트의 내용을 파악하고 전문 분야의 용어나 지식이 필요하다고 판단되면, 기계번역 결과물에서 텍스트가 갖게 되는 전문성을 점검할 필요가 있습니다.

예를 들어 출발 텍스트에 등장하는 미술 용어인 'Chiaroscuro'는 고대 그림에서 빛과 그림자의 대비를 나타내는 기법을 의미합니다. 어떤 기계번역은 이를 '키아로스쿠로'로 음차 번역하는데, 이는 독자에게 전문적인 의미를 전달하지 못하므로 통번역사는 이를 '명암'이라는 전문적인 용어로 수정해야 합니다. 이처럼 통번역사는 전문 용어와 지식의 사용을 점검하고, 필요한 경우 학술 용어를 적절히 수정하여 번역의 품질을 보장해야 합니다.

기계번역의 결과물이 이러한 과정 내에서 수정됨으로써 최종적으로 높은 품질의 번역물이 제공될 수 있습니다. 통번역사가 전문 지식과 경험을 활용하여 기계번역의 한계를 보완하고, 번역 의뢰자의 요구와 독자의 기대에 부응하는 번역 결과물을 생성해 내어야 합니다.

### Q. 통번역사가 기계번역과 협업을 해야 하는 이유는?

통번역사는 반드시 기계번역의 결과물을 점검하고 검토하여 번역문을 확정하는 과정을 진행해야 합니다. 모든 텍스트에 대한 역번역(back translation)[151] 과정을 통해 기계번역 결과물을 확인할 뿐만 아니라, 마치 다른 통번역사의 작품을 수정하는 것과 유사한 과정을 수행해야 합니다. 따라서, 이 과정에서는 직접 번역하는 것과 달리, 기계번역의 오류를 인지하고, 이를 원문의 의미에 맞게 정교하게 수정하는 능력과 통찰력이 통번역사에게 요구됩니다.

이처럼 기계번역의 결과물에 대한 통번역사의 점검이 반드시 필요하다면, 기계번역은 통번역사에게 사용할 만한 어떠한 특별한 가치를 지니고 있어야 합니다. 통번역사가 기계번역과의 협업을 통해서 무엇을 얻을 수 있는지 정리해 보면 아래와 같습니다.

통번역사에게 가장 중요한 기계번역의 가치 중 하나는 생산성 향상입니다. 기계번역은 일종의 초벌 번역사와 같은 역할을 수행하고, 이는 전문 통번역사가 번역 작업의 효율성을 향상시키는 데 도움이 됩니다. 기계번역이 번역 초안을 빠르게 생성해 내므로, 통번역사는 번역의 속도를 높일 수 있습니다. 이를 통해 통번역사는 더 많은 작업을 처리할 수 있으며 작업의 효율성이 향상됩니다.

예를 들어, 통번역사가 보통 한 권의 소설을 번역하는 데 한 달이 걸린다고 가정해 봅시다. 하지만 기계번역을 사용하여 초안을 생성하면, 통번역사는 수정과 편집에만 집중할 수 있게 되어, 작업 시간이 크게 단축됩니다. 이렇게 되면 한 달 동안 두 권의 소설을 번역하는 것이 가능해져, 통번역사의 생산성이 크게 향상될 수 있습니다.

---

[151] 역번역(back translation)은 번역된 텍스트를 원래 언어로 다시 번역하는 것을 말해요. 이 방법은 번역의 정확성을 검증하는 데 흔히 사용되며, 기계번역의 품질을 평가하는 데도 중요한 역할을 해요. AI 번역에서는 모델의 학습 과정에서 역번역을 사용하여 번역의 자연스러움과 정확성을 향상시키기도 하지요.

통번역사가 기계번역과 협업하는 두 번째 이유는 지식의 확장입니다. 기계번역은 통번역사가 자신의 전문 분야 외의 다양한 주제에 대해 배울 수 있는 기회를 제공합니다. 특히 GPT로 대표되는 빅데이터 기반의 언어 생성 시스템은 통번역사가 전문 지식을 확장하고 다양한 전문 분야에 적용하고 번역을 할 수 있는 능력을 향상시키는 데 도움을 줍니다. 이를 통해 통번역사는 더 다양한 프로젝트에 참여할 수 있는 기회를 얻을 수 있습니다.

예를 들어, 의학 분야에 전문화된 통번역사가 법률 관련 문서를 번역해야 하는 경우, 기계번역을 활용하면 법률 용어와 문장 구조에 대한 기본적인 이해를 얻을 수 있습니다. 이를 바탕으로 통번역사는 해당 분야의 지식을 더욱 향상시키고, 법률 분야의 번역 프로젝트에 참여할 수 있는 역량을 갖추게 됩니다.

다음으로 기계번역과의 협업을 통해서 통번역사의 작업 부담이 감소할 수 있습니다. 인공지능 번역은 빠르게 많은 번역 작업을 처리하기 때문에 통번역사의 작업 부담이 줄고 효율성이 높아져 통번역사가 작업으로 느끼게 되는 스트레스도 상당히 줄어들 수 있습니다. 예를 들어, 통번역사가 인공지능 번역으로 기술 문서의 초안을 완성한 후, 전문 용어와 문맥 수정에만 집중한다면 이전에 혼자서 번역의 전체 과정을 담당했을 때에 비해 번역 품질에 더욱 집중할 수 있을 것입니다.

통번역사가 기계번역과 협업하게 되는 또 다른 이유는 긴급한 번역작업(프로젝트)에 대응을 할 수 있기 때문입니다. 기계번역을 사용하면 통번역사는 긴급한 프로젝트에 빠르게 대응할 수 있습니다. 일정 시간 내에 번역이 필요한 경우 기계번역으로 초안을 생성한 후, 수정 작업을 통해 효율적으로 번역의 품질을 향상시킬 수 있습니다. 예를 들어, 발표용

프레젠테이션 자료를 급하게 번역해야 하는 경우 기계번역을 활용하여 빠르게 초안을 생성하고 후반 편집 작업을 진행하여 시간을 절약할 수 있습니다.

그리고 비슷한 개념으로 보일 수 있지만 기계번역을 사용함으로써 대량의 번역 작업에 도움을 받을 수 있습니다. 기계번역은 대량의 번역 작업을 효과적으로 관리하고 일관성 있는 번역을 유지하는 데 도움이 됩니다. 즉, 통번역사는 기계번역을 사용하여 대량의 텍스트를 빠르게 번역할 수 있을 뿐만 아니라, 사용하는 술어와 전문 지식을 효과적으로 관리할 수 있습니다. 그리고 편집 및 수정 작업을 통해 최종적인 번역의 품질을 보장할 수도 있습니다.

예를 들어, 여러 국가의 소프트웨어 사용자 환경(UI)을 번역해야 할 때, 기계번역을 통해서 대량의 텍스트를 번역한 후, 문맥과 전문 용어를 고려한 편집 및 수정 작업을 수행함으로써 제한된 수의 통번역사로는 처리하기 어려운 대량의 번역 작업을 효과적으로 처리할 수 있습니다.

통번역사와 기계번역의 협업에서는 통번역사 간의 팀워크를 관리하고 협업을 강화하는 방법으로 기계번역의 역할이 강조될 수 있습니다. MT와의 협업을 통해 기계번역이 초안을 생성해 내면 통번역사들은 이를 중심으로 서로 협업하고 팀워크를 발휘할 수 있는 번역 시스템을 구축할 수 있습니다. 그리고 그 결과로 자연스럽게 더 좋은 품질을 가진 번역 결과물이 만들어질 것입니다.

예를 들어, 한 번역 팀이 여러 전문 분야의 전문가로 구성되어 있을 경우, 기계번역을 사용하여 각 전문가가 자신의 분야에 대한 번역 작업을 수행하고, 이후에 다른 전문가들과 함께 전체 문서의 품질을 높이기 위해 협업을 할 수도 있습니다. 이렇게 함으로써, 팀원 간의 협력과 효율성은 향상될 것이고, 전체적인 작업의 성과는 높아질 것입니다.

하지만 통번역사가 기계번역과 협업하는 무엇보다도 중요한 이유는 기계번역이 지속적인 발전 과정에 놓여 있다는 것입니다. 지금도 기계번역 기술은 지속적으로 발전하고 있으며, 결국 이것은 통번역사에게 훌륭한 작업 도구가 될 것이며 더 좋은 작업 환경을 제공할 것입니다. 통번역사들은 기계번역의 발전을 통해 더 나은 품질의 번역 초고를 기대할 수 있게 되었고 그 결과, 더 빠르고 정확한 번역 작업이 가능해졌습니다. 또한, 기계번역과 함께 전문 통번역사의 활동 역량도 발전하게 되어 상호 보완적인 관계를 이루고 있습니다.

사실 기계번역의 도입은 통번역사에게 다양한 이점을 제공합니다. 작업 부담 감소, 긴급 프로젝트 대응, 대량 작업 처리, 팀워크 및 협업 강화[152] 등을 통해 전문 통번역사는 더 많은 프로젝트를 효율적으로 처리할 수 있습니다. 그리고 지속적인 기술 발전은 통번역의 질을 향상시키는 동시에 통번역사의 다양한 능력 개발에도 기여하게 됩니다. 이러한 이점을 적절하게 활용한다면 기계번역은 통번역 산업에 긍정적인 영향을 미칠 것으로 예상됩니다. 그러므로 기계번역의 불편함과 편집 및 수정 작업에 대한 부담을 감안하더라도, 통번역사가 기계번역을 사용할 만한 가치가 있다고 보입니다.

---

[152] 팀워크 및 협업 강화(enhancement of teamwork and collaboration)는 여러 통번역사가 함께 작업을 수행하면서 서로 협력하고 서로의 능력을 결합하여 효과적으로 작업을 완료하는 것을 의미해요. 이는 통번역사가 기계번역과 협업할 때 특히 중요한 요소가 될 수 있어요.

# 09

# AI 번역과 통번역사 그리고 프롬프트 엔지니어

기계번역(MT)과 인공지능 번역(AI translation)을 엄격한 기준에 따라 구분하려면, 기본 기술과 원리의 차이를 기준으로 설명할 수 있다.

MT는 전통적으로 규칙 기반(RBMT) 및 통계 기반(SMT) 번역 시스템을 포함하는 영역을 말한다. 이러한 시스템은 사전에 정의된 의미와 언어 규칙, 패턴 또는 대규모 언어 데이터를 통한 통계적 모델에 의존하여 운영되고 작동된다. 기계번역 시스템은 효율적인 번역을 생성할 수 있으나, 오류 발생 가능성이 높고, 완전히 자연스러운 번역을 생성하는 데는 한계가 있다.

반면에 인공지능 번역(AI translation)은 인공지능 기술, 특히 신경망 기계번역(NMT)을 포함하고, 그 이후 개발된 하이브리드 기계번역, 나아가 Generative Pre-trained Transformer(GPT) 등의 신경망과 트랜스포머(Transformer)[153] 기반 모델을 활용하는 번역 시스템을 포함하는 개념이다. 이러한 시스템은 인공 신경망을 이용하여, 대규모 언어 데이터를 학습하고, 이를 통해 원문의 문맥을 더욱 정확하게 이해할 수 있다. 그리고 AI 번역은 기존의 MT에 비해 더욱 자연스러운 번역 결과물을 생산할 수 있으며 대량 데이터를 통한 기계 학습으로 다양한 언어 간의 번역에서 수준 높은 품질을 제공한다.

이와 같이, MT와 AI 번역은 기반 기술과 원리의 차이를 중심으로 구

---

[153] 트랜스포머(Transformer)는 'Attention is All You Need' 논문에 처음 나왔는데, 병렬 처리와 계층적 표현 학습에 기반을 두었어요. 병렬 처리는 여러 연산을 동시에 처리하여 대규모 작업을 빠르게 수행하는 데 유용하고, 계층적 표현 학습은 복잡한 데이터 패턴을 잘 이해하는 데 중요한 딥러닝 기능이에요.

분할 수 있다. 그리고 AI 번역은 기존의 MT 번역 시스템에 비해, 좀 더 수준 높은 성능으로 자연스러운 번역 품질을 제공한다는 점이 가장 큰 차이라고 할 수 있다.

일반적으로 한국어로는 '기계번역(machine translation, MT)'과 '인공지능 번역(AI translation)'을 모두 기계번역이라고 표기하기도 하는데, 이는 두 기술 모두 번역 작업의 자동화[154]를 목적을 가진 시스템으로 사용되고 있기 때문이다. 이러한 관점에서 보면, 두 기술 모두 번역을 자동화하는 기계적인 시스템으로 '기계번역'이라는 표현의 범주를 공유한다고 설명할 수 있다.

그럼에도 앞서 설명한 바와 같이, MT와 AI 번역은 기반 기술과 원리 면에서 차이를 가지고 있다. 학술적으로 이 차이를 강조하고자 할 때는 각각의 기술적 원리를 구체적으로 언급하는 것이 좋다. 예를 들어, 규칙 기반 기계번역(RBMT), 통계 기반 기계번역(SMT) 등은 전통적인 기계번역 방식을 의미한다고 설명할 수 있다. 그리고 신경망 기계번역(NMT)과 GPT 등은 인공지능을 활용한 번역 방식이라고 말할 수 있다. 이렇게 구체적으로 언급함으로써, 각각의 기술의 특성과 차이점을 좀 더 명확히 설명할 수 있다.

[154] 자동화 작업(automated task)은 기계나 소프트웨어가 특정 작업을 수행하도록 설정하는 과정을 의미해요. AI 번역 시대에 번역의 자동화는 매우 중요해졌어요. 번역 시스템은 MT나 AI 번역 도구를 활용하여 번역 과정을 더욱 빠르고 효율적으로 만들지요. 이 자동화 과정은 인간 통번역사의 부담을 줄이며, 번역 품질을 향상시킬 수 있어요.

| | 기계번역 | |
|---|---|---|
| | MT(machine translation) | 인공지능 번역(AI translation) |
| 정의 | 전통적인 규칙 기반(RBMT) 및 통계 기반(SMT) 번역 시스템 포함 | 신경망 기계번역(NMT), 하이브리드 기계번역, GPT 등 인공지능 기술 포함 |
| 작동 원리 | 사전에 정의된 언어 규칙에 의존하거나 대규모 언어 데이터를 통한 통계적 모델 사용 | 인공 신경망을 통한 복잡한 패턴 학습과 원문의 문맥 이해 |

| | | |
|---|---|---|
| 장점 | 다양한 언어와 주제에 대한 번역 가능, 일관된 번역 품질 제공 | 대규모 언어 데이터를 학습하여 자연스럽고 정확한 번역 결과물 생성 |
| 단점 | 번역 오류 발생 가능성이 높고, 완전히 자연스러운 번역을 생성하는 데 한계가 있음 | 충분한 학습 데이터가 없을 경우 번역 품질이 떨어질 수 있음 |
| 적용 분야 | 전문적인 번역, 기술 번역 등 | 일반적인 번역, 대화형 번역, 문맥에 따른 번역 등 |

표 22 기계번역에서의 MT와 인공지능 번역 비교

    기계번역과 인공지능 번역의 등장으로 인해, 통번역사의 번역 과정과 업무 수행 방법에서 몇 가지 변화가 나타나고 있다. 인공지능 번역의 등장 이전, 즉 MT를 사용할 때 통번역사는 번역의 기본적인 정확성에 더욱 많은 시간과 노력을 쏟아야 했다. 규칙 기반(RBMT) 및 통계 기반(SMT) 번역 시스템은 비교적 엄격한 규칙과 통계 데이터에 의존하여, 번역을 진행하기 때문에, 자주 자연스럽지 않거나, 정확하지 않은 번역 결과를 만들어내기도 한다. 따라서 통번역사는 문법 오류, 어휘 선택, 의미 전달 등을 세심하게 검토하고, 수정하는 데에 상당한 시간을 할애해야 했다.

    하지만, 신경망 기계번역(NMT)이나 하이브리드 기계번역, GPT 등 인공 신경망을 기반으로 하는 AI 번역은 문맥을 더욱 정확하게 이해하고, 자연스러운 번역 결과를 생성해 낼 수 있게 되었다.

    이로 인해, 통번역사는 번역 과정에서 정확성 검증에 대한 부담이 줄어 번역 품질 향상에 더 집중할 수 있게 되었다. 즉, 통번역사가 원문의 어감을 적절하게 전달하고, 도착 언어에 맞도록, 그리고 자연스럽게 표현되도록 수정하는 작업에 더욱 많이 신경쓰고 시간을 할애할 수 있게 되었다. 뿐만 아니라, 인공지능 번역 시스템은 신속한 속도로 번역을 진행하므로, 통번역사는 시간과 비용을 절약할 수 있게 되었다. 그리고 이로 인해 통번역사의 업무 효율성이 높아졌고, 통번역 시장이 빠르게 활성화되었다.

## Q. 프롬프트 엔지니어의 개념과 종류는?

여기에서 말하는 인공지능 번역 운영자로서의 '프롬프트 엔지니어(prompt engineer)'는 대화형 인공지능 언어모델을 개발, 훈련 및 최적화하는 전문가를 의미합니다. 일반적으로 알려진 것처럼 챗GPT(ChatGPT)를 비롯한 생성 AI의 대중화로 인해 떠오르는 직업이라고 할 수 있습니다. 챗GPT가 발표되고 얼마 되지 않아서 국내외를 막론하고, 많은 기업이 프롬프트 엔지니어를 채용하기 위해 억대 연봉을 내걸었다는 것이 화제가 되기도 했습니다. 이 밖에도 프리랜서로 일하는 사람들이 있는가 하면, 자신의 작업 결과와 경험을 마켓플레이스에 공유해서 많은 수익을 올리는 사람들도 나타났습니다.

프롬프트 엔지니어의 주요 업무는 다름 아닌, '인공지능과 대화하기'와 '인공지능에게 알맞은 질문이나 지시 방법(=프롬프트) 찾기'입니다. 그러나 프롬프트 엔지니어의 역할은 분야와 기술에 따라 다양하게 구분되는데 다음과 같은 분야의 전문가로 설명할 수 있습니다.

1) 자연어 처리(NLP) 분야

자연어 처리(NLP) 분야의 전문가는 인간의 언어를 이해하고 처리하는 인공지능 기술을 개발하고 최적화하는 일을 합니다. 이들은 토큰화[155], 개체명 인식, 감성 분석[156], 기계번역, 텍스트 분류 등 자연어 처리

---

[155] 토큰화(tokenization)는 인공지능 및 자연어 처리(NLP) 분야에서 텍스트 데이터를 처리하기 위한 기본 전처리 단계라고 할 수 있어요. 토큰화는 주어진 텍스트를 의미 있는 단위(토큰)로 나누는 과정으로, 일반적으로 단어, 구두점, 공백 등이 토큰화의 대상이 되지요. 토큰화를 통해 모델은 각 토큰의 문맥을 이해하고, 문법 구조와 의미를 분석해요.

[156] 감성 분석(sentiment analysis)은 텍스트로부터 작성자의 감정, 의견, 태도 등을 추출하는 과정을 의미해요.

(NLP) 관련 알고리즘이나 이와 관련된 기술에 익숙하고, 숙련되어 있어야 합니다.

### 2) 대화형 AI 분야

대화형 AI 분야는 챗봇, 음성 비서 및 다른 대화형 인공지능 애플리케이션을 개발하고 최적화하는 전문 분야를 말합니다. 이 분야의 전문가들은 사용자의 질문에 대한 적절한 응답을 생성하는 데 필요한 대화 관리, 인텐트 분류[157], 슬롯 추출[158] 등의 기술을 잘 이해하고 있어야 합니다.

### 3) 머신 러닝 분야

머신 러닝 분야의 전문가는 다양한 머신 러닝 알고리즘과 기술을 활용하여 인공지능 모델을 개발하고 최적화하는 일을 합니다. 이들은 지도 학습, 비지도 학습, 강화 학습 등의 기술에 대한 깊은 이해를 바탕으로 적절한 모델을 선택하고, 훈련하여 최적화하고, 평가합니다.

### 4) 딥 러닝 분야

딥 러닝 분야의 전문가는 신경망 및 딥 러닝 알고리즘을 활용하여 인공지능 모델을 개발하고 최적화합니다. 이들은 컨볼루션 신경망[159], 순환 신경망[160], 트랜스포머 모델 등 다양한 신경망 구조를 이해하고 적용할 수 있어야 합니다.

### 5) 데이터 분야

데이터 분야는 머신 러닝 및 딥 러닝 모델 훈련에 필요한 데이터를 수집, 처리 및 저장하는 것과 관련이 있습니다. 그리고 이와 관련된 전문가들이 데이터의 수집, 처리, 저장, 분석 및 사용을 위한 일련의 과정(데이터 파이프라인)을 구축하고 관리합니다.

---

157 인텐트 분류(intent classification)는 자연언어 처리(NLP)의 한 분야로, 사용자가 표현한 문장이나 질문의 의도를 파악하고 그에 따른 적절한 카테고리나 동작을 결정하는 과정이에요. 대표적으로 챗봇이나 음성 인식 서비스에서 사용되며, 이를 통해 사용자의 요청을 이해하고 적절한 응답을 제공할 수 있어요.

158 슬롯 추출이란 자연언어 처리(NLP)를 통해 문장 구조와 문맥을 이해하고, 원하는 정보를 찾아내는 것을 말해요.

159 컨볼루션 신경망(CNN)은 인공지능의 하위 분야인 딥 러닝에서 사용되는 신경망 구조예요. 이미지 인식, 분류, 시각적 특징 추출 등의 과제에서 효과적으로 사용되며, 지역적인 특징을 인식하기 위한 컨볼루션 계층과 풀링 계층으로 구성되어 있어요. CNN은 일반적인 인공 신경망과 비교해 가중치 수가 적고 공간적 구조를 반영한 학습이 가능해 이미지 처리에 뛰어난 성능을 보여요.

160 순환 신경망(RNN)은 이전 시점의 정보를 현재 시점의 입력과 함께 고려하여 출력을 생성하는 순환적 구조를 가지고 있어요. 이로 인해 RNN은 자연언어 처리 등 순차적인 데이터에 대한 패턴 인식과 예측에 적합해요.

### 6) 인공지능 연구원 분야

인공지능 연구원은 인공지능 및 머신 러닝과 관련된 이론 및 알고리즘을 연구하는 전문가입니다. 이들은 새로운 기술을 발굴하고 기존 기술을 개선하기 위해 연구를 수행하고 논문을 작성합니다. 이들은 학술 기관 또는 산업 연구 기관에서 일할 수 있습니다.

### 7) 음성 인식 분야

음성 인식 분야의 전문가들은 인공지능 기반의 음성 인식 시스템을 개발하고 최적화합니다. 이들은 음성 신호 처리, 음성 특징 추출, 음성 인식 알고리즘 등과 관련된 기술에 숙련되어 있어야 합니다.

### 8) 컴퓨터 비전 분야

컴퓨터 비전 분야에서는 이미지 및 비디오 데이터를 처리하는 인공지능 기술을 개발하고 최적화하는 일을 합니다. 이 분야의 전문가들은 정보가 되는 객체 탐지, 이미지 분류, 시맨틱 분할[161], 영상 스티커링[162] 등의 기술을 활용하여 다양한 비전 관련 애플리케이션을 개발합니다.

이러한 프롬프트 엔지니어의 다양한 분야는 서로 밀접하게 연관되어 있으며, 종종 다양한 인공지능 프로젝트(AI 통번역 등)에서 서로 협업을 합니다. 따라서 프롬프트 엔지니어가 되기 위해서는 각 분야의 전문가들과 원활하게 소통하고 협력할 수 있는 능력을 필수적으로 갖추어야 합니다.

---

[161] 시맨틱 분할(semantic segmentation)은 이미지 내에서 객체의 정확한 위치와 모양을 파악하는 역할을 해요.

[162] 영상 스티커링(video stickering)은 인공지능 기술을 활용해 동영상에 스티커나 그래픽 요소를 실시간으로 적용하는 기술이에요. 이 기술은 딥 러닝과 컴퓨터 비전을 사용해 영상에서 특정 객체나 영역을 인식하고, 그 위치에 스티커를 자연스럽게 적용하여 사용자가 원하는 결과를 얻을 수 있게 해요. 이 기술은 증강 현실(AR)과 연관되며, 소셜 미디어, 광고, 게임 등 다양한 분야에서 활용되고 있어요.

### Q. 통번역사와 프롬프트 엔지니어의 관계는?

프롬프트 엔지니어(prompt engineer)는 시스템을 활용하는 통번역과 시스템을 교육하는 등 인공지능과 협력하고, 노력하는 전문가입니다. 이들은 AI가 생성한 내용을 검토하고 수정함으로써, AI가 인간의 언어와 문화를 더욱 정확히 이해하고 표현하게 하는 데 중요한 역할을 담당하게 됩니다. AI의 발전과 함께 등장한 새로운 직업인 프롬프트 엔지니어는 AI 기술이 복잡해지고 세밀해짐에 따라, 인간의 언어와 문화를 이해하고 반영하는 데 필요한 섬세한 조정과 조절을 담당합니다. AI의 발전으로 프롬프트 엔지니어라는 직업이 탄생하게 되었고, 그 중요성이 점차 인정받고 있습니다.

프롬프트 엔지니어는 통번역사와 유사한 역량을 가지고 있습니다. 특히, 다양한 인간 언어의 사용 능력이 반드시 필요한 업무 영역입니다. 이런 언어 사용 능력 덕분에 프롬프트 엔지니어와 통번역사는 앞으로도 AI 번역 도구와 더욱 깊은 관계를 가질 수밖에 없고, 더 효과적으로 협력해야만 한다는 공통점을 가지고 있습니다. 그리고 이들은 AI 번역 도구의 개선 작업에 참여하여 그 품질을 높이는 역할도 수행합니다. AI 번역 도구가 언어의 미묘한 뉘앙스를 정확하게 파악하지 못한 경우, 프롬프트 엔지니어는 이러한 부분을 수정하여 번역의 품질을 향상시키게 됩니다. 이런 노력을 통해 AI 번역 도구의 정확성이 높아지고, AI 번역 도구를 활용하고 사용하는 환경도 개선될 것입니다.

프롬프트 엔지니어는 외국어 교육에 필요한 지속적인 역량을 개발하기 위해 다양한 언어와 문화를 깊이 있게 학습해야 합니다. 그리고 이 학습을 통해 변화하는 언어와 문화를 이해하고, 인공지능 번역 도구와 협력하여 더욱 풍부하고 정확한 번역 결과를 생성해 낼 수 있습니다. 예를 들어, 프롬프트 엔지니어가 최신 영어 슬랭이나 새로운 언어적 표현을 신속하게 파악하고 이해한다면, 그들은 인공지능 번역의 완성도를 높일 수 있습니다.

그뿐만 아니라, 프롬프트 엔지니어는 외국어 교육과 통번역 교육 분야에서도 큰 역할을 수행합니다. 그들은 AI가 제공하는 교육 자료의 품질을 향상시키며, 인공지능 번역 도구와 협력하여 교육용 번역물을 개선합니다. 이런 활동을 통해 학습자에게 이해하기 쉽고 흥미로운 내용을 제공할 수 있습니다. 그 결과, 외국어 교육의 질이 개선되고, 학습자들에게 더 효과적인 학습 경험을 제공하게 됩니다. 즉, 프롬프트 엔지니어는 교재의 번역 품질을 높여, 학습자들이 쉽게 이해할 수 있는 내용을 구성하고 제공하는 역할도 수행할 수 있습니다.

결국, 프롬프트 엔지니어라는 개념의 등장은 외국어 교육 방법에도 영향을 미칠 수 있습니다. 인공지능 번역 도구와 함께하는 실시간 피드백과 수정 과정을 통해 학습자는 보다 실용적이고 현실적인 언어 환경에서 통번역과 외국어를 배울 수 있게 됩니다. 이러한 변화로 인해 지금까지의 전통적인 외국어 교육과 학습의 방법과는 차별화된 교육 환경이 제공됩니다. 프롬프트 엔지니어는 학습자들이 인공지능 번역 도구를 이용하여 시공간을 초월하여 실시간으로 정확한 피드백을 받는 새로운 형태의 언어 학습 환경을 만드는 역할을 하게 됩니다.

| 역할 | 설명 |
| --- | --- |
| 다양한 언어와 문화의 이해 | 다양한 언어와 문화를 깊이 학습하고, 이를 바탕으로 더 나은 번역 결과를 제공함 |
| 교육 자료의 품질 향상 | AI 교육 자료의 품질을 향상시키고, 흥미로운 내용을 제공하여 외국어 교육의 질을 개선함 |
| 외국어 교육 방식에의 영향 | 실시간 피드백과 수정 과정을 통해 현실적인 언어 학습 환경을 제공하며, 교육 환경에 혁신을 가져옴 |

표 23 프롬프트 엔지니어의 외국어 교육 역할

이와 같이 외국어 교육 및 학습과 프롬프트 엔지니어는 서로 영향을 주고받으며, 변화하고 지속적으로 발전하게 됩니다. 다시 말해, 프롬프트 엔지니어는 외국어 학습에서 얻은 지식과 기술을 바탕으로 인공지능 번역 도구와 협력하여, 더 나은 번역 결과를 제공하게 되고, 이 결과는 다시 외국어 교육 및 학습에 영향을 미치게 됩니다.

### Q. 문화 간 의사소통자로서 프롬프트 엔지니어의 역할은?

일반적으로 현대 사회에서 통번역사는 단순히 언어를 전환하는 능력을 가진 사람이 아닌 문화를 전환하고 전달하는 문화 간 의사소통자로 여겨집니다. 그런데 프롬프트 엔지니어도 이런 문화 간 의사소통을 할 수 있는 능력을 반드시 갖추고 있어야 합니다. 이러한 공통점을 기반으로 그 역할을 정리하면 아래와 같습니다.

1) 글로벌 시민 교육자로서의 역할

프롬프트 엔지니어의 핵심 작업은 기술과 교육의 교차로 위에서 이루어집니다. 프롬프트 엔지니어와 통번역사는 인공지능 번역 도구와 협업하여 언어와 문화의 뉘앙스를 파악하고, 그 미묘한 차이를 누군가에게 전달하는 것을 목표로 합니다. 이런 접근 방식을 통해 학습자들은 단순히 언어를 배우는 것을 넘어 다양한 문화를 이해하고 존중하는 능력을 키울 수 있게 됩니다. 이런 능력은 오늘날의 글로벌 시민이 갖추어야 할 중요한 자질입니다.

2) 글로벌 의사소통자로서의 역할

프롬프트 엔지니어와 통번역사의 다양한 문화와 언어에 대한 이해와 존중은 의사소통 능력을 강화하는 기반이 됩니다. 프롬프트 엔지니어가 인공지능과 협업하여, 구축한 학습 환경에서, 학습자들은 다양한 언어와 문화에 대한 통찰력을 바탕으로 풍부하고 복잡한 의사소통을 수행할 수 있게 됩니다. 그리고 이런 과정에서 학습자는 단순히 어휘와 문법을 외우는 것을 넘어 문화적 맥락에서 발생하는 의미의 미묘한 차이를 이해하고 표현할 수 있는 능력을 향상시키게 됩니다.

3) 국제 교류의 촉진자로서의 역할

이러한 프롬프트 엔지니어와 통번역사 능력은 국제적 교류를 촉진하는 데 중요한 역할을 합니다. 특히 프롬프트 엔지니어가 인공지능과 함께 구축한 다양한 언어 교육 프로그램[163]은 참가자들이 다양한 문화 배경을 가진 사람들과 의미 있는 대화를 나눌 수 있는 장을 제공해 줄 수도 있습니다. 이는 학습자들이 자신의 이해도와 의사소통 능력을 실제 환경에서 시험해 보고, 그 과정에서 서로 다른 문화적 배경을 가진 사람들과의 협업을 간접적으로 경험하게 해 줍니다. 그리고 이런 경험은 글로벌 시민으로서의 역량을 더욱 강화시킬 것입니다.

[163] 다문화 교육 프로그램(multicultural education program)은 다양한 문화 배경을 가진 학습자들이 함께 학습하고 소통하는 환경을 제공하는 교육 프로그램이에요. 이러한 프로그램은 학습자들의 다양한 문화에 대한 이해와 존중을 향상시키는 데 중점을 두고 설계돼요. 그리고 이것은 다문화주의(multiculturalism)의 가치를 반영하여 다양한 배경과 문화를 이해하고 존중하는 글로벌 시민(global citizen)의 양성을 목표로 해요.

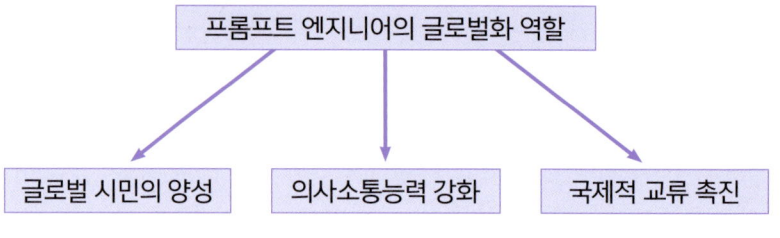

그림 16 프롬프트 엔지니어의 글로벌 역할

　외국어 교육 및 학습은 프롬프트 엔지니어와 지식과 기술을 공유하고 협력하는 상호 발전의 관계에 놓여 있습니다. 이러한 관계 속에서 외국어 교육과 학습의 질이 향상되고, 다문화 이해와 소통이 증진될 것입니다.

### Q. 프롬프트 엔지니어와 통번역사의 관계는?

　프롬프트 엔지니어는 인공지능 언어모델, 특히 대화형 AI에 대한 전문 지식을 가진 엔지니어를 말합니다. 프롬프트 엔지니어는 이러한 대화형 AI를 개발, 훈련, 최적화하는 역할을 담당하는 사람으로 알려져 있습니다. 그리고 통번역사는 A언어의 원문을 구어나 문어를 통해서 다른 언어로 옮기는 작업을 수행하는 전문가입니다. 이 두 직업 간의 관련성을 찾아봄으로써 이후 두 분야의 접점과 협력 가능성을 가늠해볼 수 있습니다.

　먼저 인공지능 번역 도구 개발에서의 협력입니다. 프롬프트 엔지니어와 통번역사의 협업의 결과를 피드백으로 수용한 AI 번역 도구는 통번역사뿐만 아니라 프롬프트 엔지니어에게도 큰 도움이 됩니다. AI 번역은 기존의 규칙 기반 번역 도구보다 훨씬 정확하고 자연스러운 번역 결과를 제공할 수 있는 신경망 기계번역(NMT) 기술을 기반으로 하고 있습니다. 그러므로 AI 번역의 기능 향상을 위해서 프롬프트 엔지니어는 통번역사의 언어 사용 경험과 통번역을 위한 다양한 지식이 반드시 필요합니다.

결과적으로, AI 번역 도구를 통해 통번역사는 초벌 번역의 품질에 대한 부담이 줄일 수 있고, 프롬프트 엔지니어는 언어 사용과 관련된 통번역사의 전문적인 피드백을 통해 AI 통번역의 전문성을 확보할 수 있습니다.

다음으로는 번역 데이터를 활용하는 분야에서의 협력입니다. 통번역사가 수행한 번역 작업에서 얻은 데이터는 다시 프롬프트 엔지니어에게 매우 중요한 양질의 데이터가 됩니다. 당분간 통번역사가 번역한 문장을 데이터로 활용하여 인공지능 언어모델을 훈련시키고 개선할 수밖에 없습니다. 그리고 인공지능 번역 도구가 아무리 온전한 번역 결과물을 만들어 낸다고 하여도 통번역의 결과와 질적인 보장은 통번역사에게 의존할 수밖에 없습니다.

이와 같이 프롬프트 엔지니어와 통번역사는 협업의 위치에 놓일 수밖에 없습니다. 그러므로 프롬프트 엔지니어와 통번역사는 서로 협력하여 통번역 도구의 사용성과 품질을 향상시키기 위해 노력하게 될 것입니다. 예를 들어, 프롬프트 엔지니어가 개발한 통번역 도구의 사용 환경은 통번역사의 피드백을 바탕으로 개선될 수 있으며, 통번역사는 이러한 도구를 사용하여 더 나은 통번역 결과를 얻을 수 있습니다. 그리고 어쩌면 이후에 이 두 전문가가 담당하는 영역의 통합을 시도할 수도 있을 것입니다.

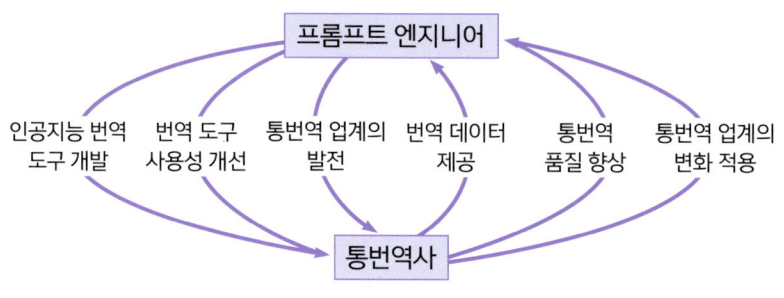

그림 17 프롬프트 엔지니어와 통번역사의 관계

그리고 이런 변화를 통해서 새로운 통번역 업계의 발전을 생각할 수 있을 것입니다. 프롬프트 엔지니어와 통번역사의 기능적인 상호작용은 통번역 업계에 큰 변화를 가져올 수 있습니다. 특히, 인공지능 기술이 통번역 업무에 점차 통합되면서, 두 전문가는 서로의 전문 지식을 활용하여 통번역 품질과 생산성을 높이고자 한다는 점에서 접점을 가지고 있습니다. 예를 들어, 프롬프트 엔지니어의 업무 능력을 가진 통번역사와 통번역사의 수행 능력을 가진 프롬프트 엔지니어는 새로운 세대의 통번역사의 모습으로 다가올 수도 있습니다.

프롬프트 엔지니어와 통번역사는 인공지능 통번역 도구의 개발과 최적화, 그리고 통번역 업계의 발전에 상호 기여하는 관계를 맺고 있습니다. 이들은 함께 협력하여 기계 통번역의 정확성과 품질을 향상시키며, 통번역 도구의 사용성을 높이고 통번역 업계의 변화에 적응할 수 있을 것입니다.

#### Q. 통번역 분야에서 프롬프트 엔지니어의 역할은?

통번역과 관련된 기능적인 분야에서 프롬프트 엔지니어가 어떤 업무 능력을 갖추고 있어야 할까에 대한 궁금증을 지울 수 없습니다. 프롬프트 엔지니어는 GPT와 같은 인공지능 대화 시스템[164]을 활용하여 원하는 정보를 얻거나, 질문에 대한 답변을 제공하는 전문가입니다. 이를 고려한다면 통번역 분야에서 그들이 다음과 같은 업무 능력을 갖출 것으로 기대됩니다.

첫째로 언어를 이해하고 분석하는 업무 능력입니다. 프롬프트 엔지니어는 인공지능을 활용하여 특정 전문 분야의 언어를 이해하고 분석하는 것을 시도할 수 있습니다. 이를 통해 통번역사가 전문 영역의 어휘, 문장 구조, 관용구 등을 익힐 수 있게 해 주고, 원문의 뉘앙스와 의미를 정확하게 파악하는 데 도움을 줄 수 있습니다. 하지만 그러한 분석의 필요성과 가치에 대한 판단 역시 통번역사가 한다는 점을 간과해서는 안 됩니다.

둘째로는 통번역 품질 향상을 지원해 주는 능력입니다. 앞서 언급한 바와 같이 프롬프트 엔지니어는 인공지능을 활용하여 통번역 결과를 지속적으로 개선할 수 있습니다. 그리고 이를 통해 통번역사는 통번역 텍스트의 정확성, 자연스러움, 일관성을 높이게 됩니다. 이러한 협력의 결과로 통번역사는 초벌 번역의 질적인 향상과 효과적인 번역 작업의 수행을 기대할 수 있으며, 이는 전체 번역 작업의 효율성 향상으로 이어질 수 있습니다.

셋째로는 수정 작업을 지원해 주는 능력입니다. 프롬프트 엔지니어는 인공지능을 활용하여 통번역사의 기본 업무에 속하는 수정 작업 수행을

[164] 인공지능 대화 시스템(AI conversational systems)은 사용자의 요청을 이해하고, 적절한 답변을 제공하는 인공지능 기술이에요. 프롬프트 엔지니어는 이 기술을 활용하여 사용자가 원하는 정보를 제공하거나, 질문에 답변하는 업무를 수행해요.

지원해 줄 수 있습니다. 예를 들어 통번역사는 AI 번역 결과의 오류를 수정하고, 원문의 뉘앙스를 적절하게 전달하는 데 도움을 받을 수 있습니다. 특히, 통번역사가 B언어로의 번역을 시도한다면 A언어로의 번역에서 갖게 되는 언어적 직관과 관련된 도움을 인공지능을 통해 받을 수 있습니다.

마지막으로 전문 지식 습득과 전문 지식 검증[165]에 도움을 받을 수 있습니다. 프롬프트 엔지니어는 통번역사가 인공지능을 활용하여 특정 전문 분야에 대한 지식을 습득하고 검증할 수 있도록 지원해 줄 수 있습니다. 이를 통해 통번역사는 해당 전문 분야의 지식을 더 깊이, 더 빠르게 이해하여 통번역 작업을 수행할 수 있습니다. 특히 통번역사가 전문 지식에 대한 한계를 넘어설 수 있도록 함으로써 통번역사가 통번역에 대한 자신의 이해도를 확인 및 검증할 수 있게 합니다. 그러므로 프롬프트 엔지니어와 통번역사는 인공지능 기술을 활용한 통번역 작업에서 효율성과 품질을 향상시키기 위해 반드시 협업을 해야 합니다.

[165] 전문 지식 검증(expert knowledge verification)은 통번역사가 인공지능을 활용하여 특정 전문 분야에 대한 지식을 검증하는 과정을 말해요. 프롬프트 엔지니어의 지원을 받아 통번역사는 해당 전문 분야에 대한 자신의 이해도를 확인하고, 필요한 경우 지식을 보완하거나 수정할 수 있어요.

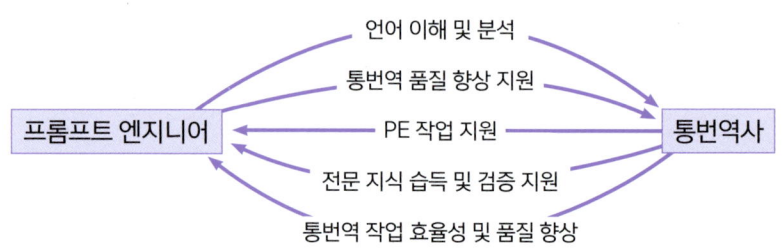

그림 18 통번역사와 프롬프트 엔지니어의 상호작용 방향

## Q. AI 프롬프트 엔지니어로의 접근 방법은?

통번역사가 프롬프트 엔지니어의 능력을 습득하여, AI를 활용한 통번역 능력을 갖추기 위해서는 몇 가지 단계를 고민해 보아야 합니다. 사실 통번역사는 언어와 문화에 대한 깊은 이해를 바탕으로 텍스트를 다른 언어로 옮기는 전문가이지, 인공지능 시스템의 전문가는 아닙니다. 그러므로 그들에게 인공지능에 대한 개발이나 이와 관련된 깊은 전문 지식을 요구할 수는 없을 것입니다.

그럼에도 앞으로 통번역사가 인공지능 번역과 협업하기 위해서는 인공지능 언어모델, 특히 대화형 인공지능의 개발과 훈련에 대한 이해를 높여야 합니다. 그리고 앞서 살펴보았던 두 직업 간의 기술적 차이를 극복하기 위해 다음과 같은 몇 가지 새로운 도전에 대해 생각해 볼 필요가 있습니다.

| 단계 | 설명 |
|---|---|
| 1단계 | 파이썬(Python)[166]과 같은 인공지능 및 머신 러닝에 적합한 언어를 습득함 |
| 2단계 | 기초 개념, 알고리즘, 기술에 대한 이해와 지식을 습득함 |
| 3단계 | 인공지능 및 머신 러닝 관련 과정을 수강하고, 자격증을 취득함 |
| 4단계 | 개인 프로젝트 진행 및 오픈 소스 프로젝트[167] 참여를 통해 경험을 축적함 |
| 5단계 | 전문가와 네트워킹을 통해 새로운 기술과 트렌드를 파악함 |

표 24  통번역사와 프롬프트 엔지니어 간의 기술적 차이 극복 방안

물론 위의 다섯 가지 단계를 통해서 통번역사가 인공지능을 운용할 수 있는 전문가로 거듭나는 것은 전혀 다른 분야에 대한 새로운 도전이

---

[166] 파이썬(Python)은 인공지능 분야에서 널리 사용되는 프로그래밍 언어예요. 이 언어는 간결하고 읽기 쉬운 문법, 빠른 개발 속도, 다양한 라이브러리와 프레임워크를 지원함으로써 인공지능, 머신 러닝, 딥 러닝 등의 연구 및 개발에 적합해요. 그리고 파이썬으로 작성된 코드는 다양한 플랫폼에서 호환될 수 있어서 개발자들이 선호하는 프로그래밍 언어예요

[167] 오픈 소스 프로젝트(open source project)는 커뮤니티 기반의 프로젝트로, 코드를 공개하여 누구나 참여하고, 수정하고, 분배할 수 있어요. 그래서 통번역사나 프롬프트 엔지니어는 이를 통해 실무 경험을 쌓고 AI 번역 기술의 발전에 기여할 수 있어요.

될 수도 있습니다. 그리고 그만큼의 전문성을 갖추기 위해서는 많은 시간과 노력이 필요합니다. 그래서 통번역사가 프롬프트 엔지니어를 겸한다는 목표를 갖기보다는 프롬프트 엔지니어의 기능과 능력을 이해하고, 함께 소통할 수 있는 능력을 갖추는 데 초점을 맞출 필요가 있습니다. 이러한 능력은 AI 시대를 함께하는 통번역사의 업무 능력 가운데 하나라고 할 수 있습니다.

이를 위해 통번역사가 인공지능 운용 능력을 갖출 수 있는 방법에 대해 살펴보았으면 합니다. 즉, 앞으로 통번역사는 프롬프트 엔지니어의 능력을 가지고 있어야 한다는 관점에서, 통번역사가 다음과 같은 노력을 기울일 것을 제안합니다.

먼저 AI 기술에 대한 기본적인 이해 능력이 있어야 합니다. 인공지능, 머신 러닝, 딥 러닝, 자연언어 처리(NLP) 등의 기초 개념을 이해하고, 통번역과 관련된 AI 기술의 작동 원리를 파악하는 것도 도움이 될 것입니다. 다음으로는 파이썬(Python) 등 인공지능과 머신 러닝 분야에서 널리 사용되는 프로그래밍 언어의 기초를 익혀두는 것도 도움이 됩니다. 그리고 프로그래밍 언어는 인공지능 시스템을 이해하고 통번역사가 시스템과 상호작용하는 데에도 도움이 될 것입니다.

다음으로는 AI 통번역 도구 활용 능력에 관한 것입니다. 통번역사는 다양한 AI 통번역 도구를 사용하고 최적화하는 방법을 익혀, 통번역 작업의 효율성과 정확성을 높이기 위해 노력을 해야 합니다. 이 과정에서 통번역사는 통역과 번역에서 사용되는 L1과 L2의 언어 사용 데이터를 분석하고 가공할 수 있는 능력을 키울 수 있습니다. 그리고 통번역사의 이러한 능력의 향상은 다시 AI 시스템의 성능을 개선하는 데 도움을 주게 되는데, 이것이 바로 통번역사의 중요한 역할이라고 할 수 있습니다.

통번역사가 AI 번역과 함께할 것이라면 기술 동향 파악에도 관심을 기울일 필요가 있습니다. 인공지능과 머신 러닝 분야의 최신 동향과 기술 발전을 지속적으로 살피고 이해하려는 노력이 기술적 접근으로 이끌어 줄 것입니다. 그리고 이를 통번역 업무에 적용할 수 있는 방법을 모색해 보는 것도 좋습니다. 이를 위한 가장 손쉬운 접근은 인공지능이나 머신 러닝 관련 세미나, 워크숍, 컨퍼런스 등에 참여하여 전문가들과 네트워킹을 통해 지식과 경험을 공유하는 것입니다. 미지에 대한, 기술적 난이도에 대한 두려움이나 생소함을 과감히 넘어서려는 노력만 있다면, 좋은 교육과 학습의 장이 될 것입니다. 혹시 이러한 노력에 어려움이 있다면, 온라인 강의, 도서, 블로그, 연구 논문 등을 활용하여 지속적으로 AI와 관련된 지식을 습득하고, 통번역 업무에 적용하는 것도 좋은 방법이 될 것입니다.

이러한 노력을 통해 통번역사는 AI 전문가가 아니더라도 통번역과 관련된 AI 운영과 그 기술에 대한 이해를 높일 수 있습니다. 그리고 이를 바탕으로 통번역 업무의 품질과 효율성을 높이는 데 기여할 수도 있습니다.

### Q. 프롬프트 엔지니어의 역할을 이해하는 통번역사의 모습은?

AI를 활용할 수 있는 능력을 갖춘 통번역사는 지금까지 우리가 알고 있는 통번역사의 모습과는 차이가 있을 것입니다. 물론 통번역사의 기본적인 통번역 능력 자체의 변화를 설명하기는 어려울 수 있습니다. 하지만 통번역을 수행하는 과정이나 통번역사라는 직업적인 의미, 그리고 통번역 결과물의 질적인 면을 생각해 보면, 자연스럽게 그 차이가 존재함을 이해할 수 있습니다. 다시 정리해 보면, AI를 활용하는 능력을 갖춘 통번역사와 과거의 통번역사는 다음과 같이 통번역의 수행에서 차이를 보이게 됩니다.

먼저, 과거 통번역사는 주로 사전과 문법서 등을 참고하여 직접 통번역 작업을 수행했습니다. 하지만 AI를 활용하는 통번역사는 시스템을 통해서 도구를 사용하여 통번역 작업을 보다 신속하게 진행할 수 있습니다. 이러한 도구는 문맥을 고려한 자연스러운 통번역을 제공하므로, 통번역사는 통번역의 기본적인 정확성에 대한 부담이 줄어 더 복잡한 문제에 집중할 수 있습니다.

그럼에도 불구하고, AI를 활용하는 통번역사가 마주하는 도전 과제도 무시할 수는 없습니다. 예를 들어, AI가 아직까지 완벽하게 인간의 언어를 이해하고 표현하는 데 한계가 있기 때문에, 통번역사는 여전히 모어 화자의 직관과 지식을 활용하여 AI의 번역 결과를 보완해야 합니다. 또한 AI 도구가 변화하고 발전함에 따라 통번역사는 지속적으로 새로운 도구를 배우고, 이를 활용하는 능력을 유지해야 합니다.

사실 AI 통번역 도구를 활용하는 것은 통번역사의 역량을 확장시키는 것과 같습니다. AI 시스템의 활용을 통해서 통번역사는 통번역의 범위를 넘어서 더 다양한 언어 관련 작업을 수행할 수 있게 되었습니다. 예를 들어, 통번역사는 텍스트 편집, 리뷰, 편집과 수정(PE), 그리고 AI 통번역 도구의 학습 데이터 준비와 같은 작업을 수행하게 됩니다. 이러한 다양한 역할은 통번역사에게 더욱 폭넓은 경험을 하고 경력을 쌓을 수 있는 기회를 제공하며, 그들의 직업적 가치를 높이는 데 기여하게 될 것입니다.

직업적 의미에서 보면, 과거에 통번역사는 통번역 작업을 수행하는 자체에 초점을 맞추었습니다. 그러나 AI 도구와 상호작용하면서 통번역 전문가의 역할이 변화하게 되었습니다. 이제 통번역사는 AI 시스템의 통번역 결과를 검토하고 수정하는 '프롬프트 엔지니어'의 역할을 이해하고, 함께 그 역할을 수행하며, 통번역 품질을 향상시키는 데 더욱 집중할 수 있게 되었습니다.

마지막으로 통번역 결과에 대한 질적 차이를 살펴보면, AI를 활용하는 통번역사는 AI 시스템의 지원을 받아 양질의 초벌 통번역 결과물을 더 빠르게 생성해 낼 수 있게 됩니다. 결과적으로 이러한 변화는 고객의 만족도와 통번역 서비스의 가치를 높여주는 방향으로 작용할 것입니다. 그래서 AI를 활용하는 통번역사는 통번역 과정의 효율성, 통번역사라는 직업의 의미, 통번역 결과의 품질 면에서 과거의 통번역사와는 많은 차이를 보일 수밖에 없습니다. 이러한 변화를 통해 통번역사는 앞으로도 지속적으로 발전하고, 통번역 산업의 경쟁력[168]을 더욱 강화할 수 있을 것입니다.

[168] AI 번역 기술과 프롬프트 엔지니어의 능력과 전문성은 통번역 업계의 경쟁력(competitiveness of translation industry)을 높이는 데 큰 도움이 될 수 있어요. 왜냐하면 이를 활용한 작업이 더 빠르고, 더 정확한 결과를 만들어 낼 수 있는 시간이 점점 더 빠르게 다가오고 있기 때문이죠. 결국, 이를 통해, 더 품질 높은 번역 서비스와 더 다양한 형태의 통번역 서비스를 제공할 수 있다는 확신 때문이에요.

## 3부

# AI 번역의 활용과 통번역사 교육의 새로운 모색

PE의 기본 개념과 수행 방법 ⑩

PE를 활용한 번역의 품질 평가와 개선 ⑪

AI 번역을 활용한 한국어 통역 교육의 범위 ⑫

AI 번역을 활용한 한국어 번역 교육의 범위 ⑬

# 10

# PE의 기본 개념과 수행 방법

**169** 컴퓨터보조번역 도구(computer-assisted translation tools)는 통번역사와 언어 서비스 제공자들이 작업을 수행하는 데 도움을 주기 위해 설계된 복잡한 소프트웨어예요. 이것은 인공지능을 활용하여 원문에서 패턴을 인식함으로써 번역 과정에 도움을 주어요. 그리고 CAT 도구의 다양한 기능은 번역 효율성을 향상시키고 번역물이 일관성을 유지할 수 있도록 해요.

**170** 역방향 번역(back translation, BT)은 번역 결과를 다시 출발 언어로 번역하는 과정을 의미해요. 이는 AI 번역의 정확성을 확인하고 오류를 찾는 데 유용하며, 번역 품질을 보장하는 효과적인 방법이에요. 원문과 역번역 결과를 비교하여, 문맥적인 의미 왜곡이나 중요한 정보의 누락 등을 확인할 수 있어요.

**171** 출발 텍스트(source text, ST)는 번역 과정에서 번역될 원본 문서를 의미해요. AI 번역에서는 출발 텍스트가 기계 학습 알고리즘에 의해 분석되며, 이를 통해 도착 텍스트(target text, TT)로 변환되는데 이 과정에서 문맥, 구문, 단어 선택 등이 고려돼요.

기계번역과 인간의 번역은 A언어와 B언어 간의 언어적 전환을 시도한다는 점에서 매우 유사해 보인다. 최근 기계번역(MT) 프로그램이 일반화되고 우리의 일상생활에서 자주 사용되면서 프로그램화된 번역기가 마치 하나의 완성된 제품으로 인식되는 경우가 많다.

기계번역을 완성된 번역을 제공하는 제품이 아닌 인간의 번역에서 복잡하고 번거로운 부분을 처리하는 데 도움을 주는 자동화된 공정쯤으로 이해하는 이는 많지 않다. 사실 기계번역(MT)은 전문 통번역사가 사용하던 '컴퓨터보조번역 도구(CAT tools)'[169]의 발전된 단계로, 인공지능 번역이 보편화되면서 더 많은 사람이 번역을 할 때 인공지능 번역기를 이용할 수 있게 되었다. 그리고 이로 인해서 과거의 번역 과정에서는 주변적이며, 부수적인 것으로 이해되던 역방향 번역(back translation, 이하 역번역)[170]과 수정(post editing)에 대한 관심이 외국어 교육과 번역 교육의 측면에서 확대되고 있다.

지금까지 역번역은 다른 번역사에 의해 수행된 번역의 내용을 확인하거나 번역물의 번역 전 출발 텍스트(ST)[171]를 확인할 수 없는 상황에서 수행되는 번역으로 인식되었다. 그러므로 출발 텍스트가 존재하는 번역에서는 많이 사용되지 않았으며, 의뢰자에게 번역 결과에 대한 내용을 확인해 주기 위한 보고서로서 제한적으로 사용되었다.

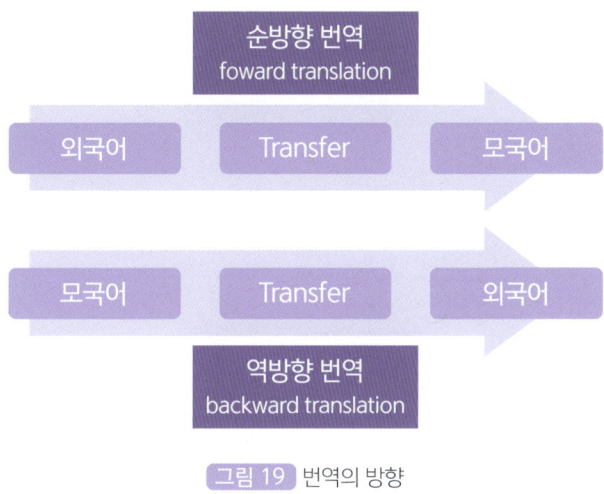

그림 19 번역의 방향

그리고 과거 전통적인 번역에서 수정은 통번역사 모국어로의 번역(순방향, forward translation)[172]에서는 장르적 완성도를 위해, 외국어로의 번역(역방향, backward translation)에서는 원어민에 의한 언어적 직관과 형태 정확성을 보완하기 위해 이루어졌다. 이처럼 수정은 자연스러운 번역(번역 텍스트의 질적인 가공)을 위한 번역 후 수반 작업으로 인식되었다.

하지만 기계번역이 상용화되고 일상생활에서 사용 빈도가 높아지면서 번역 과정에서 통번역사에 의한 기계번역의 수정(MT-PE) 작업은 필수가 되었다. 더불어 전통적인 수정 또는 감수 작업은 주로 후행 통번역사(T2)[173]에 의해 형태적 정확성, 문체의 자연스러움을 확보하기 위해 수반되는 번역 과정으로 여겨졌으나, 기계번역의 경우 선행 번역이 기계에 의해 수행되기 때문에 통번역사(T1)가 의미적, 내용적 합치(등가의 정확성)를 판단하기 위해 반드시 역방향 번역(BT)을 수행해야 한다. 따라서 이것 역시도 기계번역의 수정 과정에서 필수가 되었다.[174]

[172] 순방향 번역(forward translation, FT)은 한 언어에서 다른 언어로 메시지를 변환하는 과정을 의미해요. AI 번역에서는 이를 위해 기계 학습 알고리즘이 출발 텍스트를 분석하여 도착 텍스트로 변환해요. 이 과정은 번역 품질 보증에서 중요한 역할을 하며, 최종 번역 결과에 대한 중요한 이해를 제공해요.

[173] 일반적인 번역에서 후행 번역사(translator 2, T2)는 텍스트의 형태와 문체를 검토하는 역할을 담당해요. 반면에 AI 번역에서는 선행 번역사(translator 1, T1)가 기계번역의 내용 정확성을 확인해요. 이 두 번역사는 번역 품질을 보장하는 역할을 담당해요.

[174] Zaretskaya, Anna. (2017). Machine Translation Post-Editing at TransPerfect - the 'Human' Side of the Process. Tradumàtica: tecnologies de la traducció. 116. 10.5565/rev/tradumatica.201, pp.117-123.

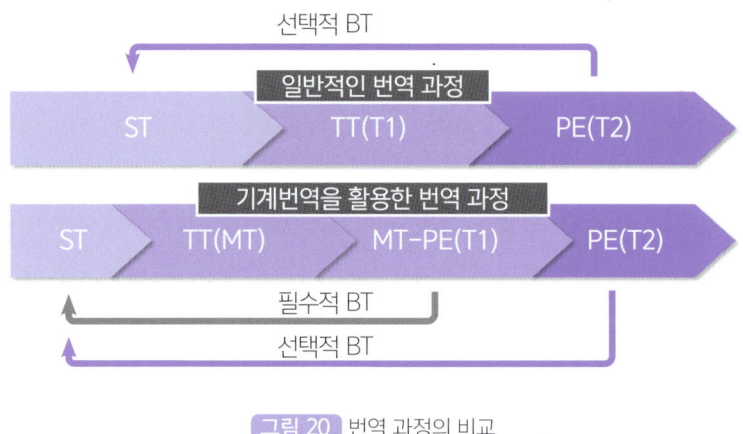

그림 20  번역 과정의 비교

　이러한 점에서 언어 간의 간극을 기계번역을 통해 완전히 해결하고 통번역사의 역할을 번역기가 대체할 것이라는 전망에 대한 오류를 지적할 수 있다. 하지만 기계번역의 변화가 일상적 통번역 과정의 양적, 질적 변화를 이끌고 외국어 교육과 번역 교육의 방법과 목표의 변화에도 적지 않은 영향을 미칠 것이라는 점은 점점 더 분명해지고 있다.

　최근 연구를 살펴보면, 외국인을 위한 한국어 교육과 한국어 통번역 교육에서 이러한 변화가 반영되어 학습자 요구의 변화로 이어질 것으로 보인다. 이에 따라 한국어 교육의 방법과 교육내용에도 변화가 있을 것이고, 이를 위한 한국어 고급 학습자의 교육목표와 교육과정의 변화 가능성이 제기되고 있다. 이러한 변화 가능성을 검토하기 위해 기계번역을 활용한 한국어번역에서는 기계번역의 수정을 통해 번역 오류를 유형화하고, 세부 항목 요소를 구성해 봄으로써, 한국어번역 학습자에게 요구되는 기계번역의 수정 능력을 알아볼 필요가 있다.

> **들여다보기**
>
> 안나 자레츠카야(Anna Zaretskaya, 2017)는 기계번역의 수정은 단순히 번역문에 수정을 가하는 원어민의 번역에 대한 보완적 행위보다 더 복잡하고 기계번역의 수정을 수행하는 사람 역시 통번역사여야 한다고 설명하고 있어요. 그리고 기계번역의 수정을 일반적인 번역 후 수정과 유사한 과정으로만 이해해서는 안 된다고 지적했어요. 일반적인 번역에서의 수정은 번역사(T1)에 의해 제안된 번역문을 살피는 검토자(T2)에 의해 이루어지므로 결국 그 번역의 주체는 처음 번역을 수행한 번역사(T1)가 돼요. 하지만 기계번역의 경우 수정을 담당하는 번역사가 기계번역의 제안을 수용할 수도 있고, 그것이 유용하지 않다고 보이면 삭제할 수 있어요. 이에 최종적으로 기계번역의 수정을 수행한 번역사가 전체 텍스트의 번역 주체가 되고 기계번역의 수정은 번역사의 번역 수행 과정의 일부로 설명돼요.

### Q. 기계번역에서 포스트에디팅(수정, post-editing)이란?

통번역사의 수정(post-editing)은 기계번역의 결과를 인간 통번역사가 검토하고 수정하는 과정을 의미합니다. 기본 개념부터 살펴보면, AI 번역은 큰 범주에서 기계번역(MT)에 속하므로 그 결과에는 번역의 오류나, 번역으로서 미흡한 부분이 포함되어 있습니다. 이러한 이유로 통번역사는 해당 번역을 검토하고, 오류를 수정하게 되는데, 이런 통번역사의 언어적 표현 작업을 기계번역에 대한 수정(PE)이라고 합니다. 즉, 수정은 앞서 설명하고 있는 바와 같이 인공지능(AI) 번역 결과를 인간 통번역사가 검토하고 수정하는 과정입니다.

이 과정에서 통번역사는 AI 번역의 오류를 수정하고, 언어적 표현을 개선하여 최종 번역 품질을 높입니다. AI 번역은 기본적으로 신경망 기반의 기계번역(NMT) 기술을 사용하는데 이것은 대규모의 병렬 텍스트 말뭉치를 학습하여 출발 언어를 도착 언어로 자동 번역하는 모델입니다. 이 과정에서 AI는 출발 텍스트와 번역문 사이의 패턴을 인식하고, 이를 바탕으로 새로운 문장을 생성해 냅니다.

AI 번역은 빠른 속도로 대량의 텍스트를 번역할 수 있기 때문에 시간이 절약되고 생산성이 향상되는 장점이 있습니다. 뿐만 아니라, 학습 데이터를 기반으로 일관된 용어와 표현을 사용하여 전체 문서의 일관성을 유지합니다. 그럼에도 AI 번역은 아직도 완벽하지 않아 비문맥적인 표현이나 관용표현, 다의어 등[175]의 번역에서 오류가 발생하곤 합니다. 그리고 AI 번역은 종종 출발 언어의 뉘앙스와 감정을 완벽하게 이해하고 전달하는 데 한계를 보이기도 합니다. 이에 AI가 제공한 번역 결과물을 바탕으로, 문법 오류, 어휘 선택, 의미 전달, 어감이나 번역의 일관성 등 다양한 면에 대한 전문 통번역사의 수정이 더해지게 됩니다.

이처럼 AI 번역의 한계로 인한 문제를 해결하고 번역 품질을 향상시키기 위해 전문 통번역사의 역량을 활용한 수정은 번역의 핵심적인 과정이라고 할 수 있습니다. 즉, 전문 통번역사의 수정을 통해 AI 번역의 한계를 보완하고, 최종 번역 품질을 높일 수 있습니다.

### Q. 포스트에디팅에서 통역사의 역할은?

기계번역의 수정(MT-PE)은 비교적 최근에 화두가 되고 있는 개념으로, 통번역 연구자들도 기계번역의 수정이 이루어지는 과정에 대해 구체적으로 기술하거나 인식하지 못하는 경우가 많습니다. 하지만 기계번역 시스템[176]의 출현과 통번역에서의 활용은 컴퓨터보조번역(CAT)의 범주를 빠르게 확장시키고 있습니다. 그래서 최근에는 AI 번역이나 기계번역

---

175 AI 번역에서는 비문맥적인 표현이나 관용표현, 다의어 등을 주의해야 해요. 왜냐하면 AI 번역은 문맥을 고려하지 않고 단어의 사전적 의미만을 고려하기 때문이에요. 즉 AI 번역은 문장을 기계적으로 해석하기 때문에, 언어의 유연성과 문화적인 차이를 반영하는 능력이 부족할 수 있어요. 따라서 번역 결과를 평가할 때 이러한 어려움을 염두에 두어야 해요.

176 기계번역 시스템(machine translation system)은 인공지능(AI)을 활용하여 문장을 자동으로 번역하는 시스템이에요. 대량의 데이터 학습과 신경망 모델을 사용하여 작동하나 문맥 파악과 문화적인 차이 반영에는 한계가 있을 수 있어요. 이에 인간 번역과는 다른 결과를 내기도 하지만, 지속적인 기술 발전 덕분에 더 나은 품질의 번역물을 생성해 내고 있어요.

의 활용이라는 표현이 통번역 현장에서도 보편화되었습니다. 이 때문에 기계번역이나 AI 번역은 전문 통번역사의 번역 과정이나 통번역사 교육에서 변수가 아닌 함께해야 할 상수로 인식되고 있습니다.

    이에 외국어 교육과 통번역 교육에서는 이미 통번역의 기술적인 변화를 받아들이고 적용할 수 있는 방법에 대해 여러 고민을 하고 있습니다. 특히 통번역 교육 분야에서는 지금까지와는 다른 AI를 활용한 통번역 교육과정을 학습자에게 이해시키고, 훈련해야 한다는 필요성이 제기되고 있습니다. 하지만 정규적인 교육과정 안에는 아직도 이러한 교육 모델이 많지는 않습니다.

    하지만 컴퓨터보조번역을 통해서 AI를 활용하고 MT의 오류를 분석하는 것을 교육내용에 포함시키고자 하는 시도는 이미 시작된 듯합니다. 그중 대표적인 것이 안나 자레츠카야(Anna Zaretskaya, 2017)가 소개하고 있는 'TransPerfect'라는 교육과정입니다. 이는 Taus에서 제공하는 기계번역의 수정을 위한 교육과정입니다. 안나 자레츠카야는 이 과정을 바탕으로 넓은 의미에서 기계번역의 수정 교육의 목표를 다섯 가지로 정리하고, 기계번역의 수정을 새로운 통번역사의 수행 모형으로 받아들이고 있습니다.[177] 이를 간단히 살펴보면 아래와 같습니다.

    첫째, 외국어 교육과 통번역 교육에서 기계번역에 대한 일반적 인식을 개선하기 위한 교육이 이루어져야 합니다. 학습자에게 MT 활용의 이유와 방법을 설명하고, 기계번역 수정 훈련을 통해 MT 시스템을 생산성의 도구로 인식하도록 해야 합니다.

    둘째, 기계번역이나 AI 번역에 후행하는 PE에 대한 필요성을 언어 사용자에게 이해시킬 수 있어야 합니다. 기계번역의 수정은 인간의 번역물에 대한 교정과는 전혀 다른 과정을 거치며, 기계번역 오류의 양적, 질적인 특성 역시, 인간의 번역과는 전혀 다름을 이해할 수 있도록 해야 합니다.

---

[177] 안나 자레츠카야(2017)는 번역 교육과 훈련 과정에서 MT-PE 필요성이 충분히 제기되고 있다고 하였어요. 하지만 아직도 이것이 무엇을 의미하며, 어떤 행위를 수반하는지에 대한 이해가 불완전하다고 지적하는 통번역사가 적지 않아요. 이에 몇몇 교육 프로그램에서는 MT-PE에 대한 교육을 제공하고 있는데, 비교적 잘 알려진 것이 TAUS에서 제공하고 있는 온라인 교육과정이에요(http://www.taus.net 참조).

셋째, 기계번역의 수정이 개괄적인(light-PE)[178] 수정인지 최종적(full-PE)[179] 수정인지에 따라서 번역 결과물의 품질이 달라집니다. 전자는 기본적으로 형태적 오류 수정에 초점을 맞추나 후자는 언어 사용에 맞는 높은 수준의 번역을 목표로 한다는 점에서 그 결과물은 큰 차이를 갖습니다.

넷째, 번역을 보다 효율적으로 수행할 수 있는 방법을 이해하도록 해야 합니다. MT나 AI 번역을 최대한 활용하는 것은 번역의 효율성을 극대화하기 위한 도구적 개념임을 이해하고 그에 따른 방법을 이해할 수 있어야 합니다.

다섯째, 기계번역의 수정 훈련에서는 적절한 피드백이 제공되어야 합니다. 이러한 피드백은 MT를 활용한 번역 교육뿐만 아니라 기계번역의 발전에 유익한 데이터가 될 수 있습니다.

번역 교육을 위한 기계번역 수정의 수행 범위를 크게 형태적인 층위와 의미적인 층위로 나눌 수 있습니다. 먼저 형태적인 층위에서 정서법을 기본으로 어휘 및 어법, 어순 등의 정확성을, 의미 층위에서는 명확성, 결속성, 유창성을 중심으로 기계번역의 수정이 이루어집니다. 그리고 이를 다시 전반적(light) 수정과 최종적(full) 수정으로 나눌 수 있습니다. 하지만 엄밀하게 표현하자면 의미적 층위라고 하는 것은 어휘와 문장, 문맥에서 포괄적으로 다루어질 수 있어 명확하게 구분하기가 쉽지 않습니다.

이러한 이유로 통번역 서비스의 질적 기준을 제시하고 있는 국제표준(ISO18587, 2017)을 기준으로 수정의 범위를 '언어 구조적 층위'와 '언어 사용적 층위'로 구분합니다.[180] 이렇게 구분하면, 형태적 층위에 해당하는 언어 구조에는 정서법을 비롯한 어휘 사용과 문법, 문장 구성이 포함됩니다. 그리고 언어 사용적 층위에는 번역에서의 의미적 명시성을 비롯한 문체적 특징과 상황적, 독자 정의에 따른 유창성이 포함됩니다.

이를 다시 한국어 교육과 통번역 교육의 범주로 나눠 보면, 한국어 교

---

[178] 개괄적인 수정(라이트 포스트에디팅, light post-editing)은 원문의 의미 전달에 주로 초점을 맞춘 작업이에요. 정확성, 추가/누락, 용어, 철자, 숫자, 문법 등의 오류를 수정하되 원문의 의미를 최대한 유지하는 것을 목표로 해요.

[179] 최종적 수정(풀 포스트에디팅, full post-editing)은 AI 번역 결과를 인간 번역 수준의 품질로 개선하는 작업이에요. 풀 PE에서는 문법, 가독성, 의미 전달 등의 측면에 신경을 쓰며, 구두점, 일관성, 스타일, 포맷 등 추가적인 요소에도 주의를 기울여요. 즉, 번역 결과를 완전하고 품질 높은 형태로 완성시키는 것이 목표로 해요.

[180] ISO 18587 (2017), International Standard. Translation services — Post-editing of machine translation output — Requirements

육에서는 어휘, 문장 구조, 명시적 표현이 교육 범주의 중심이 됩니다. 그리고 통번역 교육에서는 명시적 표현과 장르에 따른 문체, 독자 정의에 따른 유창성이 주요 범주에 속하게 됩니다.[181]

181 물론 외국어 교육과 통번역 교육 모두에 언어 교육을 위한 내용이 포함되어 있어요. 하지만 여기서는 도착 언어(TL)가 외국어가 되는 상황에 한정해 그 범주를 나눠 본 것이에요.

### Q. 포스트에디팅의 수행 목적은?

통번역사의 포스트에디팅(post-editing, PE)은 번역 과정에서 필수적인 수행 행위로 인식되고 있으며, 기계번역의 발전으로 더욱 주목을 받고 있습니다. 번역 결과물의 질적 향상과 소통 가능성의 향상, 그리고 번역 과정의 효율성 향상을 중심으로, PE를 수행하는 목적을 다음과 같이 네 가지로 정리할 수 있습니다.

1) 번역 결과물의 정확성 향상

통번역사는 PE의 과정을 통해 AI 번역 결과에서 오류를 발견하고 수정하여, 번역의 정확성을 향상시키고자 노력합니다. 일반적으로 문법적 오류와 어휘 선택의 문제, 그리고 의미 전달 등의 측면을 고려하여 PE를 수행합니다. 만약에 의료 분야의 문서를 기계번역을 통해 영어에서 한국어로 번역한다고 가정하면, 기계번역 결과를 확인한 통번역사는 다음과 같은 PE를 진행하게 됩니다.

- 문법 오류 수정: 기계번역 결과물에서 발견된 문법 오류를 수정하게 됩니다. 예를 들어, 조사나 어미의 사용이 올바르지 않은 경우, 통번역사는 이를 수정하여 문장이 자연스럽게 읽히도록 합니다.
- 어휘 선택: 기계번역이 특정 단어나 구절을 올바르게 번역하지 못한 경우, 통번역사는 이를 문맥에 맞는 적절한 단어나 구절로 수정합니

다. 예를 들어, MT의 결과물에 'inflammation'이 '염증'이 아닌 '화염'으로 번역되었다면, 통번역사는 이를 올바른 용어인 '염증'으로 수정하게 됩니다.

- 의미 전달: 기계번역 결과물에서 의미가 왜곡되거나 누락된 부분을 찾아 수정합니다. 예를 들어, 출발 텍스트의 'The patient should avoid heavy lifting for at least two weeks.'라는 문장을 '환자는 무거운 물건을 들어올리는 것을 최소 2주간 멀리해야 합니다.'로 생성했다면, 통번역사는 이 번역을 '환자는 적어도 2주 동안 무거운 짐을 드는 것을 피해야 합니다.'로 수정하여 출발 텍스트의 의미가 정확하게 전달될 수 있도록 해야 합니다.

이러한 수정을 통해 통번역사는 AI 번역 결과물의 정확성을 향상시키며, 전문 분야의 내용이 올바르게 전달될 수 있는 번역물을 제공합니다.

2) 번역 텍스트의 자연스러움 개선

통번역사는 출발 언어의 뉘앙스를 제대로 전달하고, 도착 언어로 이해 가능하게 AI 번역 결과물의 언어 표현을 수정하게 됩니다. 이를 통해 통번역사는 번역 텍스트의 가독성과 이해도를 높일 수 있습니다. 이를 좀 더 구체적으로 설명하면 다음과 같습니다.

- 관용구나 관용어 처리: 출발 언어의 관용구나 관용어를 글자 그대로 번역한 경우, 통번역사는 이를 도착 언어에서 자연스럽게 표현되는 관용구나 관용어로 수정합니다. 예를 들어 영어의 'bite the bullet'이라는 표현이 '총알을 깨물어'로 번역되었다면, 통번역사는 이것을 '어려운 상황을 감수하다'와 같은 자연스러운 한국어 표현으로 수정할 것입니다.

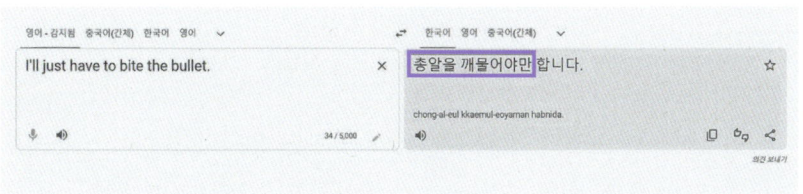

- 어조와 어감(뉘앙스)[182]의 조절: 통번역사는 출발 언어의 어조와 어감이 적절하게 전달되도록 번역 결과를 수정할 것입니다. 만일 공식적인 어조의 출발 언어가 비공식적인 어조로 번역이 되었다면, 통번역사는 이를 공식적인 어조로 수정하여 출발 언어의 어감이 유지되도록 합니다.
- 문장 구조 개선: 통번역사는 도착 언어의 문법과 어휘 순서에 맞게 문장 구조를 수정하게 됩니다. 출발 언어(예: 영어)의 문장 구조가 한국어 번역에서 어색하게 느껴질 경우, 통번역사는 한국어에 적합한 문장 구조로 수정합니다. 예를 들어, "A hobby that gives me immense happiness is the act of drawing pictures."라는 문장이 "저에게 엄청난 행복을 주는 취미는 그림을 그리는 행위입니다."로 번역되었다면, 통번역사는 "그림을 그리는 것은 나에게 큰 행복을 주는 취미입니다."로 수정할 수 있습니다. 이와 같은 방법으로 통번역사는 번역 결과의 자연스러움을 개선하고, 출발 언어의 어감과 가독

[182] AI 번역기는 문장을 기계적으로 해석하기 때문에 문장의 어조(tone)와 어감(nuance)을 올바르게 전달하지 못할 수도 있어요. 문체, 감정, 톤 등의 세부 요소를 적절히 전달하려면 언어 이해와 문화적인 이해가 필요해요. 감정 표현과 문체는 문화와 상황에 따라 다르므로, 문장의 뉘앙스를 정확히 이해하고 전달하기 위해 번역사의 역량과 문화적인 이해도가 필요해요.

성을 그대로 유지하면서 도착 언어로 번역된 텍스트의 이해도를 높일 수 있습니다.

3) 번역 내용의 일관성 유지

통번역사는 번역물의 전체 내용에서 일관된 용어와 표현이 사용되도록 수정을 하게 됩니다. 이를 통해서 번역문은 일관성과 전문성[183]을 유지할 수 있습니다.

여기에서 일관성 유지라는 개념은 번역 결과물의 전체 내용에서 동일한 의미를 가진 용어나 표현이 일관되게 사용됨을 의미합니다. 일관성이 높은 번역물은 독자가 쉽게 텍스트를 이해하고 오해가 발생할 가능성을 줄일 수 있습니다.

- 전문 용어(술어) 사용의 일관성: 특정 전문 분야에서 사용되는 용어는 전체 문서에서 일관되게 사용되어야 합니다. 예를 들어, '컴퓨터'라는 용어가 한 부분에서는 '전산 설비'로, 다른 부분에서는 '컴퓨터'나 'PC'로 번역된다면, 통번역사는 전체 문서에서 술어가 일관성 있게 사용되도록 수정하게 됩니다.
- 격식 표현의 일관성: 전체 번역물에서 특정 표현이나 문장 구조가 일관성 있게 표현되어야 합니다. 예를 들어, 격식성이 중요한 계약서나 서류 번역에서 '~에 따르면'과 '~에 의하면'이라는 표현이 사용되었다면 통번역사는 이를 통일하여 전체 문서에서 격식에 맞는 일

---

[183] 일관성(consistency)과 전문성(expertise)은 AI 번역의 중요한 요소예요. 일관성은 번역 결과물에서의 일관된 표현과 문체의 사용을 의미하며, 전문성은 해당 분야의 용어와 전문적인 언어 사용을 가리켜요. 번역 결과물의 일관성은 독자들에게 일관된 경험을 제공하며, 전문성은 특정 분야의 전문 용어와 개념을 정확하게 전달하는 중요한 역할을 해요.

관된 표현이 사용되도록 수정하게 됩니다.
- 약어 및 기호 사용: 완성된 번역물에서는 약어와 기호의 사용 역시 일관성 있게 유지되어야 합니다. 번역물에서 '미국'이라는 단어가 한 부분에서는 '미연방'으로, 다른 부분에서는 'USA'로 표기되었다면, 통번역사는 이를 통일하여 전체 문서에 동일한 약어가 표기되도록 해야 합니다.

| 원어(영어) | 약어 | 표준 번역 | 대체 번역 | 근거 |
|---|---|---|---|---|
| United Nations | UN | 유엔 | 연합국 | 역사적인 문맥에 따라 1945년 창립 당시의 명칭인 '연합국'이라고 번역되기도 함 |
| International Monetary Fund | IMF | 국제통화기금 | 국제금융기금 | 경제 전문가들 사이에서 '국제금융기금'이라는 번역이 사용됨 |
| World Health Organization | WHO | 세계보건기구 | 세계보건조직 | 일부 공식 문서나 보건 의료 분야에서 '세계보건조직'이라고 번역됨 |
| North Atlantic Treaty Organization | NATO | 북대서양조약기구 | 북대서양조약조직 | 국방 및 정치 분야에서 '북대서양조약조직'이라고 번역됨 |
| Association of Southeast Asian Nations | ASEAN | 아세안 | 동남아국가연합 | 일부 문서에서 '동남아국가연합'이라고 번역됨 |

| | | | | |
|---|---|---|---|---|
| European Union | EU | 유럽연합 | 유럽공동체 | '유럽공동체'는 EU의 선행기구인 European Economic Community(EEC)를 반영한 번역임 |
| Food and Agriculture Organization | FAO | 식량농업기구 | 유엔식량농업기구 | 일부 문서에서 '유엔식량농업기구'라고 번역됨 |
| World Trade Organization | WTO | 세계무역기구 | 세계무역조직 | 일부 문서에서 '세계무역조직'이라고 번역됨 |
| United Nations Children's Fund | UNICEF | 유니세프 | 유엔국제아동긴급기금 | 일부 문서에서 '유엔국제아동긴급기금'이라고 번역됨 |
| World Bank Group | WBG | 세계은행그룹 | 세계금융기구 | 일부 경제, 금융 문서에서 '세계금융기구'라고 번역됨 |

표 25 약어의 번역 사례

통번역사는 번역물 전체 내용에서 용어와 술어의 일관성을 유지함으로써 독자가 이해하기 쉬운 번역물을 생성해 낼 수 있습니다.

4) 번역 과정과 작업 시간 및 비용 절약

PE 행위를 통해서 통번역사는 전체 번역 시간을 단축하고, 번역 비용을 절약할 수 있습니다. 여기에서 설명하는 시간과 비용 절약이란 AI 번역과 PE 작업의 조합을 통해, 번역 과정의 효율성을 높인다는 것을 의미합니다.

통번역사는 AI 번역을 통해서 초벌 번역[184]을 빠르게 진행할 수 있으며, 통번역사는 이 결과물을 수정하고 개선함으로써, 전체 번역 시간을 단축할 수 있습니다. 이 과정을 좀 더 구체적으로 설명하면 다음과 같습니다.

먼저 AI 번역을 통해 빠른 시간 내에 양질의 초벌 번역물을 얻을 수 있습니다. 특히 AI번역은 대량의 텍스트를 빠른 속도로 번역할 수 있다는 장점을 가집니다. 이처럼 AI 번역을 통해 초벌 번역을 수행하고 이를 통번역사가 수정하고 개선하는 것이 통번역사가 처음부터 모든 내용을 직접 번역하는 것보다 훨씬 경제적이고 효과적이라고 할 수 있습니다.

다음으로 효율적인 작업의 분배[185]가 가능합니다. 전체 번역 과정에서 AI 번역은 기본적인 작업을 담당하고 통번역사는 주로 문장의 자연스러움, 정확성, 일관성 등의 측면을 보완하는 역할을 수행하게 됩니다. 이렇게 효율적인 작업 분배를 통해서, 통번역사는 자신의 전문성을 최대한 활용할 수 있으며, 전체 번역 작업의 효율성을 높일 수 있게 됩니다.

마지막으로는 투입된 인력과 비용을 절감하게 됩니다. AI 번역을 사용함으로써, 통번역사는 물리적인 시간을 줄여 더 빠르게 작업을 마무리하게 됩니다. 그리고 이로 인해 전체적인 인력 비용을 줄일 수 있으며, 통번역사는 다른 프로젝트나 고객에 대한 서비스에 좀 더 많은 시간을 할애할 수 있습니다.

정리해 보면, AI 번역 결과를 기반으로 PE 작업을 수행하는 것은 시간 및 인력과 비용 절약에 도움이 되고, 번역 서비스의 효율성과 경쟁력 면에서도 긍정적인 결과를 예상할 수 있습니다.

---

[184] 초벌 번역(draft translation)은 AI 번역 도구를 사용하여 원문을 대략적으로 번역한 것을 말해요. AI가 생성한 초벌 번역은 원문의 정확한 의미를 완벽히 반영하지 못할 수 있으므로, 통번역사의 전문적인 검토와 수정이 필요해요.

[185] 효율적인 작업의 분배(efficient task distribution)는 AI 번역 시스템을 통해 가장 효과적으로 번역 작업을 처리하는 방법을 의미해요. 대량의 데이터를 빠르게 처리할 때는 AI가, 인간의 판단력이 필요한 부분(예: 문맥 이해, 미묘한 의미 파악 등)은 인간 통번역사가 담당한다면 번역 작업의 효율성을 극대화할 수 있어요.

### Q. 포스트에디팅의 효과적인 수행을 위한 전문 지식과 기술은?

통번역사는 다양한 도구와 자원(리소스, resource)[186]을 활용하여 자신의 전문 지식과 기술을 강화할 수 있습니다. 예를 들어, 전문 분야에 대한 교육과정을 이수하거나, 관련 학회 및 세미나에 참석함으로써 최신 지식을 습득하여 전문성을 확보하고 전문적인 능력을 높이게 됩니다. 또한, 동료 통번역사들과 협력하여 정보와 경험을 공유하며 상호 발전할 수 있습니다.

이 모든 것이 새로운 시기의 통번역사에게 요구되는 자질이라고 할 수 있습니다. 그렇다면 효과적인 PE를 수행하기 위해 통번역사가 갖추어야 할 전문 지식과 기술에는 어떤 영역이 포함되는지 살펴보겠습니다.

1) 출발 언어 및 목표 언어에 대한 충분한 이해

통번역사는 출발 언어와 목표 언어의 문법, 어휘, 문화적 특성 등을 이해해야 합니다. 즉, 영어를 한국어로 번역하는 경우에는 두 언어의 문법 규칙, 표현 방식, 관용어 및 관용 표현 등에 대한 지식이 필요합니다.

2) 전문 분야에 대한 지식

효과적인 PE를 위해서는 통번역사가 전문 분야의 기술용어, 문맥 및 관련 지식을 이해해야 합니다. 만약, 의료 번역을 하는 경우에는 의학 용어, 약물명, 질병 및 치료 방법 등에 대한 지식이 필요합니다.

3) 번역 메모리 및 용어집 활용 능력

통번역사는 번역 도구를 활용하여 일관된 용어와 표현을 사용하고, 이전의 번역 작업을 참고할 수 있어야 합니다. 이를 위해 번역 메모리 및 용어집 도구를 효과적으로 활용할 수 있는 능력이 필요합니다.

---

[186] 리소스(resource)란 컴퓨터 시스템에 관한 여러 가지의 자원을 총칭해서 가리키는 말이에요. 중앙처리장치나 자기테이프 등의 주변장치, 단말장치를 가리키기도 해요. 또한, 중앙처리장치의 처리시간, 기억장치의 에어리어 등을 가리키는 경우도 있어요. 그리고 좀 더 넓은 의미로는 컴퓨터 시스템에 종사하는 인력을 포함하는 경우도 있어요.

### 4) 편집 및 교정 능력

통번역사는 문장 구조, 맞춤법, 띄어쓰기 등을 수정하고, 어색한 표현을 개선할 수 있는 능력이 필요합니다. 이를 통해 번역물의 가독성과 정확성을 높일 수 있습니다.

### 5) 문제 해결 및 의사 결정 능력

통번역사는 AI 번역 결과에서 발생할 수 있는 다양한 문제점을 파악하고, 적절한 해결책을 찾아야 합니다. 이를 위해서는 문맥을 고려한 번역사의 판단력과 빠른 의사 결정 능력[187]이 필요합니다.

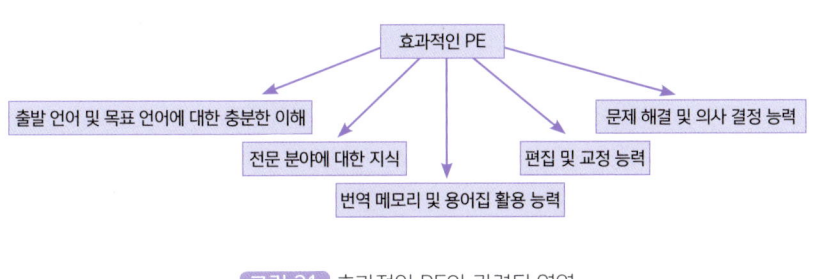

**그림 21** 효과적인 PE와 관련된 영역

[187] 판단력과 의사 결정 능력(judgment and decision-making ability)은 AI 번역과는 대조되는 인간 통번역사의 핵심적인 능력이에요. AI 번역은 많은 양의 정보를 신속하게 처리할 수 있지만, 언어의 섬세한 뉘앙스, 문화적 차이, 그리고 문맥을 완벽히 이해하고 판단하는 일은 아직까지는 인간 통번역사의 역할이에요. 이러한 인간의 능력은 번역의 품질을 결정하는 중요한 요소가 돼요.

이를 다시 정리해 보면, 효과적인 PE를 수행하기 위해서는 통번역사가 출발 언어와 목표 언어에 대한 이해, 전문 분야 지식, 번역 도구 활용 능력, 편집 및 교정 능력, 그리고 문제 해결 및 의사 결정 능력을 갖추어야 합니다. 이러한 능력들을 통해 통번역사는 AI 번역 결과를 개선하고, 높은 품질의 번역 결과물을 제공하여 고객의 만족도를 높일 수 있습니다. 그리고 이 과정을 통해 번역 작업의 효율성과 정확성을 높일 수도 있습니다. 결과적으로 통번역사는 AI 번역 도구와의 협업을 통해 자신의 능력을 지속적으로 개선할 수 있습니다.

**Q. AI시대, 통번역사의 미래를 위한 포스트에디팅 훈련과 준비는?**

디지털 혁신의 빠른 속도에 따라, 통번역사의 업무 영역은 계속해서 변화하고 있습니다. 인공지능 기반 번역 도구의 발전으로, 통번역사는 단순히 텍스트를 한 언어에서 다른 언어로 변환하는 역할에서 벗어나, 더 복잡하고 더 차원 높은 역할을 수행하게 되었습니다

특히, 앞서 살펴본 바와 같이 PE가 점점 더 중요해지고 있습니다. PE는 AI가 제공해 주는 번역을 개선하고 수정하는 과정입니다. 이 과정은 인간의 언어 이해력, 문화적 직관, 전문 영역에 대한 전문지식 등을 필요로 합니다. AI는 텍스트를 효과적으로, 그리고 효율적으로 번역할 수 있지만, 그 번역이 문맥에 적합하고, 문화적으로 적절하며, 원본 텍스트의 직관적인 의미를 올바르게 반영하는지를 확인하고 보장하는 능력은 아직은 부족합니다. 이것이 바로 통번역사가 PE를 통해 추가할 수 있는 가치일 것입니다.

AI를 잘 모르는 통번역사도 이러한 변화를 준비하고 대응할 수 있습니다. 하지만 이를 위해서는 먼저 통번역사는 AI 번역 도구를 이해하고 활용하는 데 필요한 기초적인 지식을 습득해야 합니다. 여기에서 말하는 기초지식은 앞서 우리가 살펴본, AI 번역 도구의 작동 원리, AI 번역 결과의 장단점, 그리고 PE의 기법과 전략 등을 포함합니다.

그리고 둘째로 통번역사는 자신이 전문으로 다루는 분야에 대한 지식을 깊이 있게 갖춰야 합니다. AI는 일반적인 언어 처리 능력은 갖추었지만, 특정 분야의 전문적인 언어 사용과 용어에 대한 깊이 있는 이해는 아직 인간 통번역사가 AI를 능가합니다. 따라서 통번역사는 자신의 전문 분야에 대한 지식을 꾸준히 갱신하고 확장해야 합니다.

셋째로 통번역사가 편집 및 교정 능력을 갖추는 것이 중요합니다. AI

번역 결과를 편집하고 교정하는 능력은 PE의 핵심적인 부분입니다. 통번역사는 텍스트의 맞춤법, 문법, 어투, 문체 등을 정교하게 조정하고, 원본 텍스트의 의미와 언어 사용의 직관을 정확하게 반영하면서, 목표 언어의 독자에게 자연스럽게 전달될 수 있도록 텍스트를 재구성할 수 있는 능력을 키워야 합니다.

마지막으로, 통번역사는 앞서 살펴보았던 문제 해결과 의사 결정 능력을 향상시켜야 합니다. 실제로 PE 과정에서는 다양한 언어적, 문화적, 기술적 문제가 발생할 수 있습니다. 이러한 문제들을 효과적으로 해결하고, 필요한 경우 적절한 의사 결정을 내리는 능력은 통번역사의 핵심 역량 중 하나입니다.

통번역사가 이런 능력들을 갖추기 위해, 연습과 훈련을 지속적으로 받아야 합니다. 이를 위해 통번역 관련 학습 자료와 교육과정, 전문 기관의 워크숍 등을 활용하면 좋습니다. 또한, 실제 AI 번역 결과를 수정하는 다양한 훈련을 통해, 실무 능력을 향상시키는 것도 중요합니다. 이 모든 노력을 통해, 통번역사는 AI와 함께하는 새로운 시대를 맞이할 준비를 할 수 있으며, AI 번역 도구를 효과적으로 활용하고 보완하는 능력을 키울 수 있습니다.

# 11

# PE를 활용한 번역의 품질 평가와 개선

포스트에디팅(post-editing, PE)은 AI 번역의 결과물을 통번역사가 교정하는 과정으로, 번역의 품질 평가와 개선에 중요한 역할을 한다. PE 작업은 통번역사가 AI 번역 결과물의 문법, 의미, 어투 등을 교정함으로써, MT(기계번역)의 한계를 극복하는 것을 목적으로 하고, 높은 품질의 번역물을 만들어내는 것을 목표로 한다.

PE 작업에서 효율성을 높이기 위해서 통번역사는 AI 번역 시스템의 작동 원리와 그 한계를 이해하고 있어야 한다. 이를 통해 통번역사는 자신에게 맞는 최적의 번역 도구(프로그램)[188]와 작업 플랫폼을 선택할 수 있으며, 작업 흐름을 최적화할 수 있다.

일반적으로 AI를 활용하는 통번역사[189]는 PE 작업 이전에 AI 번역의 번역 품질에 대한 평가와 개선을 위해 BLEU[190], TER[191], METEOR[192] 등의 기계번역의 평가 지표[193]를 활용한다. 이러한 지표들은 AI 번역의 정확성과 자연스러움의 기준을 보여 준다고 받아들여진다. 하지만 실제로는 비교 대상이 되는 번역물과의 유사도를 나타내는 데 도움이 될 뿐이고, 결국은 통번역사의 주관적인 평가가 이루어져야 한다. 따라서 통번역사는 자동 평가 지표의 결과를 참고하여 전문적인 판단을 통해, 최종 번역 품질을 평가하고 개선을 시도하게 된다.

---

**188** 최적의 번역 도구(optimal translation tools) 선택은 통번역사의 작업 효율성과 번역 품질에 직접적인 영향을 미쳐요. 통번역사는 다양한 기능(자동완성, 용어집 관리 등), 사용자 친화성, 고객 지원 등을 고려하여 도구를 선택해야 해요. AI 번역 도구를 선택할 때는 특히 그 기계 학습 알고리즘의 성능, 번역 품질, 사용자 인터페이스의 편의성 등이 중요한 기준이 될 수 있어요.

**189** AI를 활용하는 통번역사란, 통번역 능력을 가지고 있으면서도 AI 시스템에 대해 이해하고 있는 통번역사를 말해요. 특히, 인공지능(AI)을 개발하고 조작하는 데 사용되는 컴퓨터 프로그래밍 언어를 알고 있는 통번역사를 말해요. 예를 들어 파이썬(Python), R, Java 등이지요.

**190** BLEU(Bilingual Evaluation Understudy)는 기계번역 결과물과 참조 번역문 사이의 n-gram 정밀도를 측정하는 자동 평가 지표예요. 높은 BLEU 점수는 번역 결과물이 참조 번역문과 유사함을 나타내며, 일반적으로 더 나은 번역 품질을 의미해요.

그리고 통번역사와 AI 번역 시스템의 개발자는 서로 의사소통을 통해서 협업할 수 있다. 이러한 협업 과정을 통해 통번역사는 AI 번역 시스템의 한계와 가능성을 충분히 이해하고, 기술 개발자는 통번역사의 요구와 기대를 충족시키는 방향으로 AI 시스템을 개선시킬 수 있다.

실제로 통번역사는 지속적인 AI 번역에 대한 교육과 PE를 통한 연습을 바탕으로 자신의 전문 지식과 기술을 발전시키고, 업계 동향과 신기술에 대한 이해를 높일 수 있다. 이러한 통번역사의 노력을 통해 PE를 활용한 번역의 품질 평가와 개선이 보다 체계적이고 효과적으로 이루어질 수 있다.

통번역사와 AI 번역 시스템은 서로 상보적인 자료 제공을 통해서 협업을 진행하고 그 과정에서 자연스럽게 번역 품질의 평가와 개선에도 접근할 수 있다. 그리고 이러한 협업을 통해 번역의 정확도와 효율성이 동시에 높아질 수 있으며, 독자에게 최고의 번역 결과물을 제공할 수 있다.

### Q. AI 번역물에 대한 포스트에디팅 작업을 개선할 수 있는 방법은?

AI 번역을 활용하는 통번역사는 실제 번역 작업 과정에서 AI 번역의 한계와 문제점을 인식하고 PE 작업 개선을 위해 여러 가지 방법을 적용해 볼 수 있습니다. AI 번역의 품질에 대한 평가와 좀 더 나은 결과를 위한 개선의 관점에서 다음과 같은 몇 가지 방법을 고려할 수 있습니다.

먼저, AI 번역의 품질에 대한 평가 지표를 활용하는 방법입니다. BLEU, TER, METEOR 등과 같은 자동 평가 지표를 활용하여 MT의 성능을 정량적으로 측정[194]해 볼 수 있습니다. 그리고 통번역사는 PE 작업 후에 얻게 될 번역의 개선 정도를 미리 예측할 수 있습니다.

---

[191] TER(Translation Edit Rate)은 기계번역 결과물과 참조 번역문 사이의 편집 거리를 측정하는 지표로, 수정이 필요한 최소 토큰 수를 나타내요. 낮은 TER 점수는 번역 품질이 높고, 수정이 적게 필요함을 의미해요.

[192] METEOR(Metric for Evaluation of Translation with Explicit Ordering)은 기계번역 결과물과 참조 번역문 간의 단어 정렬과 일치도를 고려한 평가 지표예요. 동의어 및 구문 순서를 포함하여 정확도와 완성도를 종합적으로 평가하므로 높은 METEOR 점수는 더 나은 번역 품질을 의미하게 돼요.

[193] 기계번역의 평가 지표(machine translation evaluation metrics)에 대한 이해는 AI 번역의 품질을 측정하고 향상시키는 데 필수적이에요. 이러한 지표는 대체로 '정확성(accuracy)'과 '자연스러움(fluency)'을 측정하지만, 이러한 지표가 인간 통번역사의 직관과 판단력을 완전히 대체하기는 어려워요.

[194] 정량적 측정(quantitative measurement)은 번역 품질을 수치적으로 평가하는 방법이에요. 이는 번역 품질의 객관적인 측정을 가능하게 하며, 이를 통해 향후 번역 품질 개선의 방향을 도출할 수 있어요.

두 번째는 특정 분야의 전문가[195]와 협업하는 방법입니다. AI 번역은 이미 잘 알려진 바와 같이 전문 분야나 데이터의 특징에 따라, 특정 주제에 대한 번역에서 부정확한 결과물을 생성할 수 있습니다. 이 때문에 해당 분야에 대한 전문성을 갖춘 전문가와 협력하여 산출된 번역 품질을 개선하고 검증할 필요가 있습니다. 이처럼 해당 분야 전문가의 피드백을 통해, 번역 문장의 정확성과 전문성을 높일 수 있으며, 이 결과는 다시 AI 번역에 피드백으로 제공됩니다.

세 번째는 번역문 최종 사용자의 피드백을 수집하고 이를 분석하여 AI 번역에 피드백을 제공하는 방법입니다. 통번역사는 번역된 문서의 최종 사용자로부터 다양한 피드백을 수집하고 각각의 피드백을 분석하여, AI 번역 품질을 개선할 수 있는 지점을 더 정확하게 파악할 수 있습니다. 그리고 이를 바탕으로 PE 작업에서 더욱 세심한 검토와 수정이 진행될 수 있습니다.

네 번째는 지속적으로 언어모델[196]을 개선하는 방법입니다. 통번역사는 AI 번역 모델의 개선을 위해 PE 작업에서 수정한 내용을 다시 AI가 사용하는 언어모델에 반영합니다. 이러한 피드백을 통해 해당 언어모델은 점차 더 나은 번역 품질을 제공하게 되고, 마침내 이러한 노력은 통번역사가 PE 작업에서 발견되는 문제점을 줄이는 성과로 이어지게 됩니다.

그리고 마지막으로 품질 관리[197] 과정을 정립하는 방법을 통해서 원하는 목적에 도달할 수 있습니다. 이는 번역 품질 관리를 위해서 체계적인 과정을 정립하고 적용하는 것으로, 이를 통해서 통번역사는 지속적으로 번역 품질을 모니터링[198]하고, 그 개선 방안을 도출하여, PE 작업에 적용할 수 있습니다.

---

195 특정 분야의 전문가(domain expert)는 특정 분야에 대해 전문적인 지식을 갖춘 사람이에요. 그들의 전문 지식은 AI 번역의 정확성과 일관성을 높이는 데 도움이 돼요.

196 언어모델(language model)은 문장이나 단어의 연속성을 이해하고 예측하는 능력을 가지고 있어, 자연어 이해와 생성에 중요한 역할을 해요. 그리고 이런 모델은 자연어를 처리하는 데 국한되지 않고, 대화 시스템, 기계번역, 문장 생성 등 다양한 분야에서 활용되고 있어요.

197 품질 관리(quality management)는 번역 결과물의 수준을 일정하게 유지하려는 노력을 포함해요. 품질 관리를 통해 번역의 정확성, 일관성, 그리고 자연스러움을 보장함으로써 최종적으로 고객의 만족도를 높일 수 있어요.

198 AI 번역의 일부인 번역 품질 모니터링(translation quality monitoring)이란, 번역의 정확성과 일관성을 지속적으로 확인하고 개선하는 과정을 의미해요. 사용자로부터의 피드백을 바탕으로 AI의 성능을 지속적으로 향상시킬 수 있으므로 이는 품질 관리의 중요한 요소예요.

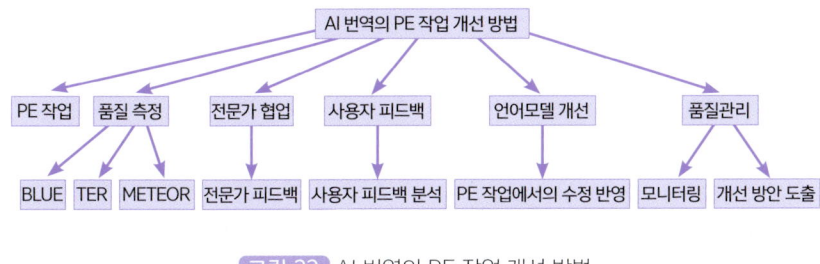

그림 22  AI 번역의 PE 작업 개선 방법

 이러한 방법들을 통해 통번역사는 AI 번역의 한계와 문제점을 정확하게 인식하고, PE 작업의 과정을 효과적으로 개선하여, AI 번역의 결과물의 품질을 높일 수 있게 됩니다. 최종적으로 통번역사는 고객의 요구를 충족시키는 품질 높은 번역 결과물을 생성해 낼 수 있습니다.

 하지만 위에서 언급하고 있는 BLEU, TER, METEOR 등과 같은 자동 평가 지표의 설정은 인공지능 언어에 대한 기본 지식을 필요로 합니다. 이 때문에 파이썬(Python)과 같은 인공지능 언어에 익숙하지 않은 통번역사라면 접근이 불가능합니다. 하지만 인공지능 언어를 모르는 통번역사라도 AI를 통해 생성된 번역에 대해 다음과 같은 방법으로 번역을 평가하고 좀 더 나은 번역으로 품질을 개선할 수 있습니다.

 1) 전문가의 시각에서 품질 평가
 번역의 품질을 평가하는 가장 기본적인 방법은 통번역 전문가로서 실제로 번역문을 읽고, 얼마나 자연스럽고 원문의 뜻을 정확하게 표현하는지를 평가하는 것입니다. 이를 위해 통번역사는 문장 구조, 단어 선택, 문맥 이해, 문법 오류 등에 주목할 수 있습니다.

### 2) 번역 메모리 활용

번역 메모리는 이전에 번역한 문장과 그 번역본을 저장하는 데이터베이스입니다. 통번역사는 컴퓨터보조번역과 같은 도구의 번역 메모리를 활용하여 AI가 제공한 번역이 이전에 사용된 번역과 얼마나 일관성이 있는지 확인할 수도 있습니다.

### 3) 피어 리뷰

다른 통번역사에게 AI의 번역 결과를 검토 받는 방법을 사용할 수 있습니다. 다른 전문가의 견해는 통번역사가 놓칠 수 있는 오류를 찾아내는 데 도움이 될 수 있습니다.

위와 같은 방법을 통해, 인공지능 언어를 모르는 통번역사도 AI 번역의 품질을 평가하고 개선할 수 있습니다. 그러나 통번역사가 기계번역 시스템의 작동 방식과 성능 지표에 대해 이해하면, 훨씬 더 정확하고 효과적으로 AI 번역의 품질을 관리하고 개선할 수 있습니다. 이를 위해 통번역사가 BLEU, TER, METEOR 등의 자동 평가 지표에 대해 배울 필요가 있습니다.

### Q. AI를 활용하는 통번역의 포스트에디팅에서 번역 품질 평가의 기준은?

통번역사의 포스트에디팅을 번역 품질 평가 기준으로 적용하는 방법은 먼저 다른 통번역사에게 의미 전달, 문법, 자연스러움 등의 측면에서 기계번역 결과물과 PE를 진행한 번역 결과물을 비교해 줄 것을 요청함으로써 AI번역 품질을 평가하는 것입니다. 그리고 AI를 이해하는 통번역사는 BLEU[199], TER, METEOR 등과 같은 자동 평가 지표를 활용할 수 있

---

[199] 좋은 기계번역 시스템을 만들기 위해서, 또는 번역기를 적절히 사용하기 위해서는 MT 번역 결과물의 품질을 정확하게 평가하고 확인할 필요가 있어요. 실제 번역기의 성능 및 품질을 평가하는 여러 가지 방법 중 가장 널리 사용되고 있는 것이 'BLEU 스코어(BLEU score)'예요. 간단히 설명하면 BLEU 스코어는 기계가 번역한 문장과 정답 문장 간의 정확도를 비교하여 번역 품질을 측정하는 정량적 지수예요. 즉 기계번역 시스템이 번역한 문장이 사람이 정한 정답 문장과 유사할수록 더 높은 BLEU 스코어를 보여줘요.

습니다.

AI 번역 시스템의 성능 개선을 도모하고, 통번역사의 PE 작업 효율성을 높일 수 있는 몇 가지 번역 평가 방법에 대해 알아 보고자 합니다.

먼저 AI 번역 결과물과 PE 결과물을 비교하는 것입니다. AI 번역의 결과물을 기반으로 PE 작업을 수행한 후 그 결과물과 최초의 AI 번역 결과물의 품질을 평가합니다. 그리고 이를 통해 PE 작업의 효과를 정량적으로 확인하고, 번역의 품질 개선에 기여한 정도를 파악하게 됩니다.

다음으로는 번역 품질 기준을 설정하여 적용하는 것입니다. 통번역사는 위의 세 가지 평가 지표에 대한 기준치를 설정함으로써 PE 작업에서 달성해야 하는 번역 품질 목표를 구체적이고 명확하게 만들 수 있습니다. 이 기준치는 고객의 요구나 특정 영역의 특성[200], 그리고 통번역사의 역량 등을 고려하여 설정하면 됩니다.

세 번째는 품질 개선 과정을 모니터링한 결과를 기준으로 삼는 것입니다. 위에서 언급된 평가 지표를 통해, 통번역사는 PE 작업 과정에서 번역 품질이 변화하는 양상을 지속적으로 모니터링할 수 있습니다. 이를 통해 통번역사는 PE 작업의 진행 상황을 관리하고, 품질 개선을 위해 필요한 통번역사의 행위를 적시에 수행할 수 있게 됩니다.

네 번째로는 수정사항에 대한 분석과 피드백을 그 기준으로 삼는 것입니다. 위의 자동 평가 지표를 적용하여 수정이 필요한 부분을 분석하고, 다시 이를 AI 번역 모델에 피드백으로 제공해 주는 것입니다. 이를 통해 AI 번역 모델은 지속적으로 발전하게 되고, 통번역사의 PE 작업에서는 수정 사항이 줄어들게 됩니다.

마지막으로 평가 지표 간 비교나 지표의 종합을 기준으로 삼을 수 있습니다. AI 번역의 각각의 평가 지표는 서로 다른 면을 평가하고 분석하므로, 세 가지 지표를 개별적으로 또는 종합적으로 활용하여 번역 품질

---

[200] 특정 영역의 특성(domain specificity)은 번역 작업에서 해당 주제나 분야에 대한 전문성과 이해가 필요하다는 것을 의미해요. AI 번역은 다양한 특정 영역의 번역을 수행할 수 있지만, 전문성과 특화된 언어 사용법을 완벽히 이해하기 어려워요. 이에 따라 특정 영역의 특성을 고려하여 번역의 정확성과 일관성을 유지하는 것이 중요해요.

을 평가 및 분석할 수 있습니다. 이를 통해, 통번역사는 PE 작업에서의 번역 품질 개선에 필요한 사항을 보다 정확하게 파악하고, 효과적인 수정 방안을 도출할 수 있습니다.

| 번역 품질 평가 방식 | 설명 | 예시 |
|---|---|---|
| AI 번역 결과물과 PE 결과물의 비교 | AI번역 결과물을 기반으로 PE 작업을 수행한 것과 최초의 AI 번역 결과물을 비교하여 평가함 | ST: 백락상마(伯樂相馬)한다.<br>AI 번역: Bai Lao chooses horses carefully.<br>PE 결과: They are good at identifying and making use of great talent. |
| 번역 품질 기준 설정 | 통번역사는 기준을 설정하여 PE 작업에서 달성해야 하는 번역 품질 목표를 구체적으로 설정함 | 번역 품질 기준치 설정 예시: BLEU 점수 30, TER 점수 20, METEOR 점수 50 |
| 품질 개선 과정 모니터링 | PE 작업 과정에서 번역 품질의 변화를 지속적으로 모니터링하여 품질 개선이 필요한 부분을 파악함 | PE 과정에서 BLEU 점수가 기준치보다 낮아지면 번역 품질 개선이 필요하다고 판단함 |
| 수정사항 분석 및 피드백 | 수정이 필요한 부분을 분석하여 AI 번역 모델에 피드백을 제공함 | AI 번역: "나는 책을 즐깁니다."<br>수정 후 피드백: "나는 책 읽기를 즐깁니다." |
| 평가 지표 간 비교 및 종합 | 각 평가 지표를 개별적으로 또는 종합적으로 활용하여 번역 품질을 평가하고 분석함 | BLEU 점수는 높지만, TER 점수도 높아서 전체적으로 번역 품질이 낮다고 판단됨 |

표 26 PE 작업 효율성을 높일 수 있는 번역 평가 방법

이처럼 PE 작업의 효율성을 높이기 위해 자동 평가 지표는 다양한 방식으로 활용됩니다. 그리고 이 지표를 통한 번역 결과물에 대한 분석은 통번역사의 작업 효율성과 번역 품질 개선에 기여할 수 있습니다.

### Q. AI와 전문 통번역사의 협업 효율성을 높이는 방법은?

통번역사와 AI 번역과의 협업에서 PE 작업은 AI 결과물을 인간 통번역사가 최적화하고 오류를 수정하는 과정으로 통번역사와 AI 시스템이 서로 상호작용하며 효율성과 품질을 동시에 높이는 것을 의미합니다. 일반적으로 이를 위해 통번역사는 AI 번역 시스템의 작동 원리와 한계를 이해하고, 적절한 PE 기법을 활용해 번역 결과를 개선하게 됩니다.

동시에 AI 시스템은 통번역사의 피드백을 통해 지속적으로 학습하고 발전하여, 더 정확하고 자연스러운 번역 결과물을 제공할 수 있게 됩니다. 이러한 협업은 번역 품질의 향상과 작업 효율성 증대를 목적으로 하는데 협업의 효율성을 향상시키는 다섯 가지 방법에 대해 살펴보겠습니다.

1) 특정 영역(도메인)에 대한 지식 공유

특정 영역의 지식 공유란 통번역사가 자신의 전문 지식을 AI 번역 시스템에 제공하는 것을 의미하는데 이를 통해 AI 번역 모델의 정확성을 높일 수 있습니다. 이를 조금 더 자세히 살펴보면 통번역사는 특정 주제나 분야에 대한 전문 용어, 관용구, 문화적 뉘앙스 등에 대한 정보를 AI 번역 시스템에 입력합니다. 이렇게 입력된 특정 영역의 지식은 AI 번역 시스템의 훈련 데이터로 사용되어, 번역 모델의 정확성과 품질을 개선하는 데 긍정적인 도움이 됩니다.

예를 들어, 의료 분야의 전문 통번역사는 AI 번역 시스템에 의료 용어와 관련된 지식과 번역의 정확성 향상을 위한 정보를 제공할 수 있습니다. 이렇게 제공된 특정 영역의 지식은 AI 번역 시스템이 의료 관련 문서를 더 정확하게 번역하는 데 도움이 됩니다. 또한, 이러한 특정 영역의 지식 공유를 통해 AI 번역 시스템은 전문 통번역사의 노하우와 경험을 반영하여, 더욱 높은 수준의 번역 품질을 제공할 수 있게 됩니다.

따라서 특정 영역의 지식 공유는 통번역사와 AI 번역 시스템 간의 협업을 향상시키는 중요한 방법입니다. 이를 통해 AI 번역 시스템은 특정 주제나 산업에 대한 번역 품질을 개선하고, 통번역사는 자신의 전문 지식을 활용하여, AI 번역 시스템의 성능을 높이는 데 기여할 수 있습니다.

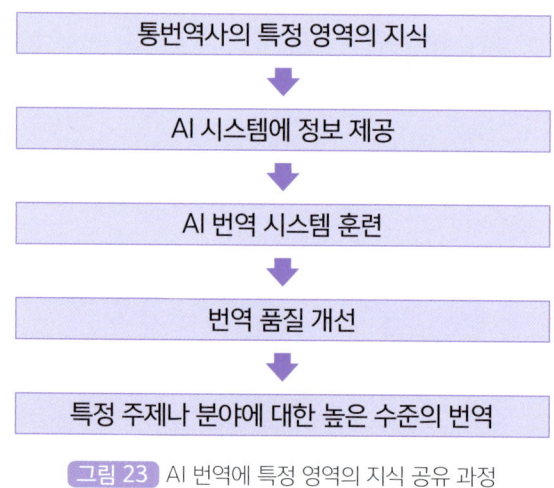

그림 23  AI 번역에 특정 영역의 지식 공유 과정

2) 데이터 품질 개선

PE 작업에서 통번역사와 AI 번역과의 협업을 향상시키기 위한 방법 중 하나는 통번역사가 AI 번역 시스템에 사용되는 학습 데이터[201]를 검토하고 수정하는 것입니다. 그리고 이 과정에서 통번역사는 자신의 전문 지식과 경험을 활용하여 오류나 불완전한 번역을 찾아내고, 이를 개선함으로써 학습 데이터의 품질을 높이게 됩니다. 예를 들어, IT 분야의 통번

---

[201] 학습 데이터(training data)의 품질은 AI 번역의 성능에 결정적인 역할을 해요. 통번역사는 이러한 학습 데이터를 검토하고, 오류나 불완전한 번역을 수정함으로써 데이터의 품질을 개선하고 AI 번역 시스템의 정확성과 자연스러움을 높일 수 있어요. 이는 최종적으로 전체 번역 절차의 효율성과 품질을 개선하는 데 기여하게 돼요.

역사가 AI 번역 시스템의 학습 데이터를 검토한다고 가정해 봅시다. 이때 통번역사는 IT 분야와 관련된 전문 용어나 전문적인 표현이 잘못 번역된 경우에 PE를 수행하게 됩니다. 그 결과, 문맥상 애매한 표현이나 문장이 개선되어 더 정확하고 자연스러운 번역 결과가 만들어집니다.

이렇게 개선된 학습 데이터는 AI 번역 시스템의 훈련[202]에 활용되며, 이 과정을 통해서 시스템은 보다 정확한 번역을 생성할 수 있게 됩니다. 이러한 협업을 통해 통번역사는 AI 번역 시스템의 성능을 개선하는 데 직접적으로 기여하게 되고, 결과적으로 번역 품질은 높아지게 됩니다. 즉 통번역사와 AI 번역 시스템이 함께 더 나은 결과물을 만들어 내는 협업의 긍정적인 향상을 이끌어 내는 것입니다.

[202] 시스템 훈련(system training)은 AI가 학습 데이터를 이용하여 언어 패턴을 이해하고, 새로운 문장을 생성하는 방법을 배우는 과정이에요. 이 과정에서 AI는 대규모 언어 데이터를 분석하여 특정 언어의 구조, 문법, 문맥 등을 학습하며, 이를 바탕으로 효과적인 번역을 제공할 수 있게 돼요. 이는 AI 번역 시스템이 더욱 정확하고 자연스러운 번역을 생성하는 데 필수적인 과정이에요.

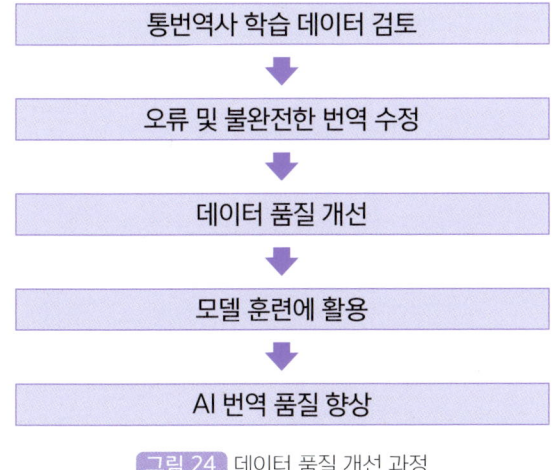

그림 24 데이터 품질 개선 과정

### 3) 평가 기준 활용

통번역사는 BLEU, TER, METEOR 등의 자동 평가 지표를 이해하고 적용하여, AI 번역 시스템의 성능을 평가하고 개선할 수 있습니다. 이러한 평가 지표를 활용하면 AI 번역 시스템의 품질 개선에 좀 더 객관적이고 과학적인 관점으로 접근할 수 있습니다. 그러므로 PE 작업에서 통번역사와 AI 번역 시스템 간의 협업을 향상시키기 위해서는 자동 평가 지표를 이해하고 적용하는 것이 중요합니다. 이러한 지표를 활용하면, 통번역사와 개발자 모두 AI 번역 시스템의 품질 개선에 집중할 수 있습니다.

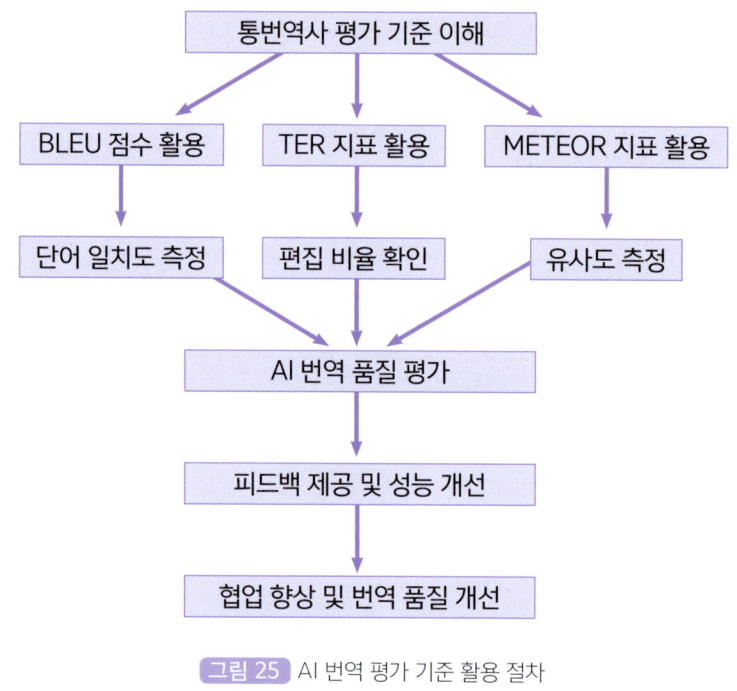

그림 25 AI 번역 평가 기준 활용 절차

203 일치도(matching degree)는 번역된 문장과 참조 번역 사이의 단어 혹은 구문의 일치 정도를 의미해요. BLEU 스코어 계산에 중요한 요소로, 일치도는 번역 결과와 상관관계가 있는데 일치도가 높을수록 번역의 품질이 높아지는 것으로 간주돼요.

204 편집 비율(edit rate)은 TER 계산에 쓰이며, 원래 번역문과 수정된 번역문 사이에서 필요한 최소한의 수정 작업의 양을 의미해요. 이 값이 높을수록 번역의 품질이 낮은 것으로 판단되므로 번역 시스템의 성능 개선에 중요한 지표라고 할 수 있어요.

예를 들어, 통번역사가 AI 번역 시스템의 성능을 평가할 때 BLEU 점수를 사용한다고 가정해 봅시다. BLEU 점수는 번역 결과물과 사람이 수행한 참조 번역문 간의 단어 일치도[203]를 측정하는 지표입니다. 통번역사는 이 지표를 통해 AI 번역 시스템이 얼마나 정확한 번역을 제공할 수 있는지를 평가할 수 있습니다. 그리고 통번역사가 TER 지표를 활용하여, AI 번역 시스템이 생성한 번역 결과물을 수정할 때 필요한 최소한의 편집 비율[204]을 확인할 수 있습니다. 이를 통해 AI 번역 시스템의 품질이 개선되었는지도 확인할 수 있습니다.

그리고 통번역사는 METEOR 지표를 사용하여 AI 번역 결과물과 참조 번역문 간의 유사도[205]를 측정할 수 있습니다. 이 지표는 문장 구조와 의미를 고려하여 좀 더 정교한 평가를 진행합니다. 결과적으로 통번역사가 이러한 지표들을 이해하고 활용하면, AI 번역 시스템 개발자에게 피드백을 제공해 줄 수 있고, 시스템의 성능 개선도 도울 수 있습니다. 즉, 통번역사와 AI 번역 시스템 간의 협업을 통해 번역 품질이 개선될 수 있습니다.

### 4) 사용자의 피드백 수집

통번역사는 AI 번역 결과물을 수용하는 독자로부터 피드백을 수집할 수 있는데, 이러한 피드백을 분석한 결과가 AI 번역 시스템 개발자에게 전달되어 시스템의 향상에 도움을 줄 것입니다. 고객 피드백은 AI 번역의 성능 개선과 사용자 경험 향상에 매우 중요한 역할을 합니다.

통번역사가 AI 번역 시스템을 사용하여 의료 문서를 번역한다고 가정해 봅시다. 번역된 문서를 사용하는 의료진들은 문서의 정확성과 가독성에 대한 피드백을 제공할 수 있습니다. 이러한 피드백은 통번역사에게 도달하고, 통번역사는 그것들을 AI 번역 시스템 개발자에게 전달하는 과정을 거치게 됩니다. 그리고 개발자는 이렇게 전달된 피드백을 분석하여 AI 번역 시스템의 성능을 개선할 수 있는 방법을 찾습니다.

예를 들어, 의료 용어의 정확한 번역에 미흡한 점이 발견된다면, 개발자는 AI 시스템에 해당 분야의 용어와 관련된 병렬 데이터[206]를 추가하여 훈련시킬 수 있습니다. 그리고 이 훈련이 시스템이 문장 구조를 더 자연스럽게 번역하도록 알고리즘을 개선할 수 있습니다.

이런 방식으로, 통번역사는 AI 번역 시스템 개발자와 함께, 사용자 피드백을 바탕으로, 시스템 성능을 좀 더 나은 방향으로 개선할 수 있습니다.

---

[205] 유사도(similarity)는 번역 결과물과 참조 번역문 사이의 구조적, 의미적 일치성을 나타내요. 이는 METEOR 평가 도구를 통해 측정되는데 높은 유사도는 번역 결과물과 참조 번역문 간의 일치성이 높음을 의미해요. 이러한 지표는 번역의 품질을 더욱 정밀하게 평가하는 데 사용돼요.

[206] 병렬 데이터(parallel data)는 두 언어 간의 번역 쌍을 가진 데이터를 의미하며, AI 번역 모델 학습에 필수적인 자원이에요. 병렬 데이터는 특정 언어의 문장과 그에 해당하는 번역된 문장의 쌍을 제공하여, AI 번역 시스템이 두 언어 간의 번역 방법을 배울 수 있게 해 줘요. 이는 AI가 다양한 언어와 문맥에서 정확하게 번역을 수행하는 데 중요한 역할을 해요.

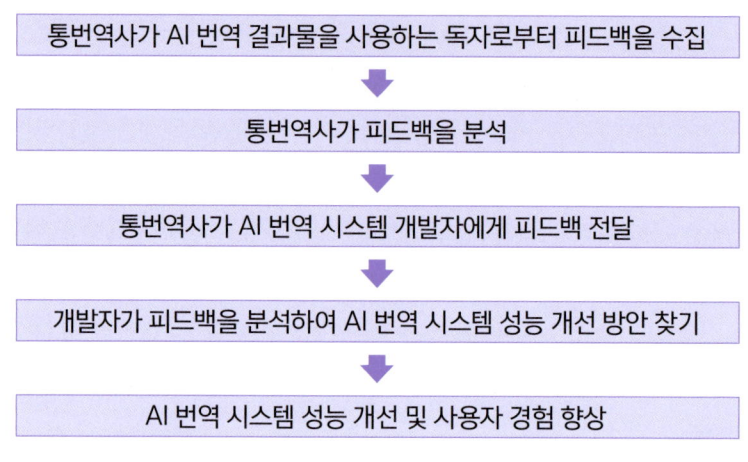

그림 26　성능 개선을 위한 AI 번역 사용자의 피드백 수집

### 5) 유기적인 의사소통

통번역사와 AI 번역 시스템 개발자는 유기적인 의사소통을 통해, 서로의 전문 지식을 공유하고 협업의 효율성을 향상시킬 수 있습니다. 의사소통을 통해 통번역사는 AI 번역 시스템의 한계와 가능성을 이해하고, 기술 개발자는 통번역사의 요구와 기대를 충족시킬 수 있습니다. 통번역사와 AI 번역 시스템 개발자 간의 유기적인 의사소통을 통한 협업은 다음과 같은 몇 가지 방식으로 이루어질 수 있습니다.

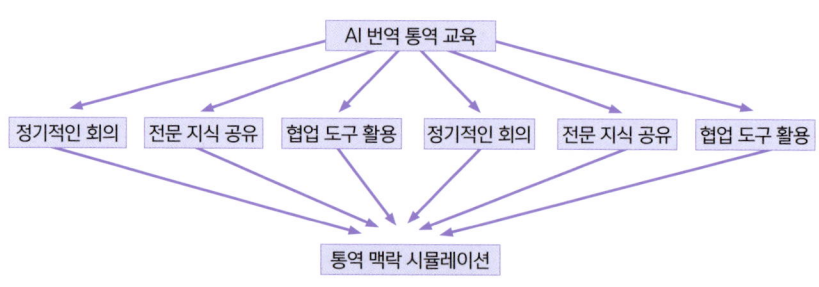

그림 27　통번역사와 AI 번역 시스템 개발자의 유기적인 의사소통

첫 번째는 정기적인 회의나 소통을 통한 협업 방식입니다. 통번역사와 AI 번역 시스템 개발자는 정기적으로 회의를 갖고 서로의 진행 상황, 문제점, 아이디어를 공유하게 됩니다. 그리고 이를 통해, 개발자는 통번역사의 실제 작업에 필요한 기능의 개선을 이해하고 수용할 수 있으며, 통번역사는 AI 번역 시스템의 최신 개선 사항을 번역 작업이나 PE 수행에 적용할 수 있습니다.

예를 들어, 통번역사가 AI 번역 시스템이 특정 문장 유형에 대해 지속적으로 오류(잘못된 번역)를 생성해 낸다고 지적한다면, 개발자는 이 문제를 분석하고 시스템을 개선해야 합니다.

두 번째로는 서로의 전문 지식을 공유하는 소통 방식입니다. 통번역사와 AI 번역 시스템 개발자는 워크숍이나 교육 세션[207]을 통해 서로의 전문 지식을 공유할 수 있습니다. 통번역사는 번역 원칙[208]과 기법에 대한 지식을 전달할 수 있게 되고, 개발자는 AI 번역 시스템의 작동 원리와 최적화 방법에 대해 통번역사에게 설명할 수 있습니다. 이를 통해 통번역사는 AI 번역 시스템에 대한 이해를 높이고, 개발자는 통번역사의 전문 지식을 활용하여 시스템을 개선할 수 있습니다.

세 번째는 협업 도구[209]를 활용한 소통 방식입니다. 통번역사와 AI 번역 시스템 개발자는 협업 도구를 활용하여, 실시간으로 피드백과 아이디어를 공유할 수 있습니다. 이를 통해 빠르게 문제를 해결하고, 작업 효율성을 높일 수 있습니다. 의사소통을 통해 통번역사는 번역 작업을 진행하면서 발견한 오류나 개선 사항을 개발자에게 바로 전달할 수 있게 되고, 개발자는 이를 참고하여 시스템을 빠르게 개선할 수 있게 됩니다.

이처럼 유기적인 의사소통과 협업은 통번역사와 AI 번역 시스템 개발자가 서로의 전문 지식을 활용하여, 번역 품질과 작업 효율성을 높이는 데 기여할 수 있도록 합니다.

---

[207] 워크숍이나 교육 세션(workshops & education sessions)은 전문 지식 교류와 신규 아이디어 생성에 유용한 활동으로, 통번역사와 AI 번역 시스템 개발자가 서로의 지식을 공유하고 새로운 해결 방안을 모색하는 상호작용이 이루어지는 공간이에요.

[208] 번역 원칙(translation principles)은 효과적인 번역을 위해 필수적으로 따라야 하는 기본 가이드라인으로, 통번역사의 숙련도와 더불어 AI 번역 시스템의 학습과정에서도 중요한 역할을 담당하며, 이를 통해 시스템의 번역 품질이 향상돼요.

[209] 협업 도구(collaboration tools)는 통번역사와 AI 번역 시스템 개발자가 작업을 공유하고 문제를 해결하며 실시간 피드백을 제공하는 데 필요한 소프트웨어로, 번역 작업 및 AI 시스템 개발 과정의 효율성과 원활함을 크게 향상시켜요.

## Q. AI 번역의 정확도와 포스트에디팅 작업의 효율성을 높이는 전략은?

AI 번역의 정확도와 PE 작업의 효율성을 동시에 높이려면, 통번역사와 AI 시스템이 긴밀하게 협력하여 서로의 장점을 최대한 활용해야 합니다. 통번역사는 AI 번역 시스템의 작동 원리를 이해하고, 기계번역의 한계와 오류를 파악하여 적절한 PE 기법을 적용함으로써 정확도를 높일 수 있습니다. AI 시스템은 통번역사의 피드백과 수정을 지속적으로 학습함으로써 시스템의 성능을 개선합니다.

이러한 협업 과정에서 통번역사는 기계번역의 속도와 대량 처리 능력을 활용하여, 작업량을 줄이고 작업의 효율성을 높일 수 있습니다. AI 시스템은 인간 통번역사의 전문 지식과 문맥 이해 능력[210]을 통해, 보다 자연스럽고 정확한 번역 결과물을 제공할 수 있게 됩니다. 이렇게 통번역사와 AI 시스템이 서로의 능력을 보완하면서 협업하면, 번역 정확도와 작업 효율성을 동시에 높일 수 있게 되는데 이를 위한 다섯 가지 전략은 다음과 같습니다.

먼저 데이터 향상 전략입니다. AI 번역 모델의 정확도를 높이기 위해 고품질의 기계 학습 데이터를 확보하고, 다양한 전문 영역의 지식과 다양한 스타일의 텍스트를 데이터에 포함시킵니다. 이를 통해 번역 모델은 다양한 상황에서 더 정확한 번역을 생성할 수 있습니다.

그리고 두 번째 전략은 지속적인 피드백입니다. 통번역사가 AI 번역 결과물에 대한 피드백을 지속적으로 제공하고 AI 번역 모델 개발자들은 이러한 피드백을 통해, 시스템의 오류와 문제점을 정확하게 파악하고 신속하게 개선할 수 있습니다.

세 번째 전략은 통번역사와 AI 개발자 간의 의사소통 전략입니다. 통번역사와 AI 개발자가 유기적인 의사소통을 통해, 서로의 전문 지식을

---

210 문맥 이해 능력(context understanding ability)은 통번역사가 AI 번역 결과물의 문맥을 정확하게 이해하고 미묘한 뉘앙스를 적절하게 전달하는 능력을 의미해요. 예를 들어, 'bank'라는 단어는 '은행'일 수도 있고 '강변'일 수도 있는데, 이는 문맥에 따라 결정돼요. 통번역사는 이러한 문맥을 이해하고 적절한 번역을 선택함으로써, 번역의 품질을 높일 수 있어요.

공유하고 협업의 효율성을 향상시키는 것은 매우 중요한 전략이라고 할 수 있습니다. 이를 통해 통번역사는 AI 번역 시스템의 문제점과 오류를 이해하고[211], 기술 개발자는 통번역사의 요구와 필요 기능을 이해함으로써 통번역사의 시스템에 대한 기대를 충족시킬 수 있습니다.

네 번째는 PE 작업의 효율화 전략입니다. 통번역사는 AI 번역 결과물이 제공해 주는 정확성을 활용하고, 문맥 이해와 미묘한 뉘앙스를 적절하게 전달할 수 있는 방법을 찾아감으로써 PE 작업의 효율성을 조금이나마 높일 수 있습니다. 이를 위해 통번역사는 AI 시스템의 작동 방식을 이해하고, 번역 도구를 효과적으로 활용하는 능력을 기르는 것도 중요합니다.

마지막으로 최신 기술을 도입하는 전략입니다. 번역 업계의 발전을 위해 최신 기술과 연구 결과를 지속적으로 수용하고, 이를 실무에 적용하는 것이 필요합니다. 이를 통해 AI 번역 시스템과 PE 작업의 효율성은 지속적으로 발전하게 될 것입니다.

[211] 문제점과 오류의 이해(understanding of problems and errors)는 통번역사가 AI 시스템의 문제점과 오류를 파악하는 능력을 의미해요. 예를 들어, AI 번역 시스템이 단어를 잘못 번역하거나 문법적 오류를 만든 경우, 통번역사는 이를 파악하고 정확한 번역으로 수정해요. 또한, 이러한 이해력은 AI 개발자가 시스템의 문제점을 정확히 인식하고, 통번역사의 요구에 맞게 시스템을 개선하는 데 도움이 돼요. 이 과정은 전반적인 번역의 품질을 향상시키는 데 중요해요.

### Q. 포스트에디팅 작업을 위한 효율적인 작업 환경 구축 방법은?

포스트에디팅 수행을 위한 통번역사의 효율적인 작업 환경은 AI 번역 시스템과의 원활한 협업이 가능하고, 작업의 효율성과 번역의 품질을 동시에 높일 수 있는 환경을 의미합니다. 이를 위해서는 통번역사가 AI 번역 시스템의 작동 원리와 한계를 충분히 이해하고, 언제 어떻게 도구를 사용하는 것이 최적의 사용인지를 판단할 수 있어야 합니다. 또한 사용하기 쉬운 시스템의 사용자 환경과 실시간 피드백이 가능한 구조를 갖추어 지속적인 기계 학습을 통한 번역 결과의 개선이 가능해야 합니다.

뿐만 아니라, 작업 흐름의 최적화를 위해 통번역사가 원문 분석, AI 번역 검토, 편집이나 교정 등의 단계를 효과적으로 조직하여 작업 효율성을 높일 수 있어야 합니다. 더 나아가, 작업환경을 적절하게 조절하여 집중력을 높이고 피로를 줄일 수 있도록 하는 것도 중요한 환경 조성의 방법입니다. 조용한 공간, 적절한 조명, 편안한 의자 등도 작업 효율성을 높일 수 있습니다.

그리고 이러한 지속적인 교육이나 훈련을 통해, 통번역사는 자신의 전문 지식과 기술을 계속해서 발전시킬 수 있습니다. 통번역 업계의 동향을 파악하고, 신기술을 배우며, 일상화된 훈련과 연습을 통해, PE 작업의 효율성과 질을 높일 수 있을 것입니다. 이러한 방법들을 통해 통번역사는 효율적인 작업 환경을 구축하고 유지할 수 있으며, 이를 바탕으로 포스트에디팅 작업에서 더 나은 결과를 얻을 수 있습니다.

| 항목 | 내용 |
| --- | --- |
| AI 번역 시스템 이해 | 작동 원리와 한계를 이해하여 최적의 사용 시기와 방법을 판단, 시간 절약 및 PE 작업 품질 향상이 가능함 |
| 사용하기 쉬운 인터페이스 | AI 번역 결과물 확인 및 수정에 용이함 |
| 실시간 피드백 | 통번역사의 수정 사항을 AI 번역 시스템에 즉시 반영, 시스템 지속적 학습 및 개선이 가능함 |
| 작업 흐름 최적화 | 원문 분석, AI 번역 검토, 편집 및 교정 등의 단계를 효과적으로 조직, 작업 효율성 향상이 가능함 |
| 작업환경 조절 | 조용한 공간, 적절한 조명, 편안한 의자 등을 활용하여 집중력 향상 및 피로 감소, 작업 효율성을 높임 |
| 지속적인 교육 및 연습 | 업계 동향 파악, 신기술 습득, 일상적 연습을 통해 전문 지식과 기술 발전, PE 작업 효율성 및 품질 향상이 가능함 |

표 27 포스트에디팅을 위한 효율적인 번역 작업 환경 구축 방법

위의 표는 앞서 언급한 AI 번역을 활용한 포스트에디팅 작업에서 통번역사의 효율성을 높이기 위한 방법을 정리한 것입니다. 이러한 방법들은 AI 번역 시스템의 이해, 사용자 친화적인 인터페이스, 실시간 피드백, 작업 흐름 최적화, 작업환경 조절, 그리고 지속적인 교육 및 연습을 포함하고 있습니다. 이러한 다양한 요소를 적절하게 활용함으로써, 통번역사는 시간을 절약하여 효율적인 PE 작업을 수행하고, 번역 품질을 향상시킬 수 있습니다.

# 12

## AI 번역을 활용한 한국어 통역 교육의 범위

AI 번역을 활용한 한국어 통역 교육이 교육 분야에서도 주목을 끌고 있다. 이러한 교육의 목적은 통역사들이 AI 통역 시스템과 원활하게 협업하여 효율성을 높이고 통역 품질을 개선하는 데 있다.

AI 번역을 활용한 통역 교육에서는 첫째로 AI 통역 시스템의 원리와 기능, 그리고 한계를 이해하도록 하는 것이 중요하다. 통역사들은 AI 통역 시스템이 어떤 상황에서 잘 작동하고, 어떤 경우에 문제가 발생하는지를 알아야 한다. 이를 통해 통역사는 AI 통역 시스템을 적절하게 활용할 수 있다.

둘째로, 실시간 통역 능력을 향상시키기 위한 교육을 진행한다. 통역사들은 AI 통역 시스템을 활용한 실습을 통해 AI의 결과를 즉시 확인하고 필요한 수정을 가하는 데 익숙해져야 한다. 이와 함께 통역사들은 지속적인 연습과 학습을 통해 언어와 문화에 대한 이해를 높이고 자신의 전문성을 키워야 한다.

셋째로, 통역사와 AI 통역 시스템 간의 협업 효과를 극대화하는 방법을 교육한다. 외국인 통역사들은 한국인 원어민 통역사와 함께 작업하며, AI 통역 시스템의 한계를 극복하고 더 나은 통역 결과를 도출할 수 있는 방법을 배운다.

---

212 통역 실습 활동(translation practicum)은 실제 통역 능력 향상을 위한 실전 훈련이에요. AI 번역은 인공지능을 활용한 번역 기법이며, AI 번역 교육(AI Translation Education)은 해당 기술을 효율적으로 이용하는 방법을 가르치는 학문이에요. 이를 통해 학습자는 AI의 힘을 빌려 통역 효율성을 높일 수 있어요.

213 비유와 속어(metaphors and slang)는 통역하기 어려운 부분 중 하나예요. AI 번역은 원문의 내용을 이해하고 이를 적절히 처리하려 노력하나 AI는 도구일 뿐, 최종적인 해석은 항상 인간이 담당해요. 그러므로 AI 통역 교육은 예비 통역사가 원문의 뉘앙스를 인식하고 해석하는 능력을 향상시키는 데에 중점을 둬요.

그리고 이러한 통역 교육과정에서 연습과 훈련활동[212]을 계획하고 실행한다. 통역사들은 다양한 상황에서 AI 통역 시스템을 활용한 통역 실습을 통해, 실전에서 AI 통역 시스템과 원활하게 협업할 수 있는 능력을 키울 수 있다. 교육과정에 다양한 주제와 상황에 대한 통역 실습을 포함시켜 통역사들이 다양한 문제에 대처할 수 있는 능력을 키울 수 있도록 한다. 특히, AI 통역 시스템이 어려움을 겪을 수 있는 분야와 상황에 대한 실습이 더 중요하다. 예를 들어, 비유와 속어[213], 고유명사 등의 처리에 있어서 AI 통역 시스템의 한계를 극복할 수 있는 전략을 통역사들이 학습할 필요가 있다.

이외에도 교육과정에서 통역사들이 AI 번역을 활용한 작업환경 구축에 대한 지식을 습득하도록 해야 한다. 사용하기 쉬운 인터페이스[214]와 실시간 피드백 기능을 제공하는 AI 통역 시스템을 선택하는 것이 이러한 작업환경 구축에 도움이 될 것이다. 이를 통해 통역사들은 작업 효율성을 높이고 통역 품질을 개선할 수 있다.

또한, 교육과정에서 통역사들은 PE 기술[215]에 대한 이해를 키워야 한다. PE 작업은 AI 번역의 결과를 통역사가 검토하고 수정하는 과정으로, 통역사와 AI 통역 시스템 간의 협업을 향상시키는 데 기여한다. 통역사들은 PE 작업의 효율성을 높이기 위해 최적의 작업 흐름을 찾고, 지속적인 교육 및 연습을 통해 자신의 전문성을 발전시킬 수 있다.

결론적으로, AI 통역 시스템을 활용한 한국어 통역 교육은 통역사들이 AI와 원활하게 협업하여 높은 품질의 통역 결과를 제공할 수 있는 방법을 찾는 데 초점을 맞춘다. 이를 위해 교육과정에서는 AI 번역의 원리와 한계를 이해하는 데 초점을 둔다. 그리고 실시간 통역 능력[216]을 향상시키며, 원어민 통역사[217]와의 협업을 극대화하는 방법을 배우고, 실습 활동을 계획하고 실행하는 방식으로 진행된다.

---

214 인터페이스(interface)는 사용자와 AI 통번역 시스템 간의 상호작용 방법을 의미해요. AI 통역 교육에서는 이를 통해 시스템을 어떻게 효과적으로 이용할 수 있는지 학습해요. 적절한 인터페이스는 번역 품질과 생산성에 중요한 영향을 미치므로 이를 이해하고 활용하는 능력은 통번역 전문가가 되는 데 필수적이에요.

215 PE 기술(post-editing technique)은 AI 번역 결과물을 인간이 검토하고 수정하는 기술로 번역 결과의 자연스러움과 정확성을 보장하는 핵심 요소예요. 예비 통역사들은 AI 통역 교육을 통해 이 기술을 익히고 AI 번역의 품질을 향상시키는 방법을 배워요.

216 실시간 통역 능력(real-time interpretation competence)은 AI 통역이 실시간으로 다른 언어로 변환하는 능력을 가리켜요. AI 통역 교육에서는 이를 활용해 실시간 통역의 정확성과 효율성을 향상하는 방법을 교수해요.

217 원어민 통역사(native interpreter)는 특정 언어의 직관을 통해 언어와 문화를 이해하고, 그 능력을 바탕으로 통역하는 전문가를 의미해요. AI 번역이 뛰어난 성능을 보이지만, 그럼에도 불구하고 미묘한 문화적 이해나 표현의 뉘앙스를 완벽히 재현하는 데에는 한계가 있으므로 원어민 통역사의 PE가 필수적으로 이루어져야 해요.

### Q. AI 번역을 활용한 교육에서 실시간 통역 능력 향상 방법은?

실시간 통역 능력이란, AI 번역을 활용하여 통역의 대상이 되는 말이나 텍스트를 현장에서 다른 언어로 바로 전환할 수 있는 능력을 말합니다. 이 능력은 언어 지식과 문화의 이해, 그리고 AI 번역 도구의 활용 능력이 합쳐진 결과물로 설명할 수 있습니다. 통역사는 AI 통역 시스템의 전환 결과를 즉각적으로 확인하고, 필요한 경우 수정하여 정확하고 자연스러운 통역을 제공해야 합니다.

실시간 통역 능력은 통역사의 전문성, 신속성, 그리고 AI 통역 시스템과의 협업 능력이 결합된 형태로 나타납니다. 이러한 능력을 통해서 통역사는 다양한 상황에서 적절한 해석을 제공하며, 자연스러운 의사소통을 지원할 수 있습니다.

AI 번역을 활용한 한국어 통역 교육에서 실시간 통역 능력을 향상시키는 방법은 아래와 같은 다양한 관점에서 접근할 수 있습니다. 그리고 이 방법들은 통역 교육의 방법과 내용을 혁신적으로 변화시킬 것이며, 학습자의 통역 능력도 향상시킬 수 있습니다.

| 방법 | 내용 |
| --- | --- |
| 상호작용 학습 | AI 통역 시스템과의 상호작용을 통해 학습과 피드백 과정을 반복함 |
| 분석 활용 | AI 통역 시스템의 분석 기능을 통해 학습자의 실시간 통역 능력을 진단하고 개선함 |
| 협업 학습 | 학습자 간 지식 공유와 피드백을 통해 통역 능력을 향상시킴 |
| 실전 상황 연습 | 다양한 통역 상황을 가정하여 실전 대처 능력을 키움 |
| 데이터 분석 활용 | AI 통역 시스템의 데이터 분석을 통해 교육 진행 상황과 학습자의 성취 수준을 측정하고 평가함 |

표 28 AI 통역 시스템을 활용한 한국어 통역 교육 방법

첫째, 통역 교육에서는 AI 통역 시스템과의 상호작용을 통해, 상호 피드백을 제공하는 학습 과정을 도입할 수 있습니다. 그리고 학습자들은 실시간 통역 훈련을 통해서, 자신의 통역과 AI 통역 시스템의 번역 결과를 비교하고, 그 차이와 오류를 파악하여 시스템 개선에 참여할 수 있습니다. 이러한 과정을 반복하면서 학습자들은 AI 통역 시스템의 장점과 한계를 이해하고, 그에 따른 자신만의 통역 학습 전략을 세울 수도 있습니다.

둘째, 통역 교육에서는 AI 통역 시스템의 분석 기능을 활용하여, 학습자의 실시간 통역 능력을 진단하고 개선할 수도 있습니다. 이러한 AI 통역과 분석 시스템[218]은 학습자의 발화를 자동으로 분석하여 문법, 어휘, 발음 등 다양한 측면에서의 문제점을 찾아내고, 이를 개선할 수 있는 방안을 제시할 수도 있습니다. 이를 통해 학습자는 자신의 약점을 명확하게 인식하고, 지속적인 연습과 훈련으로 통역 능력을 개선해 나갈 수 있습니다.

[218] 분석 시스템(analysis system)은 데이터를 수집 및 분석하여 특정 결과를 도출하는 시스템을 의미해요. 예를 들어, 자연어 처리 시스템이나 음성 인식 시스템과 같은 분석 시스템이 학습자의 발화를 분석해 통역의 정확도를 개선하는 데 활용되며, 이는 통역 교육에서 학습자의 능력 향상에 중요한 역할을 해요.

셋째, 통역 교육에서는 학습자 간 활동을 통해, 학습자들이 서로의 지식 및 피드백을 원활하게 교환할 수 있습니다. AI 번역을 활용한 통역 교육에서는 학습자들이 서로의 통역 결과를 비교하고 평가하면서, 서로의 노하우와 전략을 공유할 수 있습니다. 이를 통해 학습자들은 다양한 관점에서 통역 능력을 향상시킬 수 있습니다.

넷째, AI 번역을 활용한 통역 교육에서는 다양한 실전 통역 상황을 가정하여 연습할 수 있습니다. 예를 들어, 각종 회의, 강연, 뉴스 보도 등 실제로 통역이 필요한 다양한 상황을 가정하여 학습자들이 간접적인 통역 상황을 체험함으로써 실제로 통역을 수행할 때 유연하게 대처할 수도 있게 될 것입니다.

다섯째, AI 통역 시스템의 데이터 분석 기능을 활용하여, 통역 교육의 진행 상황과 학습자들의 성취 수준을 측정하고 평가할 수 있습니다. AI 시스템은 학습자들의 통역 과정과 결과에 대한 데이터를 수집하고 분석함으로써, 학습자별 또는 언어권별 그룹의 성장 추이를 보여 줍니다. 이를 통해 교육자들은 학습자들에게 맞춤형 피드백[219]과 지원을 제공할 수 있으며, 교육과정의 학습 효과와 성취도를 실시간으로 확인하고 개선할 수 있습니다.

정리하면, AI 번역을 활용한 한국어 통역 교육에서는 학습자들의 통역 능력을 전반적으로 향상시키는 다양한 방법과 전략을 적용할 수 있습니다. 이를 통해 학습자들은 AI 통역 시스템과의 협업을 통해 더 높은 수준의 통역 능력을 갖출 수 있으며, 더 나은 통역 서비스를 제공할 수 있게 됩니다.

**Q. AI 통역 시스템과 통역사의 협업 강화를 위한 전략은?**

한국어 통역 교육에서 AI 통역 시스템과 통역사의 협업은, 통역사가 AI 번역 도구를 활용하여 통역 과정의 효율성과 정확도를 높이는 것을 의미합니다. 통역사는 AI 시스템의 번역 결과를 기반으로 하여, 전달하려는 메시지를 수정하고 완성시키게 되고 AI 시스템은 통역사의 피드백을 받아 지속적으로 함께 발전할 수 있습니다.

AI 번역을 활용한 통역 교육에서 통역사와 AI 통역 시스템의 협업을 강화할 수 있는 전략은 다음과 같습니다.

첫째, 통역사들이 AI 통역 시스템의 작동 원리와 기능에 대해 충분히 이해할 수 있는 교육이 이루어져야 합니다. 통역사들은 AI 통역 시스템

---

[219] 맞춤형 피드백(customized feedback)은 학습자의 특성과 필요에 맞게 조정된 피드백을 의미해요. AI 번역에서는 데이터 분석을 통해 학습자의 약점을 파악하고, 이에 따른 개선 방안을 제안하는데, 이는 학습자가 자신의 실력을 정확하게 인식하고, 효과적으로 통역 능력을 향상시키는 데 도움을 줘요.

의 한계와 장점을 정확히 파악하고, 이를 통해 자신의 통역 역량을 보완하거나 강화할 수 있는 방법을 찾게 됩니다.

둘째, 교육과정에서 AI 통역 시스템과 통역사가 협업할 수 있는 실습 환경이 마련되어야 합니다. 실습을 통해 통역사들이 실제로 AI 통역 시스템을 활용하여 통역을 수행하면서 서로의 역할과 책임을 분명히 인식하고 협업하는 기능 능력을 키울 수 있습니다.

셋째, 여러 통역 상황을 가정하여 통역사들이 다양한 통역 맥락에서 AI 통역 시스템과의 협업을 경험할 수 있도록 해야 합니다. 이러한 방법을 통해, 통역사들은 다양한 환경과 상황에서 AI 통역 시스템과의 협업하는 기능적인 능력을 키울 수 있게 됩니다.

넷째, AI 통역 시스템의 업데이트와 개선에 통역사들이 직접 참여할 수 있도록 해야 합니다. 통역사들의 피드백을 바탕으로 AI 통역 시스템은 지속적으로 개선됩니다. 이러한 개선 사항은 다시 통역사들이 새로운 기능이나 변화에 적응하도록 하는 교육 방법과 내용을 지원해 줍니다.

다섯째, 교육과정에서 통역사들의 실력 향상을 돕기 위해 AI 통역 시스템의 분석 기능을 적극적으로 활용할 수 있어야 합니다. 학습자들의 통역 능력의 성장과 발전에 따른 결과물을 AI 시스템이 수집하고 분석함으로써, 학습자들은 맞춤형 피드백을 제공받을 수 있고, 개별 또는 그룹별로 성장 추이를 확인할 수도 있습니다.

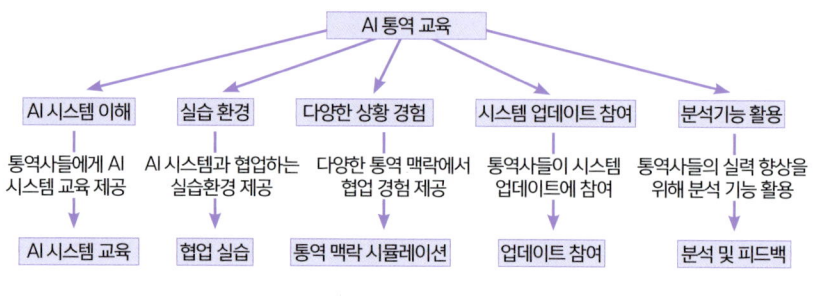

그림 28 통역사와 AI 통역 시스템의 협업 강화 전략

220 예비 통역사(aspiring interpreter)는 통역사가 되기 위해 교육과 훈련을 받고 있는 사람을 의미해요. AI 번역은 예비 통역사들이 다양한 언어와 문화에 대해 이해하고, 실제 통역 상황에서 발생할 수 있는 다양한 문제에 대응하는 능력을 향상시키는 데 도움을 줘요.

이러한 전략을 바탕으로 한 통역 교육을 통해 예비 통역사[220]는 AI 통역 시스템과의 협업을 이해하고 통역 준비와 수행을 원활하게 진행할 수 있습니다. 그러므로 예비 통역사들이 AI 통역 시스템을 적절하게 활용하여 통역 능력을 개선하는 데 도움을 받을 수 있도록 교육과정을 설계하고 운영해야 합니다.

새로운 AI 기술은 지속적으로 발전하게 됩니다. 그러므로 예비 통역사들이 최신의 AI 번역 기술에 대한 지식을 유지하고, 실무에 적용할 수 있도록 교육 기회가 지속적으로 제공되어야 합니다. 그리고 예비 통역사들이 시스템을 사용하는 동안에는 발생하는 기술적 문제나 질문에 신속하게 대응하여 이들이 AI 통역 시스템을 원활하게 사용할 수 있도록 도움을 주어야 합니다.

마지막으로, AI 번역을 활용하여 통역 교육의 성과를 평가하는 지표와 개선하는 방법을 마련해야 합니다. 통역사들의 성과와 발전을 체계적으로 측정하고 분석하여 교육과정의 효과를 평가하고 개선해 나가야 합니다. 그리고 교육과정의 효과를 평가하고 개선하는 것은 AI 번역을 활용한 통역 교육의 방향이자 목표가 될 것입니다.

## Q. AI 통역 시스템의 한계를 인식하고 극복하는 방법은?

한국어 통역 교육에서 AI 통역 시스템의 한계를 인식하고 극복하는 방법은, AI의 작동 원리와 제한 사항을 이해하고 이를 보완하는 전략을 적용하는 것입니다. 이를 통해 통역사들은 AI의 오류를 수정하고, AI와 협력하여 더 높은 수준의 통역 결과물을 제공할 수 있게 됩니다. 이 과정은 교육과 연습을 통해 지속적으로 발전하게 되는데 한국어 통역 교육에서 AI 통역 시스템의 한계를 인식하고 극복하는 방법은 어떤 것이 있는지 살펴보도록 하겠습니다.

| AI 통역 시스템의 한계 | 예비 통역사의 한계 극복 방법 |
|---|---|
| 고유명사, 관용어, 문화소 등의 번역에서 오류 가능성 | 교육과정에서 학습자들이 AI 통역 시스템의 한계를 명확하게 인식하도록 안내함 |
| 번역 결과의 정확도 부족 | 예비 통역사들이 번역 결과를 꼼꼼하게 확인하고 수정하는 습관을 기르도록 함 |
| 복잡한 문장이나 표현 처리 어려움 | 다양한 통역 전략과 방법을 습득하도록 교육함 |
| 협업 과정에서의 한계 | AI 통역 시스템과의 협업에 초점을 맞추어 통합적인 학습 경험을 제공함 |
| 기능이나 업데이트의 한계 | AI 통역 시스템 개발자와 통역사들과의 긴밀한 협력으로 시스템을 개선함 |
| 평가 기준의 한계 | 평가 기준 다양화와 문제 해결 능력을 측정할 수 있는 평가 도구를 도입함 |
| 한계에 대한 연구 자료와 사례 부족 | 연구 자료와 사례를 제공하여 심도 있는 이해와 전략, 기술을 습득하도록 함 |

| | |
|---|---|
| 언어적 문제나 문화적 차이 인식 부족 | 언어적 문제나 문화적 차이에 대한 교육을 강화함 |
| 실제 통역 실습 부족 | AI 통역 시스템을 활용한 통역 실습을 충분히 수행하도록 교육함 |
| 지속적인 시스템 개선 필요성 | 꾸준한 연구와 개발을 통한 AI 통역 시스템의 한계를 개선함 |

표 29 AI 통역 시스템의 한계와 예비 통역사의 한계 극복 방법

첫째, 교육과정에서 학습자들이 AI 통역 시스템의 한계를 명확하게 인식하도록 지도합니다. AI 통역 시스템이 아직도 고유명사, 관용어, 문화소 등의 번역에서 오류를 범할 수 있음을 예비 통역사들에게 인지시키는 것이 매우 중요합니다.

둘째, 예비 통역사들은 AI 번역의 통역 결과를 수용하기 전에 항상 꼼꼼하게 확인하고 수정하는 습관을 기르도록 해야 합니다. 이를 통해 통역사들이 AI 통역 시스템의 한계를 보완하고, 최종적으로 높은 품질의 통역 결과물을 제공할 수 있습니다.

셋째, 교육과정에서는 예비 통역사들이 다양한 통역 전략과 방법을 습득할 수 있도록 해야 합니다. 예를 들어, AI 통역 시스템이 처리하기 어려운 문장이나 표현을 정확하게 인식하고, 이를 적절하게 번역할 수 있는 능력을 키우도록 교육하는 것이 매우 중요합니다.

넷째, AI 통역 시스템과의 협업에 초점을 맞추어 예비 통역사들이 통합적인 학습을 경험할 수 있도록 해야 합니다. 이를 통해 예비 통역사들은 AI 통역 시스템의 한계를 극복하는 데 필요한 방법과 전략을 효과적

으로 배울 수 있습니다.

다섯째, AI 통역 시스템 개발자[221]와 통역사들이 긴밀하게 협력하여, 시스템의 한계를 극복하는 데 도움이 되는 기능이나 업데이트할 내용을 함께 개발해야 합니다. 이를 통해 예비 통역사들은 AI 통역 시스템과의 협업을 더욱 효과적으로 수행할 수 있습니다.

여섯째, AI 통역 시스템을 활용한 통역 교육에서는 평가 기준을 다양화하여, 통역사들이 AI 통역 시스템의 한계를 인식하고 이를 극복할 수 있는 능력을 평가하여야 합니다. 이를 위해 교원은 예비 통역사들의 번역 결과물을 평가할 때, AI 통역 시스템과의 협업 과정에서 발생한 문제와 그것을 해결할 수 있는 방법을 정확히 학습자에게 제시해 주어야 합니다. 이를 위해 예비 통역사들의 문제 해결 능력을 측정할 수 있는 평가 도구가 필요할 것입니다.

일곱째, 예비 통역사들에게 AI 통역 시스템의 한계와 관련된 연구 자료와 사례를 제공해야 합니다. 이를 통해 예비 통역사들은 AI 통역 시스템의 한계를 이해하고 이를 극복하기 위한 다양한 전략과 기술을 습득할 수 있습니다.

여덟째, 예비 통역사들이 자주 마주하게 되는 언어적 문제나 문화적 차이 등에 대한 교육을 강화해야 합니다. 이를 통해 통역사들은 AI 통역 시스템이 처리하기 어려운 언어적 요소와 문화적 차이를 좀 더 정확하게 인식하고 번역할 수 있는 능력을 갖추게 됩니다.

아홉째, 통역 교육과정에서 예비 통역사들이 AI 번역을 활용한 통역

---

221 시스템 개발자(system developer)는 소프트웨어나 하드웨어의 설계, 구현, 테스트 및 유지 관리를 담당하는 전문가예요. AI 통역 교육에서 이들은 AI 통역 시스템의 기능 개선 및 오류 수정 등을 담당하며, 통역사들과의 긴밀한 협력을 통해 효과적인 통역 시스템을 만드는 데 기여해요.

실습을 충분히 수행하도록 배려해야 합니다. 예비 통역사들이 AI 통역 시스템의 한계를 직접 경험하고 체험함으로써, 이를 극복하는 방법 또한 자연스럽게 습득할 수 있습니다.

마지막으로, 통역 교육 기관은 꾸준한 연구와 개발을 통해 AI 통역 시스템의 한계를 지속적으로 개선해야 합니다. 이를 위해 기관은 번역 연구자, 통역사, AI 개발자 등 다양한 전문가들과 협력하여, 통역 교육에서 AI 통역 시스템의 활용 가능성을 극대화할 수 있는 새로운 전략과 기술을 개발해야 합니다.

**Q. 원어민 통역사와 AI 통역 시스템의 협업에서 효과의 극대화 방안은?**

한국어 통역 교육과정에서 외국인 한국어 통역사와 원어민 통역사(한국인 통역사)는 서로의 전문성을 활용하여 AI 통역 시스템과의 협업을 극대화하고 통역 품질을 높일 수 있습니다. 외국인 통역사는 자신의 모국어에 대한 높은 이해도를 활용하고, 한국인 통역사는 한국어에 대한 전문성을 발휘하여 협업 과정에서 AI 통역 시스템의 한계를 보완합니다. 이를 통해, 서로가 갖추지 못한 능력을 상호 보완하며 협업의 효율성을 극대화할 수 있습니다.

한국어 통역 교육과정에서 원어민 통역사와 AI 통역 시스템의 협업을 극대화하는 방법은 다음 열 가지로 정리할 수 있습니다.

첫째, 원어민 통역사와 AI 통역 시스템 간의 역할 분담[222]을 명확하게 해야 합니다. 원어민 통역사는 문화적 차이, 뉘앙스, 숙어 등을 처리하는 데 초점을 맞추고, AI 통역 시스템은 기본적인 어휘, 문법 및 구조적 요소

---

222 역할 분담(role division)은 AI 통역 시스템과 원어민 통역사의 협업에서 핵심이에요. AI는 대량의 데이터를 처리하나, 문화적 뉘앙스나 관용구 이해에 한계가 있어요. 이를 보완하기 위해 원어민 통역사는 자신의 언어와 문화 이해 능력을 활용해요. 이와 같이 둘의 역할을 잘 구분하는 것이 통역 교육의 중요한 부분이라고 할 수 있어요.

를 처리하는 데 집중하는 것이 효율적일 수 있습니다.

둘째, 원어민 통역사와 AI 통역 시스템 간의 의사소통을 원활하게 해 줄 수 있는 프로그램이나 프로토콜[223]을 도입하는 것이 좋습니다. 이를 통해 원어민 통역사는 AI 번역의 통역 결과를 보다 쉽게 검토하고 수정할 수 있게 됩니다.

셋째, 원어민 통역사가 AI 통역 시스템의 사용법을 정확하게 숙지하고, 시스템을 사용한 통역의 강점과 약점을 명확하게 이해할 수 있도록 교육을 제공해야 합니다. 이를 통해 원어민 통역사는 AI 통역 시스템과 보다 효과적으로 협업할 수 있게 됩니다.

넷째, AI 번역을 활용한 통역 교육과정에서는 원어민 통역사와 함께 다양한 실습 활동을 진행하는 것이 도움이 됩니다. 이를 통해 원어민 통역사는 AI 통역 시스템과의 협업을 체험할 수 있을 뿐만 아니라 최적의 전략을 발견할 수 있습니다.

다섯째, 가급적이면 원어민 통역사와 AI 통역 시스템 간의 협업 과정에서 발생하는 문제와 그 해결책을 기록하고 공유하는 것이 좋습니다. 이를 통해 지속적인 시스템의 개선과 협업의 효율성을 높일 수도 있습니다.

여섯째, 시스템의 개선과 업데이트에 원어민 통역사가 직접적으로 기여할 수 있는 기회를 제공해 주는 것도 도움이 됩니다. 이를 통해 원어민 통역사가 실제 통역 상황에서 겪을 수 있는 문제점을 시스템에서 미리 개선할 수 있습니다.

---

[223] 프로토콜(protocol)이란 원어민 통역사와 AI 통역 시스템 간의 의사소통을 원활하게 하는 데 사용되는 정해진 규칙이나 절차를 의미해요. 이는 통역사와 AI 시스템 사이의 정보 교환을 보다 효율적이고 명확하게 만들어 주며, 오해를 최소화하고 작업 효율성을 높이는 데 도움을 줄 거예요. 프로토콜은 피드백 제공 방식, 작업 절차, 데이터 교환 형식 등을 포함할 수 있어요. 그리고 이를 통해 원어민 통역사와 AI 시스템 간의 협업을 더욱 강화할 수 있어요.

일곱째, 교육과정에서 원어민 통역사와 외국인 통역사들이 서로의 경험과 지식을 공유할 수 있는 플랫폼을 제공하는 것이 좋습니다. 원어민 통역사와 외국인 통역사는 AI 통역 시스템과의 협업한 경험이나 통역의 전략, 그리고 경험의 팁 등을 나누면서 서로의 능력을 향상시킬 수 있습니다.

여덟째, 원어민 통역사들이 AI 통역 시스템의 오류를 발견하면, 해당 오류에 대한 피드백을 AI 개발자에게 전달할 수 있는 직접적인 채널이 마련될 필요가 있습니다. 이를 통해 실제로 AI 통역 시스템은 지속적으로 발전할 수 있고, 통역 교육의 품질 또한 향상될 것입니다.

아홉째, 교육과정에서 원어민 통역사들에게 자기 주도적 학습을 강조합니다. 이를 통해 원어민 통역사들은 스스로 AI 통역 시스템과 협업하는 데 필요한 능력을 개발하고, 시스템의 변화에 유연하게 대응할 수 있습니다.

끝으로, 통역 교육과정에서 교육 기관은 AI 통역 시스템과 예비 통역사 간의 협업에 관한 연구를 지속적으로 수행해야 됩니다. 이를 통해 교육 기관은 최적의 협업 전략과 기술을 모색하고, 이를 다시 교육과정에 적용할 수 있습니다.

| 방안 | 설명 |
| --- | --- |
| 역할 분담 | 원어민은 문화적 뉘앙스를, AI는 어휘 및 문법을 처리함 |
| 의사소통 프로그램 도입 | 통역사와 AI 간의 원활한 정보 교환이 가능함 |
| 사용법 교육 | 통역사가 AI의 강점과 약점을 이해함 |
| 다양한 실습 활동 | 통역사가 AI와의 협업을 체험하고 최적 전략을 발견함 |

| | |
|---|---|
| 문제 해결책 기록 및 공유 | 시스템을 개선하고 협업 효율성을 향상시킴 |
| 개발자와의 협력 | 통역사가 시스템 개선에 기여함 |
| 경험 공유 플랫폼 제공 | 원어민과 외국인 통역사 간의 경험과 지식이 공유됨 |
| 오류 피드백 채널 마련 | AI 개선과 교육 품질이 향상됨 |
| 자기 주도적 학습 강조 | 통역사가 AI와의 협업능력 개발과 변화에 유연한 대응 |
| 협업에 관한 연구 지속 | 최적의 협업 전략과 기술 발굴 및 적용 |

표 30  AI 통역 시스템과 원어민 통역사의 최적화된 협업을 위한 방안

이러한 방법들을 적용함으로써 한국어 통역 교육과정에서 예비 통역사와 AI 통역 시스템의 협업을 극대화할 수 있습니다. 그리고 이러한 협업 과정을 통해, 통역사들은 AI 통역 시스템과의 협업 능력을 향상시키며, 더욱 정확하고 효율적인 통역 결과를 도출할 수 있게 됩니다. 이는 궁극적으로 전반적인 통역 교육의 품질을 높이는 데 긍정적으로 기여하게 될 것입니다.

### Q. AI 번역을 활용한 통역 교육에서 실습 활동은?

AI 번역을 활용한 한국어 통역 교육에서의 실습 활동은 학습자가 AI 기술과 협력하여 통역 과정을 직접 수행해 보는 경험을 의미합니다. 그리고 이를 통해 예비 통역사인 학습자는 AI의 작동 원리와 한계를 이해

하며, AI 통역 시스템과의 원활한 협업 방법을 익혀 통역 능력을 향상시킬 수 있습니다.

위와 같은 개념에서 AI 번역을 활용한 한국어 통역 교육에서 실습 활동을 계획하고 실행하기 위한 다음 여섯 가지 방법을 생각해 볼 수 있습니다.

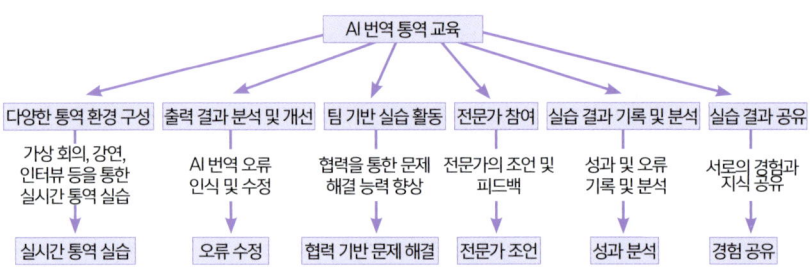

그림 29  AI 번역을 활용한 한국어 통역 교육 여섯 가지 방법

첫째, 교육과정에서 AI 번역을 활용한 다양한 통역 환경을 구성해 보는 것이 좋습니다. 이를 위해 가상의 회의나 강연, 인터뷰 등 다양한 상황을 가정하여 학습자들이 AI 통역 시스템과 함께 실시간으로 통역할 수 있는 기회를 제공해 주는 실습을 생각해 볼 수 있습니다.

둘째, 교육과정에서 통역사들에게 AI 통역 시스템의 출력 결과를 분석하고 개선하는 능력을 키울 수 있는 기회를 제공합니다. 실습 활동에서 학습자들이 AI 통역의 오류를 인식하고, 적절한 수정 및 보완 작업을 수행하는 과정을 통해 통역을 위한 이해력과 판단력을 향상시킬 수 있다.

셋째, 팀 기반의 실습 활동을 도입해 보는 것도 도움이 됩니다. 예비 통역사들이 서로 협력하여 AI 통역 시스템을 활용하는 방법을 모색할 기회를 제공하고, 실시간 통역 과정에서 발생하는 문제를 함께 해결할 수 있는 능력을 기를 수 있도록 하는 활동이 좋습니다.

넷째, 전문가들의 도움을 받아 실습 활동을 수행하는 것이 좋습니다. AI 통역 시스템 분야의 전문가들이 실습 과정에 참여하여 학습자들에게 AI 통역 시스템과의 협업 방법에 대한 조언과 시스템에 대한 피드백을 제공해 준다면, 학습자의 통역 능력 향상에 도움이 될 것입니다.

다섯째, 교원이나 예비 통역사는 실습 활동의 결과를 기록하고 분석해야 합니다. 예비 통역사들의 AI 통역 시스템 활용 성과와 오류를 기록하고 분석함으로써 개선사항을 발견할 수 있습니다. 그리고 이러한 실습에 대해 교원이나 학습자 스스로가 체계적인 분석을 진행해 학습한다면, 교육적인 효과의 상승을 기대할 수 있습니다.

여섯째, 교육과정을 통해 경험한 실습 활동의 결과를 공유하는 것이 좋습니다. 예비 통역사들이 서로의 실습 경험과 지식을 공유함으로써, 다양한 시각과 전략을 습득하고 AI 통역 시스템과의 협업 능력을 높일 수 있을 것입니다.

이러한 방법들을 통해 AI 통역 시스템을 활용한 한국어 통역 교육의 실습 활동을 계획하고 실행하면 학습자들의 통역 능력과 다양한 상황에 대한 대응 능력을 향상시킬 수 있습니다. 또한, 학습자인 예비 통역사는 AI 통역 시스템의 장단점을 이해하고 이를 적절하게 활용하는 방법을 습득할 수 있습니다.

그리고 이 밖에 다양한 교육과정에서 실제 통역 작업과 AI 통역 시스템을 병행하는 실습 활동을 도입하는 것도 도움이 됩니다. 이를 통해, 예비 통역사들은 실제 통역 상황에서 어떻게 AI 번역을 적용할 수 있는지에 대한 경험을 쌓을 수 있습니다. 뿐만 아니라, 실습 활동 중, AI 통역 시스템의 업데이트와 변화에 대응하는 능력을 기를 수 있습니다. 특히, AI 통역 시스템은 지속적으로 발전하므로, 예비 통역사들이 변화에 유연하게 대응할 수 있는 능력을 키우는 것이 중요합니다.

하지만 가장 중요한 것은 교육과정을 마치고 나서도 지속적인 학습과 연습이 필요하다는 것입니다. AI 통역 시스템의 발전과 함께 통역사들도 지속적으로 자신의 능력을 향상시켜야 합니다. 이를 위해 예비 통역사들에게 교육 기관이나 현장에서 실습할 수 있는 기회를 제공하거나, 예비 통역사들이 자체적으로 스터디 그룹을 만들어 지속적인 훈련을 해야 합니다.

이렇게 다양한 방법으로 AI 번역을 활용한 한국어 통역 교육의 실습 활동을 계획하고 실행한다면, 예비 통역사들은 AI 통역 시스템과 원활하게 협업하는 능력을 향상시킬 수 있으며, 향후, 통역 현장에서 더 나은 능력을 발휘하는 데 도움이 될 것입니다.

# 13

# AI 번역을 활용한 한국어 번역 교육의 범위

AI 번역을 활용한 한국어 번역 교육은 인공지능 기반 번역 시스템의 발전에 따라 점점 더 중요해지고 있다. 이러한 교육의 목표는 AI 번역 시스템과 번역사의 협업을 통해 효율적이고 고품질의 번역 결과물을 제공하는 것이다.

이를 위해 예비 번역사들은 AI 번역 시스템의 작동 원리와 AI 번역의 한계를 이해하고, 번역 시스템의 최적 사용법을 습득하는 것이 좋다. 그리고 이를 사용하기 쉬운 환경을 조성하고 실시간 피드백 기능을 활용하여, 작업 효율성을 높이고, AI 시스템의 지속적인 개선을 함께 도모해야 한다.

다음으로 예비 번역사들은 번역 작업 흐름을 최적화하여, 효율적인 PE 작업을 수행할 수 있어야 한다. 이를 위해 원문 분석, AI 번역 검토, 편집 및 교정 등의 단계를 효과적으로 조직하여 작업 효율성을 높이는 것이 좋다. 그리고 여기에 편안한 작업 환경을 조성하여, 집중력을 높이고 피로를 줄일 수 있다면, 더 효율적인 작업 수행이 가능할 것이다.

실제로 많은 번역사들은 AI 번역과의 협업 과정을 활용하여 지속적인 훈련과 연습을 수행함으로써, 번역사의 전문 분야에 대한 지식과 번역 기술을 계속해서 발전시키게 된다. 그리고 이 과정에서 다양한 시스템 사용의 동향을 파악하고 신기술을 배우며, 일상적인 연습을 통해 번역 능력을 향상시킨다. 이러한 일상적인 연습에 대한 피드백과 평가를 통해, 작업 품질을 개선하고, 향후 협업 시 참고할 수 있는 경험과 지식을 얻게 된다.

번역사는 효율적인 작업 환경 구축을 통해서 프리랜서의 개인 작업뿐만 아니라, 여러 번역사들의 협업 환경에서도 높은 품질의 번역 결과물을 얻을 수 있다. 협업 환경에서는 팀원 간의 원활한 의사소통과 정보 공유가 중요하다. 이를 위해 클라우드(SaaS) 기반의 협업 시스템[224]을 활용하는 것도 좋은 방법이다. 이런 시스템은 팀원 간에 문서를 공유하고 팀원 각자의 수정 사항을 실시간으로 추적할 수 있다. 그리고 이를 통해 예비 번역사들은 서로의 작업을 검토하고 피드백을 제공하여 전체 팀의 작업 품질을 향상시킬 수 있다.

AI 번역을 활용한 한국어 번역 교육은 이러한 방법과 내용을 바탕으로, 번역 시장에서 지속적으로 경쟁력을 유지하고 성장할 수 있는 번역사들을 양성하는 데 큰 역할을 하고 있다. 그러므로 번역 교육 기관에서는 AI 번역 시스템의 최신 동향과 기술을 지속적으로 파악하여, 교육과정과 교육 내용에 반영하는 것이 바람직하다.

특히 교육과정의 실습 활동을 통해 학습자들이 AI 번역 시스템을 활용한 번역을 직접 경험해 보도록 하는 것이 좋다. 이를 통해 학습자들은 AI 번역 시스템의 장단점을 이해하고, 실제 작업에서 어떻게 활용할 수 있는지 배우게 된다. 그리고 AI 번역과 관련된 정기적인 세미나와 워크숍을 통해 예비 통번역사들은 업계 전문가들로부터 최신 정보와 기술을 얻을 수 있을 것이다. 이러한 교류의 장을 통해 예비 번역사들은 서로의 지식과 경험을 공유하고, 새로운 도전과 혁신에 대한 동기를 얻을 수 있다.

[224] 협업툴(team collaboration tool))은 서비스용 소프트웨어형 클라우드(SaaS)를 기반으로 해요. 보통은 팀 커뮤니케이션, 할일 및 일정 관리, 파일 공유, 노트 작성 등의 기능을 제공해서 사용자의 원활한 업무를 도와주는 서비스를 말해요. 프로젝트 관리 도구(project management tool), 그룹웨어(Groupware), 솔루션으로도 불리지요.

최근에는 AI 번역 시스템과 번역사의 협업을 강조하는 많은 프로젝트와 연구가 진행되고 있다. 이러한 트렌드에 발맞춰 번역 교육에서도 협업 중심의 교육 방법과 내용을 계속해서 발전시킬 필요가 있다. 이를 통해 번역사들은 AI 번역 시스템의 지속적인 발전에 기여하며, 동시에 번역사 자신의 역량을 높여 더 나은 번역 결과를 제공할 수 있게 될 것이다.

**Q. AI 번역 시스템과 번역사의 협업을 통한 품질 향상 방법은?**

한국어 번역 교육에는 AI 번역 시스템과 예비 번역사의 협업을 통한 번역 품질 향상과 관련된 교육 내용이 포함되어 있습니다. 협업 전략의 핵심 개념은 AI 번역 시스템이 번역사의 도구로 사용되는 상황에서, 번역사의 전문성과 기계의 효율성을 결합하여 더 좋은 번역 결과를 도출한다는 것입니다. 이를 위해 예비 번역사들은 AI 번역 시스템의 작동 원리를 이해하고, 기계번역 결과를 올바르게 평가하고 수정하는 능력을 키우게 됩니다. 뿐만 아니라, 시스템에 대한 실시간 피드백을 축적함으로써 AI 시스템의 번역 결과물을 개선하고, 번역사의 효율적인 작업 환경과 작업 흐름을 구축하여, 협업의 성과를 극대화하는 것도 중요합니다.

AI 번역을 활용하여, 한국어 번역의 품질 향상시키기 위한 구체적인 방법을 살펴보면 다음과 같습니다.

| 방법 | 설명 |
|---|---|
| 교육 및 훈련 제공 | AI 번역 시스템의 작동 원리와 활용 방법을 깊이 이해할 수 있도록 교육과 훈련을 제공함 |
| 번역사와 AI 협업 | 실제 상황에서 번역사가 AI 번역 시스템과 협업하며 번역 능력을 향상시킬 수 있는 실습 활동을 도입함 |

| | |
|---|---|
| 학습자 간 플랫폼 활용 | 학습자 간의 정보 공유와 AI 번역 시스템 오류 수정에 관한 통찰력 공유를 위해 LMS 시스템을 활용함 |
| 지속적인 연습 및 훈련 | 교육과정 밖에서도 번역사의 지속적인 능력 향상을 위한 연습과 훈련을 지원함 |
| AI 개발자와의 협력 | AI 번역 시스템 개발자와 협력하여 교육 방법을 개발하고 적용함 |
| 역량 평가 및 피드백 | 예비 번역사의 역량을 평가하고 피드백하는 교육과정을 도입함 |
| 실습 자료 활용 | 예비 번역사의 번역 실습 자료를 AI 번역 시스템의 연구와 개발 지원에 활용함 |
| 다양한 전문 분야 활용 | 다양한 전문 분야의 텍스트를 활용하여 학습자의 AI 번역 시스템 활용 능력을 향상시킴 |
| AI 한계 인식 교육 | 학습자들이 AI 번역 시스템의 한계와 문제점을 인식하도록 교육함 |

표 31 AI 통역 시스템과 원어민 번역사의 최적화된 협업을 위한 방안

첫째, 교육과정에서 AI 번역 시스템의 작동 원리와 활용 방법을 깊이 있게 이해할 수 있도록 학습 자료와 교육을 제공해야 합니다. 이를 통해 예비 번역사는 AI 번역 시스템의 장단점을 파악하고, 번역 작업에서 어떻게 활용할 수 있는지 학습할 수 있게 됩니다.

둘째, 번역사와 AI 번역 시스템의 협업을 강조하는 실습 활동을 도입하여 실제 번역 작업을 경험하도록 하는 것이 좋습니다. 예비 번역사는 직접 AI 번역 결과를 검토하고 수정함으로써 번역 작업에서 AI 시스템이 어떤 부분에서 도움이 되고, 어떤 부분에서 한계가 있는지를 이해하고 번역 능력을 향상시킬 수 있습니다.

셋째, 학습자들이 AI 번역 시스템의 오류를 인식하고, 이를 수정하는 과정에서 얻은 통찰력을 공유할 수 있는 플랫폼[225]을 활용하면 도움이 됩니다. 이러한 정보 공유 과정에서 학습자들은 서로의 경험과 지식을 나누고 번역 품질을 개선하는 방법을 학습할 수 있습니다.

넷째, 교육과정에서 수업과 교실 활동 외에도 지속적인 연습과 훈련이 필요합니다. AI 번역 시스템이 발전함에 따라 시스템을 운용하는 번역사들의 지속적인 능력 향상이 요구됩니다. 이를 위해 교육 기관은 학습자에게 개인적인 연습 기회를 제공하거나, 학습자가 스터디그룹을 만들어 스스로 연습하고 훈련할 수 있도록 도와주어야 합니다.

다섯째, 교육 기관은 AI 번역 시스템 개발자와 협력하여 교실 실습이나 훈련을 위한 새로운 교육 방법을 개발하고 적용해야 합니다. 이와 같이 교육과정을 지속적으로 개선함으로써 학습자의 요구와 기대를 충족시키고 번역 품질 향상에도 기여해야 합니다.

여섯째, 번역 교육과정에서는 예비 번역사의 역량을 평가하고, 피드백해 줄 수 있는 교육과정을 도입해야 합니다. 이 과정에서 학습자들의 번역 작업을 평가할 때 AI 번역 시스템의 자동 평가 지표[226]와 전문가의 평가를 조합하여 진행하는 것도 도움이 됩니다. 이를 통해 학습자들은 각자의 번역 능력을 파악하고 능력을 향상시킬 수 있는 방안을 마련할 수 있습니다.

일곱째, 예비 번역사들의 번역 실습 자료는 AI 번역 시스템의 성능 향상을 위한 지속적인 연구와 개발을 지원해 줄 수 있습니다. 학습자들의 번역 결과와 AI 번역 시스템의 결과에 대한 피드백을 바탕으로 AI 시스템 개발

---

[225] 교육용 LMS 시스템은 학습자들이 서로의 정보를 공유하는 데 익숙해지도록 하는 비교적 간단하면서도 효과적인 시스템이에요.

[226] 자동 평가 지표(automatic evaluation metrics)는 기계번역 등의 AI 언어 작업의 성능을 측정하는 지표예요. BLEU, ROUGE 등이 대표적인데 이 지표들은 모델의 번역 품질을 자동으로 평가하며, 실제 사용자 경험과 간접적으로 연관돼요.

자들은 번역 시스템의 오류를 개선하고, 다양한 문장 유형과 전문 분야에서의 번역 성능을 높일 수 있습니다. 이를 통해 학습자들은 최신의 AI 번역 기술과 함께 번역 품질을 향상시키는 방법을 학습할 수 있습니다.

여덟째, 다양한 전문 분야에서 학습자들이 AI 번역 시스템과 협업하는 능력을 키울 수 있도록 번역 교육과정에서 다양한 전문 분야의 텍스트를 활용해야 합니다. 이를 통해 학습자들은 특정 전문 영역에서만 의존하지 않고, 다양한 분야에서 더 좋은 번역을 완성할 수 있습니다.

마지막으로, 번역 교육 기관은 학습자들이 AI 번역 시스템의 한계와 문제점을 명확하게 인식하도록 교육해야 합니다. 이를 통해 학습자들은 AI 번역 시스템 사용에 신중한 태도를 갖게 될 것입니다. 그리고 필요한 경우 관련 분야 전문가의 도움을 받을 수 있게 해야 합니다. 이처럼 AI 번역을 활용한 한국어 번역 교육에서는 다양한 방법을 통해 번역사와 AI 번역 시스템이 협업하여 더 좋은 번역 결과를 얻을 수 있도록 교육합니다.

**Q. AI 번역 시스템을 활용한 교육에서 번역사가 습득해야 할 기술 지식은?**

AI 번역 시스템을 기반으로 하는 한국어 번역 교육에서 예비 번역사가 습득해야 할 기술적 지식에는 가장 기본적으로 AI 번역 도구의 작동 원리와 활용 방법이 포함됩니다. 이러한 지식은 번역사가 AI 도구를 효과적으로 사용하여 번역 과정을 개선하는 데 도움이 됩니다. 예비 번역사는 학습 과정에서 자연어 처리(NLP)나 기계 학습(ML)[227]의 기본 개념을 이해해야 하며, 특히 번역 모델의 올바른 사용 방법과 시기를 파악

---

[227] 기계 학습(machine learning)은 컴퓨터가 데이터를 통해 학습하고, 이를 바탕으로 예측하거나 판단하는 인공지능의 한 분야예요. 이는 지도 학습, 비지도 학습, 강화 학습 등 다양한 방식으로 이루어지며 AI의 핵심 기술로서 가치를 발휘하고 있어요.

할 수 있어야 합니다.

　예비 번역사는 교육과정에서 다양한 번역 도구 및 플랫폼에 대한 이해와 사용 능력도 함께 키워야 합니다. 그리고 이를 통해서 포스트에디팅(PE)이나 피드백에 관한 기법을 익혀, AI 번역 시스템과의 협업 능률을 향상시키는 것이 중요합니다. 이러한 기술적 지식은 번역사의 전문성과 AI 도구의 효율성을 결합시켜, 좀 더 좋은 품질의 번역 결과를 얻는 데 기여하게 됩니다. 이상의 내용을 좀 더 구체적으로 정리하면 다음과 같습니다.

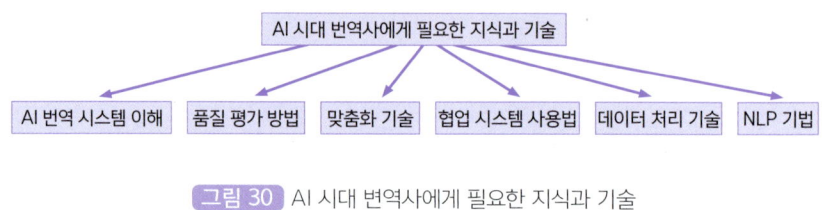

그림 30　AI 시대 번역사에게 필요한 지식과 기술

　첫째, 예비 번역사는 교육과정을 통해서 AI 번역 시스템의 원리와 구조를 이해해야 합니다. 번역사는 기계번역의 기본 원리와 최신 기술인 인공신경망(NMT) 등의 기본 원리를 학습함으로써, AI 번역 시스템의 작동 방식과 성능에 대한 이해를 높일 필요가 있습니다. 이를 통해 번역사는 AI 번역의 기본 원리와 함께 번역 시스템의 운영 범위를 정확히 이해할 수 있습니다.

　둘째, 예비 번역사는 번역 품질에 대한 평가 방법과 지표에 대한 지식을 갖춰야 합니다. 예비 번역사가 AI 번역의 결과물에 대한 대표적인 평가 지표인 BLEU, TER, METEOR 등의 평가 지표와 전문가에 의한 주관적인 평가 방법을 이해하고 적용함으로써 번역 품질을 보다 정확하게 평가하고 그 문제점을 개선할 수 있습니다.

셋째, 예비 번역사는 AI 번역 시스템의 맞춤화 기술이나 튜닝 방법[228]에 대한 기본적인 지식을 학습할 필요가 있습니다. 이를 통해서, 번역사는 전문 분야에 따른 특화된 AI 번역 시스템을 구축하고 최적화하는 방법을 학습하게 됩니다. 그리고 그 결과, 번역사는 특정 분야의 번역 품질을 높일 수 있는 기술의 적용 범위를 이해할 수 있게 됩니다.

넷째, 예비 번역사는 다양한 협업 시스템과 번역 관리 시스템(TMS)[229]의 기본 사용법을 익혀야 합니다. 즉 번역사는 AI 번역 시스템과의 협업을 원활하게 진행하기 위해, 다양한 협업 시스템이나 TMS를 효과적으로 활용할 수 있는 기술 능력을 갖추어야 합니다.

다섯째, 예비 번역사는 원문 데이터 처리 및 AI 번역 시스템을 위한 전처리 기술을 습득해야 합니다. 번역사는 원문과 번역문의 정제, 정규화, 토큰화[230] 등 전처리 작업과 관련된 기본 기술과 내용을 이해할 필요가 있습니다. 이를 통해서 AI 번역 시스템이 처리하기 적합한 형태로 데이터를 가공할 수 있는 능력을 키우게 됩니다.

여섯째, 예비 번역사는 통계적 번역 기법이나 기계 학습 또는 자연어 처리(NLP) 기법에 대한 기본 지식을 갖출 필요가 있습니다. 이를 통해 번역사는 AI 번역 시스템의 작동 원리와 기술적 한계를 더 잘 이해할 수 있게 되고, 더 적절한 기술을 활용하여 번역 품질을 개선할 수 있습니다.

**228** 튜닝 방법(tuning methods)은 AI 모델의 성능을 향상시키기 위한 방법이에요. 하이퍼파라미터 튜닝 등이 대표적이며, 이를 통해 모델의 학습 과정과 결과를 최적화하는데 이는 정확도 향상 및 오버피팅 방지에 중요한 역할을 해요.

**229** 번역 관리 시스템(translation management system, TMS)은 번역 프로젝트를 관리하고 효율화하는데 도움을 주는 소프트웨어예요. TMS는 원본 문서를 분석하고, 번역 메모리를 관리하며, 번역 진행 상황을 추적할 수 있어요. 또한, 번역사와 검수자 간의 협업을 지원하고, 기계번역 시스템과의 통합을 가능하게 함으로써, 전체 번역 과정의 효율성을 높이죠. 이를 통해 번역 프로젝트의 일관성을 유지하고, 시간과 비용을 절약할 수 있어요.

**230** 토큰화(tokenization), 정제(cleaning) & 정규화(normalization), 자연어처리를 진행하기 위해서는 해당 문자열(string) 데이터를 다차원 벡터(vector) 값으로 변환해주어야 해요. 여기서 문자열(string)을 벡터(vector) 값으로 변환하는 것은 원핫인코딩(one-hot-encoding)을 통해 이루어질 수 있어요. 그런데 문자열 벡터 변환은 문자열을 그대로 통으로 변환하는 것이 아니에요. 여기서는 문자열을 단어, 형태소 등의 토큰으로 잘게 분해한 후에 원핫인코딩(one-hot-encoding) 처리를 통해, 각각의 토큰들을 벡터 값으로 변환하지요. 따라서 자연어처리를 위한 전처리 과정은 크게 1) 토큰화(tokenization) -> 2) 정제(cleaning) & 정규화(normalization) -> 3) 인코딩(원-핫 인코딩)으로 진행된다고 생각하면 돼요.

#### Q. AI 번역 시스템 도입으로 인한 번역사의 역할 변화는?

　　AI 번역 시스템의 도입으로 인해 번역사의 역할이 달라지고 있으며 이에 따라 교육과정 역시 변화를 겪고 있습니다. 기존 번역 과정에서 번역사가 담당하던 번역 작업의 일부를 AI 번역 시스템이 수행하게 되면서, 앞으로의 번역사는 자신의 역할을 재정립해야 할 필요가 있습니다. 앞서 언급한 바와 같이, 예비 번역사가 AI 번역의 결과를 검토하고, 오류나 부정확한 부분을 수정하는 '포스트에디터'로서의 역할이 강조되고 있습니다.

　　이를 위해 예비 번역사는 AI 시스템의 작동 원리를 파악하고, 시스템에 대한 효과적인 피드백 방법을 습득해야 합니다. 또한, 예비 번역사는 번역 전략과 방법을 기반으로 한 번역 기술과 언어적 전문성을 동시에 발전시켜, AI 번역 시스템과 원활하게 협업할 수 있는 능력을 키워야 합니다. 이 모든 과정에서 예비 번역사는 가장 기본적으로 번역 품질 향상을 위해 노력해야 합니다.

　　이와 같은 내용을 중심으로, AI 번역 시스템의 도입에 따른 번역사의 역할의 변화와 교육 방향에 대해 정리하면 다음과 같습니다.

| 번역사의 변화된 역할 | 교육 방향 |
| --- | --- |
| 창의적 전문가 | 번역사의 역할에 대한 인식을 높이는 교육과정을 진행함 |
| AI 번역 시스템과의 협업자 | AI 번역 시스템과의 협업 능력을 키우는 교육을 제공함 |
| 문제 해결 능력 및 비판적 사고자 | 번역사가 문제 해결 능력과 비판적 사고 능력을 갖추도록 교육함 |

| | |
|---|---|
| 통찰력 있는 번역 전략 수행자 | 통찰력 있는 번역 전략을 습득하도록 교육함 |
| 자기 주도적 학습자 | 자기 주도적 학습의 중요성을 강조함 |
| 네트워킹 가능한 번역사 | 번역사들 간 네트워킹을 촉진할 수 있도록 지도함 |
| 글로벌 시장에 대한 인식 전환자 | 글로벌 시장에 대한 이해 및 접근 가능성을 교육함 |

표 32  AI 번역 시스템 도입에 따른 번역사 역할의 변화와 교육 방향

첫째, 예비 번역사에게는 번역사의 새로운 역할에 대한 인식을 높일 필요가 있습니다. AI 번역 시스템의 도입으로 인해, 번역사의 역할은 단순한 문장 변환의 부담에서 벗어나게 되었습니다. 그 결과 번역사는 보다 전략적이고 창의적인 역할을 수행하는 주체로 변화하고 있습니다. 그러므로 교육과정에서는 이러한 변화를 인지하고, 번역사가 창의적 전문가로서의 역량을 갖추어야 함을 강조하는 방향으로 교육이 이루어져야 합니다.

둘째, 예비 번역사는 AI 번역과 함께 일하는 협업자로서의 역할과 능력을 키워야 합니다. 교육과정에 예비 번역사가 AI 번역 시스템과 원활하게 협업할 수 있는 방법과 내용을 포함시켜 번역사의 역할이 AI의 한계를 보완하고, 품질을 향상시키는 것임을 예비 번역사가 정확하게 이해하도록 해야 합니다.

셋째, 예비 번역사가 문제 해결 능력과 더불어 비판적 사고 능력을 갖출 수 있도록 교육해야 합니다. 즉, 번역사가 AI 번역 시스템이 제대로 처리하지 못하는 어려운 표현이나 문맥을 좀 더 정확하게 인지하고, 이를

적절하게 해결할 수 있는 능력에 도달하도록 교육해야 합니다. 또한, AI 번역의 결과물에 대한 비판적인 시각[231]을 갖추고 주어진 출발 텍스트를 깊이 있게 이해함으로써 최적의 번역물을 제시할 수 있는 번역사의 역할을 수행하도록 해야 합니다.

넷째, 예비 번역사가 의도와 목적이 있는 번역 전략을 습득할 수 있도록 교육해야 합니다. 교육과정에서 예비 번역사는 AI 번역 시스템을 활용하면서도, 번역 텍스트에서 요구되는 효과적인 번역 전략과 방법을 습득할 수 있어야 합니다. 그리고 번역사는 특정 분야나 영역에 대한 전문 지식과 문화적 배경 지식을 갖추고 이를 AI 시스템과의 협업에 적절하게 적용할 수 있어야 합니다.

다섯째, 번역사는 스스로 기계번역과의 협업을 위한 자기 주도적 학습자가 되어야 합니다. 즉, 번역사는 AI 번역 시스템과의 협업 안에서 번역 능력을 키워가기 위해서 스스로 학습하고 발전하고자 하는 자세를 가져야 합니다. 교육과정에서는 이러한 자기 주도적 학습의[232] 중요성을 강조하고, 지속적으로 업데이트되는 관련 기술의 동향에 대한 지식을 습득할 수 있도록 지도해야 합니다.

여섯째, 교육과정 안에서 동료 번역사 간의 네트워킹을 촉진시킬 필요가 있습니다. 번역사들이 서로의 경험과 지식을 공유하고 협력하는 것은 AI 번역 시스템과의 협업에서 더 나은 번역 성과를 이루는 데 도움이 될 것입니다. 그러므로 교육과정에서는 번역사들이 함께 학습하고 소통할 수 있는 커뮤니티를 구축하고, 예비 번역사들이 구성원으로서의 역할을 이해할 수 있도록 지도해야 합니다.

---

[231] 비판적인 시각(critical perspective)은 AI 분야에서 중요한 요소로, 기술의 영향력과 한계를 신중하게 평가하는 태도를 의미해요. 이는 번역 결과물뿐만 아니라 AI 윤리, 알고리즘 투명성, 데이터 프라이버시 등의 이슈를 더 깊이 이해하고 대응하는 데 도움을 줘요.

[232] 번역사의 자기 주도적 학습(self-directed learning)은 기계번역과의 협업 능력 향상에 필수적이에요. 번역사는 AI 툴의 작동 방식, 효과적 활용법을 스스로 배워야 하며, 기계의 번역 오류를 판별하고 수정하는 능력을 개발해야 해요.

일곱째, 글로벌 시장에 대한 접근 가능성에 대한 인식의 전환을 통해, 번역사의 역할과 활동의 범위가 변화하고 있음을 예비 번역사가 이해하도록 해야 합니다. AI 번역 시스템과의 협업을 통해 번역사는 전 세계적인 시장에서 경쟁력을 갖추어야 할 필요가 있습니다. 따라서 교육과정에서는 글로벌 시장 동향, 한국 사회를 비롯한 21세기 다문화에 대한 이해[233], 다언어 환경[234]에서의 의사소통 능력 등을 설명하여 번역사가 국제적인 환경에서 높은 수준의 의사소통자로서의 역할을 수행할 수 있도록 교육해야 합니다.

이와 같은 방법과 내용을 통해, AI 번역 시스템의 도입에 따른 번역사의 역할 변화를 가르치는 것이 가능할 것입니다. 이러한 교육을 통해 번역사는 인공지능과 원활하게 협업하면서도 자신의 전문성을 높이고, 경쟁력을 강화할 수 있을 것입니다.

[233] 다문화주의(multiculturalism)는 다양한 문화 배경을 인정하고 존중하는 사상을 의미해요. AI 번역은 이를 실현하기 위한 도구로, 다양한 언어의 이해와 교류를 가능하게 하여 세계 각지의 문화를 연결하고 존중하는 데 기여해요.

[234] 다언어 환경(multilingual environment)은 여러 언어가 사용되는 상황을 말해요. AI 번역은 이 환경에서 효과적인 소통 도구로 작용하며, 다양한 언어 간의 장벽을 극복하고 문화적 이해를 증진하는데 중요한 역할을 해요.

### Q. AI 번역의 품질 평가와 시스템 개선을 위한 실습 활동은?

한국어 번역 교육에서 예비 번역사의 실습 활동은 AI 번역 시스템을 효과적으로 활용하는 것과 이를 통한 번역의 품질 높이는 것, 그리고 평가와 피드백을 통한 시스템의 개선에 초점을 맞추게 됩니다. 무엇보다 가장 기본적인 것은 AI 번역 결과물을 평가하고, 수정(PE)하는 능력을 키우는 것입니다. 이를 위해, 예비 번역사들은 주어진 출발 텍스트와 기계번역 결과물을 비교하여 번역을 평가하고, 좀 더 좋은 번역으로 수정하는 과정을 연습하게 됩니다.

또한, 실습을 통해서 피드백 템플릿을 활용하여 시스템 개선에 도움이 되는 구체적인 지적 사항과 의견을 제공하며, 이를 AI 번역 시스템 개발자에게 전달해야 합니다. 이러한 실습 활동으로 예비 번역사들은 AI 번역 시스템과의 협업 능력을 향상시키고, 번역 품질 평가[235] 및 시스템 개선 능력을 높일 수 있게 됩니다.

한국어 번역 교육에서 번역 품질 평가와 개선을 위한 실습 활동으로 다음과 같은 것들을 생각해 볼 수 있습니다.

1) 포스트에디팅(PE) 실습

학습자들은 AI 번역 시스템이 제공하는 초벌 번역 결과물을 교정하고 개선하는 과정을 통해 번역 품질을 높이는 방법을 익힙니다. 이를 통해 학습자들은 AI 시스템의 한계와 특성을 이해하며, 번역 품질을 향상시킬 수 있습니다.

2) AI 번역 시스템 비교하기 활동

서로 다른 AI 번역 시스템들의 번역 결과를 비교하고 평가하는 활동을 해야 합니다. 그리고 이런 활동을 통해 어떤 시스템이 더 나은 결과를 제공하는지 파악하고, 번역 텍스트의 영역이나 텍스트 장르에 맞는 최적의 시스템을 선택하는 능력을 갖는 것도 중요합니다.

3) 번역 메모리 활용하기 활동

학습자들은 번역 메모리 시스템을 사용하여 일관성 있는 번역을 제공하고, 이미 번역된 문장을 재사용함으로써 시간과 노력을 절약하는 방법을 익힙니다.

4) AI 시스템 피드백 활동

학습자들은 AI 번역 시스템에 대한 피드백을 제공하여, 시스템의 번역 품질을 개선할 수 있는 방법을 실습합니다. 이를 통해 AI 시스템이 지속

---

[235] 번역 품질 평가(translation quality assessment, TQA)는 번역의 정확성, 일관성, 문맥 적합성 등을 측정하는 절차예요. 이는 AI 번역 결과의 품질을 판단하고 개선하는 중요한 과정이며 자동 평가와 인간 평가 방법이 활용돼요.

적으로 발전하고, 학습자들의 번역 능력도 향상됩니다.

### 5) 팀 프로젝트 실습

학습자들은 팀을 구성하여 실제 번역 프로젝트를 수행하며, AI 번역 시스템과 협력하여 번역 품질을 높이는 방법과 팀원과 함께 공동 작업을 수행하는 방법(번역 공정의 설계 방법)도 익힙니다. 이를 통해 학습자들은 실제 작업 환경에서의 번역사의 역할과 책임을 이해할 수 있습니다.

### 6) 학습자 간 평가(peer review) 활동[236]

학습자들은 서로의 번역 결과물을 평가하고 피드백을 주고받는 활동을 통해, 다양한 관점에서 번역 품질을 검토하고 개선할 수 있는 방법을 배웁니다. 그리고 동료 번역사가 지적해 준 번역 오류를 수정함으로써, 최종 결과물의 품질을 향상시킬 수 있습니다. 이 과정에서 팀원들 간에 번역의 일관성을 확인하고, 용어와 문체를 통일시킬 수도 있습니다.

### 7) 케이스 스터디 활동[237]

다양한 실제 번역 사례(AI 번역의 활용 유무를 포함하여)를 분석하고, AI 번역 시스템 활용 방법을 모색하는 활동을 진행합니다. 이를 통해 학습자들은 AI 번역 시스템을 활용하여 다양한 장르의 텍스트를 번역하는 방법을 이해하고 적용할 수 있는 능력을 기릅니다. 또한, 번역사로서 어떤 번역 전략과 방법이 더 효과적인지 검토하고, 번역 결과물에 대한 수정 방향을 결정할 수 있는 능력을 향상시킵니다.

이처럼 AI 번역 시스템을 활용한 다양한 실습 활동을 통해, 학습자들은 번역 품질의 평가와 개선 능력을 키울 수 있습니다. 이를 바탕으로 학습자들은 번역사로서 전문적인 역량을 발전시키고, AI 번역 시스템과의

---

[236] 피어 리뷰(peer review) 활동은 학문적, 전문적 또는 창작 작업을 다른 전문가나 동료에게 평가 및 피드백을 받는 과정이에요. 이 활동을 통해 작업의 품질, 정확성, 신뢰성 및 일관성을 높일 수 있어, 교육, 연구, 출판 및 다양한 전문 분야에서 널리 적용할 수 있어요. 피어 리뷰 활동은 번역 교육에서 학습자의 전문성과 동료 간 협력을 증진하는 데 중요한 역할을 해요.

[237] 케이스 스터디 활동(case study activity)은 실제 번역 사례를 분석하고 문제 해결 전략을 모색하는 과정이에요. 이를 통해 AI 번역 시스템 활용에 대한 보다 심층적인 이해를 도모하며, 다양한 상황에서 AI 번역 시스템을 활용한 효과적인 번역 방법을 찾는 능력을 키울 수 있어요.

협업을 통해 더 나은 품질의 번역을 제공할 수 있습니다.

### ♣ 외국인 예비 번역사 Frank의 2주의 실습 활동 계획표

예비 번역사 Frank는 「Mariana Atencio: What makes you special?」이라는 연설문을 한국어로 번역하려고 합니다. 그래서 AI 번역 시스템과의 협업을 통한 10일간의 번역 작업 계획을 다음과 같이 만들어 봤습니다.

| 일정 | 활동 계획 | 활동 계획 메모 |
|---|---|---|
| 1일차 | AI 번역 시스템 비교하기 활동 | - 서로 다른 AI 번역 시스템들이 실습 연설문을 어떻게 번역하는지 비교하고 평가함<br>- 이를 통해 최적의 시스템을 선택함 |
| 2일차 | 포스트 에디팅(PE) 실습 | - 연설문의 초벌 번역 결과를 교정하고 개선함<br>(번역 품질 향상 및 AI 시스템의 한계와 특성 이해) |
| 3일차 | 번역 메모리 활용하기 활동 | - 번역 메모리 시스템을 사용하여 번역의 일관성을 유지함<br>- 이미 번역된 문장을 재사용함으로써 시간과 노력을 절약함 |
| 4일차 | AI 시스템 피드백 활동 | - AI 번역 시스템에 대한 피드백을 제공함<br>- 시스템의 번역 품질을 개선할 수 있는 방법을 실습함(AI 시스템의 발전 및 번역 품질 향상에 기여함) |
| 5일차 | 학습자 간 평가(Peer Review) 활동 | - 동료 예비 번역사와 연설문의 번역 결과를 공유하고 피드백을 주고받음(번역의 일관성 확인 및 용어와 문체 통일) |
| 6일차 | 포스트 에디팅(PE) 실습 | - 동료 예비 번역사로부터 받은 피드백을 바탕으로 연설문을 다시 수정하고 개선함 |

| | | |
|---|---|---|
| 7일차 | 케이스 스터디 활동 | - 연설문 실제 번역 사례를 분석함<br>- AI 번역 시스템의 문제점을 발견하고 이를 해결할 수 있는 방안을 모색함(연설문 번역 시 AI 번역 시스템을 활용할 수 있는 방법 이해하고 적용할 수 있는 능력을 기름) |
| 8일차 | AI 시스템 피드백 활동 | - 케이스 스터디 활동을 바탕으로 AI 번역 시스템에 추가 피드백을 제공함(AI 시스템의 지속적인 발전 및 번역 품질 향상이 이루어짐) |
| 9일차 | 학습자 간 평가(Peer Review) 활동 | - 최종 번역문을 동료 예비 번역사에게 제공하고 피드백을 받음(다양한 관점에서 번역 품질을 검토하고 개선할 수 있는 방법을 학습함) |
| 10일차 | 팀 프로젝트 실습 | - 동료 예비 번역사와 함께 연설문을 최종적으로 완성함(번역사의 역할과 책임을 이해하게 됨) |

표 33  외국인 예비 번역사 Frank의 2주의 실습 활동 계획표

**Q. AI 번역 시스템을 활용한 교육에서 효율적인 작업 환경의 구축 전략은?**

예비 번역사를 위한 효율적인 작업 환경 구축이란 AI 번역 도구와 원활한 협업을 통해서 번역사의 작업 효율성과 번역 품질을 높일 수 있는 환경을 조성하는 것입니다. 이를 위해 편리한 사용자 환경과 편리한 작업 흐름을 제공해 줄 수 있는 도구를 선택하는 것이 무엇보다 중요합니다. 또한, 번역사가 AI 번역 결과를 쉽게 확인하고 수정할 수 있도록, 출발 텍스트와 도착 텍스트를 효과적으로 비교할 수 있는 환경을 구성해야 합니다. 이 외에도 앞서 살펴보았던 편안한 작업 환경과 집중력을 높

일 수 있는 요소를 고려해야 합니다. 이렇게 구축된 효율적인 작업 환경은 예비 번역사의 작업 성과와 효율을 극대화하는 데 도움이 됩니다.

번역 작업 과정에서 효율적인 작업 환경 구축은 AI 번역 시스템을 활용한 한국어 번역 교육을 완성하는 데 중요한 요소가 됩니다. 일반적으로 프리랜서의 개인 작업과 여러 번역사들의 협업 환경에서 효율적인 작업 환경을 구축하기 위한 전략을 아래와 같이 구분할 수 있습니다.

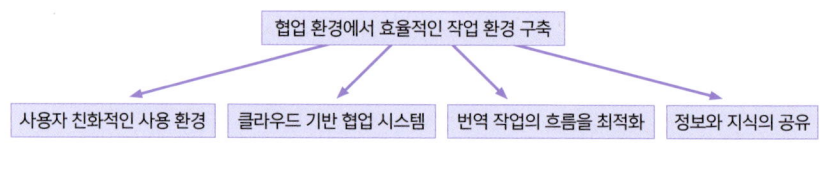

그림 31 협업 환경에서 효율적인 작업 환경 구축을 위한 전략

효율적인 작업 환경 구축을 위한 첫 번째 전략은 사용자 친화적인 사용 환경이라고 할 수 있습니다. AI 번역 시스템은 활용하기 쉬운 사용자 친화적인 사용 환경을 도입하여 번역사들이 번역 작업을 빠르고 정확하게 수행할 수 있도록 지원할 수 있어야 합니다.

두 번째 전략으로는 클라우드 기반 협업 시스템을 들 수 있습니다. 여러 번역사들이 동시에 작업할 수 있는 클라우드 기반의 협업 시스템을 활용한다면, 작업 내용의 공유와 팀원들 간의 소통을 원활하게 진행할 수 있습니다. 그리고 이를 통해, 번역 과정의 효율성과 번역 작업의 속도도 높일 수 있습니다.

세 번째 전략은 번역 작업의 흐름을 최적화하는 것입니다. 번역 작업 흐름을 최적화하여 시간을 절약하고 품질을 향상시킬 수 있는 교육 내용을 예비 번역사를 위한 교육과정에 포함해야 합니다. 이러한 교육과 학습은 원문 분석, AI 번역 검토, 편집 및 교정 등의 작업 단계를 효과적으로 조직하고 관리하는 관리 능력을 키울 수 있도록 구성되어야 합니다. 그리고 협업을 하는 번역사들은 시간과 일정을 철저하게 관리하여 업무 과중을 방지하고 원활하게 작업 진행이 되도록 해야 합니다.

　마지막으로 효율적인 작업 환경을 구축하는 전략으로 정보와 지식의 공유를 생각해 볼 수 있습니다. 예비 번역사는 프로젝트별로 일관된 품질을 제공하기 위해, 표준화된 가이드라인과 용어집을 활용할 수 있어야 합니다. 이를 통해 번역물의 일관성이 유지되고 전반적인 품질 향상이 이루어질 수 있습니다. 이처럼 번역사들이 적극적으로 의사소통을 하고 서로 정보를 공유하여 문제를 해결하고 전문 지식을 습득할 수 있는 작업 환경이 조성되어야 합니다.

# 문헌정리

### 1. 기계번역 & AI 번역

강병규·이지은(2018), 「신경망 기계번역의 작동 원리와 번역의 정확률」, 『중어중문학』, 73, 253-295.

김가희·조영래(2021), 「수필번역에서 인간번역과 인공지능번역의 비교분석 -바스넷의 "번역의 성찰"을 중심으로」, 『인공지능인문학연구』, 8, 51-70.

김은영(2021), 「AI기계번역을 활용한 외국어교육의 방향성 - 포스트에디팅 수업 사례를 통해 -」, 『언어학연구』, 26(1), 23-42.

김주혜 외(2022), 『인공지능기술 활용 언어교육 - 기계번역, 챗봇, 메타버스, 자연어처리, 음성처리』, 교육과학사.

박상길(2023), 『비전공자도 이해할 수 있는 AI 지능 (챗GPT 수록 개정판)』, 반니.

신박(2021), 『한·중 기계번역에서의 주어 생략 구문 연구』, 한국외국어대학교 대학원.

윤애선·손승희(2022), 「구글이 소설도 번역할 수 있나요? - 문학 텍스트에 적용한 프→한 기계번역 기술의 한계와 가능성」, 『불어불문학연구』, 131, 273-306.

이선우·이상빈(2023), 「기계번역 사용, 기계번역 교육, 번역가 진로에 관한 인식 조사: 학부번역전공자를 대상으로 한 소규모 설문조사를 기반으로」, 『통역과 번역』, 25(1), 49-73.

이성길 외(2022), 『인공지능시대의 번역 - 안데르센 동화』, 부크크.

이지은·최효은(2023), 「인공신경망 기반 맞춤형 기계번역엔진의 성능 평가: 법률 및 특허 한영번역 결과물 평가 사례를 중심으로」, 『번역학연구』, 24(1), 9-37.

임순정(2023), 「구글 신경망 번역 얼마나 진화했나? 초창기와 현재의 번역 품질을 중심으로」, 『프랑스문화예술연구』, 83, 163-200.

임형재 외(2023), 『외국어로서의한국어통번역한의 이해』, (주)도서출판 하우.

임형재·Flourish Kamei(2019), 「A Study on the Use of Machine Translation In Korean Language Education」, 『한국언어문화학』, 16(3), 297-315.

임형재·왕첨(2006), 「한국어 번역을 위한 문화소의 기계번역 연구」, 『현대사회와 다문화』, 8(2), 68-94.

임효상(2022), 「한-스페인어 기계번역에 나타나는 제반 특징에 관한 연구」, 『스페인어문학』, 102, 113-144.

자양판(2019), 『기계번역에 나타나는 중한 번역 오류 분석』, 한국외국어대학교 대학원.

전수(2022), 『중국 온라인 정치 기사문의 기계번역 오류 연구』, 한국외국어대학교 대학원.

조진(2022), 『문학작품의 중한 기계번역 품질 제고를 위한 프리에디팅 연구』, 한국외국어대학교 대학원.

지인영·김희동(2020), 「신경망기계번역 기술 진화와 번역품질 분석」, 『통번역학연구』, 24(3), 191-223.

채종린(2022), 『법령 텍스트 기계번역에서 나타나는 중한 번역 오류 분석』, 한국외국어대학교 대학원.

최성희(2019), 『AI 시대의 번역 - 이론과 실제』, 세창출판사.

최수연(2017), 「번역학의 '기술적 전환(Technological Turn)'」, 『번역학연구』, 18(2), 207-228.

최혜령(2020), 『중한 기계번역의 어휘 오류분석』, 한국외국어대학교 대학원.

BOUGUESMIA, M. (2020), 「Using AI in Translation, a Technological Leap, or a Translator's Nightmare」, 『ALTRALANG』, 2(2), 78-102.

Vela-Valido, J. (2021), 「Translation quality management in the AI Age. New technologies to perform translation quality assurance operations.」, 『Tradumàtica』, 19, 93-111.

王均松·肖维青·崔启亮(2023), 「人工智能时代技术驱动的翻译模式：嬗变、动因及启示」, 『上海翻译』, 04, 14-19.

## 2. 포스트에디팅(PE)

고은영(2018), 『한국 문학 텍스트의 한영 번역 시 인간 번역과 포스트에디팅 결과물의 품질 비교 연구』, 광운대학교 대학원.

곽순례(2022), 「문학텍스트의 한-아 기계번역 오류 연구 —「82년생 김지영」을 중심으로」, 『번역학연구』, 23(3), 155-182.

곽중철·한승희(2018), 「포스트에디팅 측정지표를 통한 기계번역 오류 유형화 연구」, 『통번역학연구』, 22(1), 1-25.

김성동·이석기(2020), 「전처리 및 후처리에 의한 언어 차이 해소 능력을 개선한 영한 기계번역 시스템」, 『언어과학연구』, 92, 151-179.

김자경(2021), 「포스트에디팅 결과물의 정확성 오류 고찰 —AI 학습용 금융/증시 분야 한-영 번역 말뭉치를 대상으로—」, 『통역과 번역』, 23(3), 29-58.

김자경(2022), 「한영 포스트에디팅에서 정확성 오류의 수정 양상 고찰」, 『번역학연구』, 23(5), 91-117.

김혜림(2022), 「중한 기계번역 포스트에디팅 가이드라인에 관한 예비연구: 포스트에디팅 교육을 위한 가이드라인」, 『중국언어연구』, 99, 277-312.

맹아흠(2022), 『중-한 문화소 번역의 포스트에디팅(PE) 연구』, 한국외국어대학교 대학원.

박건영(2021), 「정보성 텍스트의 한영 기계번역 포스트에디팅 가이드라인 제시 - 신경망 기계번역(NMT)을 사용한 뉴스 기사문 번역의 사례」, 『번역학연구』 22(1), 109-137.

안미영(2020), 「한국어와 영어의 언어적 차이에 따른 기계번역의 문제점과 그에 대한 포스트 에디팅 방향 제안」, 『영어영문학』, 25(1), 103-130.

윤애선·손승희(2022), 「구글이 소설도 번역할 수 있나요? - 문학 텍스트에 적용한 프→한 기계번역 기술의 한계와 가능성」, 『불어불문학연구』, 131, 273-306.

임형재·자양판(2020), 「한국어번역 학습자의 기계번역 결과에 대한 수정(Post Editing)능력 분석 - 중국어권 학습자의 MT-PE 실험을 중심으로 -」, 『한국언어문화학』,

17(2), 151-184.

전혜진(2022), 「기계번역 포스트에디팅(MTPE)을 활용한 러시아어 번역교육과정 개발에 관한 연구」, 『노어노문학』, 34(1), 295-334.

한승희·강동희(2022), 「기계번역과 인간번역, 기계번역 사후편집본과 인간번역 감수본의 품질평가 비교 연구 - 한-노 번역 사례를 중심으로」, 『통번역학연구』, 26(1), 195-219.

홍정희(2021), 『인간번역과 기계번역포스트에디팅에 대한 번역사의 인식 비교 연구』, 광운대학교 대학원.

Jia, Y. & Sun, S. (2022), 「Man or machine? Comparing the difficulty of human translation versus neural machine translation post-editing」, 『Perspectives, Studies in Translatology』, Ahead-of-print(Ahead-of-print), 1-19.

Mossop, B., Koponen, M., Robert, I. S. & Scocchera, G. (2020), 『Translation Revision and Post-editing : Industry Practices and Cognitive Processes』, Routledge.

O'Brien, S., Carl, M., Balling, L. W., Simard, M. & Specia, L. (2014), 『Post-Editing of Machine Translation : Processes and Applications』, Cambridge Scholars Pub.

Rico, C. (2022), 「Mind the gap」, 『Babel (Frankfurt)』, 68(5), 697-722.

Romaniuk-Cholewska, D. (2021), 「An introduction to a machine translation post-editing (MTPE) course」, 『Crossroads (Białystok, Poland)』, 35(4), 28-56.

Vardaro, J., Schaeffer, M. & Hansen-Schirra, S. (2019), 「Translation Quality and Error Recognition in Professional Neural Machine Translation Post-Editing」, 『Informatics (Basel)』, 6(3), 41.

廉洁·杨帆(2022), 「机器翻译与译者译后编辑能力研究」, 『科技视界』, 69-72.

章燕·殷健(2023), 「论文摘要译后编辑常见问题与对策研究」, 『中国科技翻译』, 36(1), 31-34.

## 3. CAT

김정연(2020), 「스마트 시대의 실무 번역교육」, 『프랑스어문교육』, 68, 41-68.

김창건(2020), 「대학에서의 번역 교육 – 실무 번역 교육 차원에서 실시되는 CAT 툴 교육의 필요성에 관한 소고」, 『獨逸文學』, 61(2), 137-156.

박지영(2022), 「CAT을 접목한 통번역대학원 전문번역수업에 대한 학습자 반응 연구: 정치법률번역 과목을 중심으로」, 『인문사회 21』, 13(4), 2375-2390.

백설(2022), 『중한 기계번역의 품질평가 BLEU에 관한 연구』, 한국외국어대학교 대학원.

이주리애(2022), 「순차통역 보조 툴로서 자동음성인식 사용성의 사례연구」, 『인문사회 21』, 13(4), 937-952.

이지민(2022), 「프로젝트 기반 학습 환경에서 번역툴을 활용한영상번역 교육 가능성 탐구」, 『인문사회 21』, 13(3), 1399-1408.

임순정(2023), 「구글 신경망 번역 얼마나 진화했나? 초창기와 현재의 번역 품질을 중심으로」, 『프랑스문화예술연구』, 83, 163-200.

전정미(2019), 『CAT 툴 활용을 통한 기계번역 결과물 품질 향상에 관한 연구』, 숙명여자대학교.

전현주(2020), 「인간과 기계번역의 공존 패러다임 모색 : PBL 기반의 AI 번역 툴 활용 번역 수업 운영 프로세서를 중심으로」, 『통번역교육연구』, 18(4), 59-96.

전현주(2022), 「인공지능 번역플랫폼 기반 번역가의 직명 및 직무기술의 분화에 관한 연구」, 『통번역학연구』, 26(1), 167-193.

최문선(2022), 「기계와 협업하는 인간 통역 – 컴퓨터 보조 통역(computer-assisted interpreting)의 최근 기술 동향」, 『통번역학연구』, 26(2), 133-163.

한승희(2016), 「CAT 툴 기반 다자수행 번역의 형태적 특징 연구 : 영한 번역의 문장길이와 결속관계를 중심으로」, 『통번역학연구』, 20(4), 167-188.

한승희(2020), 『인간번역, 기계번역, 컴퓨터보조번역 간 문체 비교 연구』, 한국외국어대학교 통번역대학원.

Delpech, E. M. (2014), 『Comparable Corpora and Computer-assisted Translation』, London, UK: ISTE/Hermes Science Pub.

Kornacki, M. (2018), 『Computer-Assisted Translation (CAT) Tools in the Translator Training Process』, Berlin, Germany: Peter Lang Verlag.

Rothwell, A., Way, A. & Youdale, R. (Eds.). (2023), 『Computer-Assisted Literary Translation』, New York, NY: Routledge.

刘榕 & 蔺艳(2021), 「翻译学理论视角下计算机辅助翻译的现状与对策——评《计算机辅助翻译》」, 『热带作物学报』, 05, 1580.

孙嘉怡(2023), 「计算机辅助翻译在字幕翻译中的应用」, 『电子技术』, 02, 374-375.

王华树·王赟(2023), 「国内计算机辅助翻译研究述评(1980—2021)」, 『外国语文』, 39(02), 130-138.

周兴华·李懿洋(2021), 「计算机辅助翻译软件的译后编辑功能探究」, 『北京第二外国语学院学报』, 05, 52-65.


## 4. 챗GPT

권지선 외(2023), 『챗GPT & AI 31가지 실전 활용 - 교육 문서 취업 창직 생활 글쓰기 미술 음악 & 인공지능과 협업하기』, 앤써북.

김대중(2023), 『200% 활용하는 챗GPT 질문법』, 원앤원북스.

김상윤(2023), 『ChatGPT로 시작하는 대화형 인공지능 활용법』, 서울: 에이콘출판.

김태원(2023), 「챗GPT가 촉발한 생성형 AI 시대, 미래 모습과 대응 방안」, 『Future Horizon』, 55, 2-9.

박상길(2023), 『비전공자도 이해할 수 있는 AI 지식 (챗GPT 수록 개정판) - 챗GPT부터 유튜브 추천, 파파고 번역과 내비게이션까지 일상을 움직이는 인공지능 이해하기』, 반니.

박수정·최은실(2023), 「챗GPT의 아이러니 번역 활용 가능성 고찰」, 『번역학연구』, 24(2), 131-160.

반병현(2023),『챗GPT : 마침내 찾아온 특이점 - 2023 전 세계를 뒤흔든 빅이슈의 탄생』, 생능북스.

서민준 외(2023),『챗GPT, 기회인가 위기인가 - GPT-4로 급변하는 미래 산업 트렌드 전망』, 동아엠앤비.

서승완·채시은(2023),『챗GPT가 쏘아올린 신직업 프롬프트 엔지니어』, 애드앤미디어.

오현석(2023),『(하루만에 이해하는) 챗GPT 활용법』, 경기도: 심통.

장문철(2023),『챗GPT를 활용한 40가지 파이썬 프로그램 만들기』, 서울: 앤써북.

Forrest Xiao(2022),『The Inner Life of an AI: A Memoir by ChatGPT』, United States: Independently Published.

Gao, Y., Wang, R. & Hou, F. (2023),「How to Design Translation Prompts for ChatGPT: An Empirical Study」, School of Mathematical and Computational Science, Massey University, New Zealand.

Hunter, N. (2023),『The Art of Prompt Engineering with chatGPT: A Hands-On Guide』, United States: Independently Published.

Kabir, A. A(2022),『Learn ChatGPT: The Future of Learning』, United States: Independently Published.

Smith, S(2023),『The Game Changer: Business Transformation with ChatGPT』, United States: Steven Smith.

Wolfram, S. (2023),『What Is ChatGPT Doing … and Why Does It Work?』, Champaign, IL: Wolfram Research, Inc.

耿芳·胡健(2023),「人工智能辅助译后编辑新方向——基于ChatGPT的翻译实例研究」,『中国外语』, 03, 41-47.

王子云·毛矗(2023),「ChatGPT译文质量的评估与提升——以陶瓷类文本汉英翻译为例」,『山东陶瓷』, 46(04), 20-27.

오카노하라 다이스케(2023),『大規模言語モデルは新たな知能か——ChatGPTが變えた世界』(岩波科學ライブラリ-), Tokyo: 巖波書店.

## 저자소개

### 임형재(Hyung jae, Lim/Seoul)
한국외국어대학교 대학원 한국어번역전공 교수

한국외국어대학교 대학원을 마치고, 중국 북경대학과 중국연변대학에서 수학하였다. 이중언어 연구로 박사학위를 받은 이후, 중국해방군외국어대학(PLA)에서 한국어와 한국학을 강의하였다. 국제한국언어문화학회 회장을 역임하였으며, 통번역의 이론과 실제, 그리고 한국어교육 관련 다수의 논문이 있다. 저서로는 <한국문화교육론>, <문화소 번역의 이론과 실제>, <한국어통번역학의 이해> 등이 있다.

### 허은혜(Eun hye, Heo/Seoul)
한국외국어대학교 대학원 외국어로서의 한국어교육전공 강사

한국외국어대학교에서 스칸디나비아어를 전공, 동 대학원에서 석사 과정을 마친 후, 한국어 문법 교육 연구로 박사학위를 받았다. 이후 한국외국어대학교, 대구사이버대학교, 경인교육대학교 등에서 강의를 하고 있으며, 한국외국어대학교 한국어문화교육원에서는 외국인 한국어 통번역 과정을 담당하고 있다. 한국어교육과 관련된 다수의 논문이 있고, 저서로는 <한국어 복합문법의 차원과 확장>, <한국어통번역학의 이해> 등이 있다.

### 리번켈빈 (Lee Bun Calvin/Hongkong)
대구대학교 한국어통번역전공 강사

한국외국어대학교 영어통번역전공(EICC)을 졸업하고, 한국어번역으로 석사를 받았다. 그리고 동 대학에서 한국어번역전공(KFLT) 박사과정을 수료하였다. 논문으로는 '영-한·중 문화소 번역전략 연구', '한국어 번역사의 전환기에 대한 소고', '문화 간 소통을 위한 소설 번역' 등이 있다. 그리고 저서로는 <문화소 번역의 이론과 실제>가 있다.